輪廻する葦

L'homme est un roseau transmigrant《ロム エタン ロゾウ トランスミグラン》

桐山靖雄

平河出版社

御神霊《おみたま》はお入れしてありませんが、
ご霊体ですから粗末になさらないでください。

星まつり大柴燈護摩供修法に現形されたムチャリンダ龍王　昭和五十七年二月七日／京都東山花山に於て（本文一〇三頁参照）

輪廻する葦

目次

はじめに

第一章　反逆のテーマ

第二章　霊性のテーマ

第三章　生と死のテーマ

第四章　解脱へのテーマ

おわりに

はじめに

「滅亡の論理」を創成した天才たち

現代社会は、「迷信」ともいうべきあやまったひとつの世界観のもとに、滅亡と破局にむかって、すさまじいエネルギーで驀進《ばくしん》をつづけている。

まちがった世界観とはなにか。

それは「知識と技術によって世界はつねに価値ある状態に前進する」という考えかたである。

これは、現代における先進国の人びとにとって、もはや「考え」というよりもむしろ、「信念」となっており、「希望」にすらなっている。

この世界観は、機械と技術が万能であるという考えが基盤となっており、それが、現代社会を構成する基本概念となっている。それがつくり出した現代人の生活をみてみよう。

遊びは電子技術によってつくられた機械――電子ゲームをいじくりまわすことであり、娯楽はテレビであり電子音楽である。仕事はモニターと微調整機械を調整することであり、さらにはロボットに代行させることが理想となりつつある。日々の活動は時計で規定され、通信手段は電話であり、家事は電子技術による調理器、洗濯機その他の操作である。勉強にしても、計算機、コンピューター、テレビの手助けを借り、ワードプロセッサーが文字を書くことを不要にしている。旅行は自動車やジェット機がスピードを競う、というように、すべて機械にとりまかれた生活である。

その基本観念は、機械と技術が進歩すればするほど、われわれの生活が進歩し、改善され、繁栄する、というものである。そして、それは、人間の知識と技術の向上により、無限に上昇しつつ、つづくものと考えられているのである。

『エントロピーの法則』の著者J・リフキンは、この世界観をつくりあげ、決定づけたのは、三人の思想家であるとして、つぎのようにのべている。

『それぞれの世界観には、その構築者がいる。機械的世界観の礎《いしずえ》を築いたのは三人の人間、すなわち**フランシス・ベーコン**、**ルネ・デカルト**、そして**アイザック・ニュートン**である。しかも、当時から約四〇〇年後にいるわれわれは、今なお、彼らの考え方を基盤にして生活している』

それまでの、古代ギリシアの世界観を排斥して、機械体系のための原理をうちたてたのは、フランシス・ベーコンで、かれは、「人間の生活は、つねに新たな発見と潜在力に満ちていなくてはならない。いまや学問の真の目標はその方法の法則化以外のなにものでもない」といい、そのあたらしい方法とは「科学的方法論」であるとした。科学万能論の萌芽《ほうが》である。

つづいて数学者のルネ・デカルトが数学的方法論によって、ベーコンの科学万能論を延長した。ついで、アイザック・ニュートンが、数学的方法によって、物理的機械体系の世界を構築した。ここにおいて、機械と科学の万能論が完全、かつゆるぎないものとなったのである。

この機械的世界観を、社会学と経済学に移入したのが、イギリスの哲学者であり政治学者であるジョン・ロック（一六三二―一七〇四）と、おなじくイギリスの経済学者であるアダム・スミス（一七二三―一七九〇）であった。

ジョン・ロックは、「個人が富むことはすなわち社会が富むことである」として、自己の利益を純粋に追求することが、よりよき国家を形成するための唯一無二の方法であるとした。人間は、本来、物質欲が強いように生まれついてはいるが、社会の富を増加しさえすれば問題はないのであって、そうすれば、社会は調和され、改善されて、人間どうしで戦う必要のない社会が到来する、とかれは断言する。「なぜなら、自然は十分に恵み深く、さらに開発されるべき余力をうんと残している」からだと説く。したがって、ロックにとって、政治の目的は、あらたに発見された自然にたいする支配力（科学と技術）によって富を生産する自由を、国民にあたえることであった。

ロックのこの思想を、経済学の原則の上に適用し、さらに延長したのが、アダム・スミスであった。

かれは、ニュートン体系の一般概念を反映するようなかたちで、経済理論をうち立てようとした。スミスは『国富論』のなかで、自然法則にしたがって運動する天体とおなじように、経済もまた同様の行為を示すとのべ、したがって、経済組織にとって最も効率のよい方法とは、自由放任主義であり、現象をそのまま放っておき、人間の行動をなにものも阻害しないようにすることだ、とした。ロックとおなじように、スミスもまた、人間活動のすべての基盤は、物質的欲望の満足であると信じた。そして、それが自然である以上、個人の欲望を批判したり、個人の利益の追求をさまたげるような社会的障壁を設けることは、社会に害悪をもたらすものとした。

つまり、あるがままに自己を満足させようとする欲望は、結局、社会の利益をもたらすことになるのであるから、その欲望から生ずる効率的活動をさまたげるべきでなく、むしろ最良の経済原則であるとし、不足を克服するためには、個人個人が利己的に活動すべきである、と主張したのである。

『各個人は、常に自らが支配できるいかなる資本に対しても、最大限有利な雇用を見いだすべく努力している。これは、まさしく個人の利益であって、その個人が属する社会の利益ではない。しかし、自己の利益を追い求めることは、当然のごとく、あるいはむしろ必然的に、社会にとって最も有利な雇用をもたらすことにつながる』(アダム・スミス『国富論』)

このアダム・スミスに代表される世界観は、いまもなおそのままうけつがれ、現代社会を大きく動かしているのであるが、それは、二つの基盤から成り立つ。まず、
1、ジョン・ロックがいったように、「自然は十分に恵み深く、さらに開発されるべき余力をうんと残している」と考えていることである。いや、現代人は、〝無限に〞残していると信じているのではないか。そう信じているがゆえに、力学の科学的原理を応用して機械と技術を発展しさえすれば、この世界は無限に進歩改善され、繁栄してゆくと考えるわけである。そしてその動力となるものは、ロックや、スミスが説いたように、人間の物質的利己心を最大限に発展させる、という思想である。
2、より多くの物質的豊かさを追求し、実現することが進歩であるとし、それが人間の理想世界であると考え、科学技術はそれを完全に実現してくれる、と確信している。
この二つである。

あなたもまたこの考えとおなじか、あるいはそれに近い考えを持っているのではないだろうか。

ところが、この考えはまったくの「迷信」であり、「誤謬《ごびゅう》」であったのである。

人類を進歩と繁栄の世界に到達させるはずのこの世界観は、じつは、人類を滅亡と破局に追いこむ「地獄の思想」だったのである。

それをあきらかにしたのが、「エントロピーの法則」であった。

エントロピーの法則

「エントロピーの法則」とは、「熱力学の法則」であるが、この熱力学の法則には、「第一の法則」と「第二の法則」がある。

第一の法則は「宇宙における物質とエネルギーの総和は一定で、けっして創成したり、消滅するようなことはない。また、物質が変化するのは、その形態だけで、本質が変わることはない」という、有名な「エネルギー保存の法則」である。

そして熱力学の第二法則、というのが、つまり「エントロピーの法則」で、つぎのように表現される。

「物質とエネルギーは一つの方向のみに変化する。すなわち、使用可能なものから使用不可能なものへ、あるいは、利用可能なものから利用不可能なものへ、あるいはまた、秩序化されたものから、無秩序化されたものへと変化する」というものである。

この「エントロピーの法則」について、アルバート・アインシュタインは『エントロピーは、すべての科学にとって第一の法則である』といっている。すべての科学法則のなかで、絶対法則としてみとめられているのが、この「エントロピーの法則」なのである。

エントロピーというのは、一種の測定法であって、それによって利用可能なエネルギーが利用不可能な形態に変換してゆく度合いを測ることができるものである。そこで、エントロピーの増大とは、使えないエネルギーの増加を示すものなのである。この法則で示す二つの重大なポイントがある。一つは、〝一度使用されたエネルギーはもう使用できなくなる〟ということと、もう一つは〝地球もしくは宇宙のどこかで秩序らしきものが創成される場合、その周辺環境にはいっそう大きな無秩序が生じる〟とされていることである。

このエントロピーの法則に照らし合わせてみたとき、いままでの世界観はまったくの迷信であり、誤謬であったことがあきらかになったのである。

まず第一に、この世界における自然の資源《エネルギー》は有限であり、いまのように科学と技術が資源を利用しつづけてゆくと、遠からずこの地球上には、利用すべき資源はなにもなくなってしまうということである。

どのような科学と技術も、エネルギーを使い果たさずに何度も何度もエネルギーを使用する方法など持つことは不可能である。たとえば、石炭を燃やす。エネルギーは得られても、二酸化硫黄やその他のガスが発生して、空気中に拡散する。その過程においてエネルギーが失われることはないものの、一度燃やした石炭をまた燃やすことはできないし、ましてや同量の仕事を得ることはできない。

このことについて、J・リフキンは、『エントロピーの法則』の中で、つぎのように説明する。

『われわれは、自分たちが使っているほとんどすべての物が、適切な技術を開発しさえすれば、まず完全に再生し、利用できるものと思い込んでいる。だが、これは間違いだ。将来、この世界が経済的に生き残っていくには、リサイクリング（再生利用）をさらに効率的に推進していくことは不可欠であり、これは言うまでもないことだが、一〇〇パーセント再処理できる方法などないのも事実である。

たとえば、清涼飲料の空罐《あきかん》を考えればよくわかるように、大部分の使用済み金属を見た場合、平均的な再生利用効率は、現在三〇パーセントとなっている。さらにリサイクリングのためには、使用された素材の収集・運搬・処理というように、別のエネルギーが必要となって、環境の全エントロピーが増える結果になる。したがって何かを再生利用するには、新たに使用可能なエネルギーの出費と、環境の全エントロピーの増大という犠牲が必ずつきまとうわけである』

一度使用した物質はリサイクリングすることが可能であるけれども、そのたびに変化して変えてゆくという〝目《め》減《べ》り〟は覚悟しなければならないし、また、そのリサイクリングするために別なエネルギー・物質が消費されるから、結局、全体としてはなんにもならないということである。

『たとえば、地表下から金属を取り出して、それからなにか道具を作ると仮定してみよう。この道具が存在している間、金属の分子は摩擦、疲労、傷などのために、絶えず飛び去り、また、これら遊離した金属分子は、けっして消滅することはなく、最終的には土の中に舞い戻ってしまう。
ところが、土の中に舞い戻るといっても、今度は土壌中に散在してしまうわけで、元の金属鉱石の塊りのように、もはや有益な仕事を行なえるようなかたちにはなりえない。また、これら土壌中にばらばらに散った金属分子を、すべてリサイクリングする方法が、将来発見されるかもしれないが、それには、やはりこの全過程において、他のエネルギーの使用という別の次元でのエントロピーの増大を必ず伴う』
ところが、現代社会は、科学と技術がいくらでも、自分たちの便利と繁栄のための道具を無限につくり出してくれるものと盲信しているのである。

行きつくところは死の惑星

今日の新聞（昭57・11・11・朝日新聞）は、ソ連の農業が、四年連続の不作であると報じ、その主な原因の一つとして、「地力の低下」をあげている。ほかにもいくつかの原因をあげているが、これが最大の原因であることは、疑う余地がない。要するに「収奪《しゅうだつ》農業」による地力低下である。土地から収奪するばかりの農業がまねく必然の結果である。いつかは破産する。

農民なら、だれでも知っていることだが、いくら再生利用に努め、つねに日照が不足しないようにしたとしても、同一の場所で毎年毎年おなじ収穫を得ることは不可能である。エントロピーの法則では、今日一葉の草が生《は》えたということは、将来おなじ場所で生える草の葉が一枚減るということを意味するのであり、これは、ニコラス・レーゲンの理論で、かれは『閉ざされた系において、物質的エントロピーは、究極的に必ず最大に向かう』と表現している。

四年連続して不作となっているソ連の農業が、そのままいまのわれわれの世界のすがたであろう。人類は、その起源からいまに至るまで、ずうっと、地球上においてストックされていたエネルギーを収奪し、食いつぶしつづけているのである。

人類が誕生して以来、いままでに、なに一つとして、地球上にストックされた資源を使わずにあらたな物質を創造したということはない。すべて、ストックされたものの利用である。つまり、食いつぶしだ。それは、要するに、あるエネルギーを使用可能な状態から使用不可能な状態にと変換してきただけである。そして、人類が進化し進歩するにつれて、エネルギー利用の能力が高められてきた。ということは、使用不可能な状態のエネルギーを増加させる能力が高められてきたということにほかならない。これを「エントロピーの法則」によってみれば、地球上の生命にとって、進歩とは、使用可能なエネルギーをすべて食いつぶし、消費してしまうということにほかならないのである。

現代社会の発展と繁栄は、この地球上にストックされた資源のうち、主として、石油と石炭に依存している。ところが、われわれは、いま、現実に、この石油、石炭をはじめとする再生不可能なエネルギーのストックを、ほとんど使い果たしているのである。これをいったいどう考えるか。

コロンビア大学の経済学者エミール・ブノワは『原子力科学者会報』の中で、石油の世界消費が現在のペースで増《ふ》えつづければ、今後二十五年以内に石油は枯渇してしまう、とのべている。かりに、現在の石油埋蔵量の四倍に匹敵する新たな石油層が発見されたとしても（多くの専門家は夢物語としているが）それでも枯渇までの期間が、せいぜい二十五年延びるにすぎないのである。

また、一五カ国にわたる産業界、政府の要人、それに学界の専門家を加え、マサチューセッツ工科大学の後援で実施された最近の調査では、世界の石油供給は、西暦二〇〇〇年以前に、増加する需要を満たしきれなくなるであろう、と結論している。また、一九八五年から一九九五年にかけて、エネルギー価格が現在より五〇％上昇するようなことがあると、世界は大規模な石油危機に見まわれることがあるかも知れない、とものべている。

日米欧委員会（日本、アメリカ、西欧の政治・経済のリーダーが参加している国際的な組織）がおこなった調査をみても、同様な予測がなされており、一九九〇年代の中頃までには、世界の石油需要は、その供給を完全に上回るだろうとされている。

これにたいし、新たなエネルギー生産の技術研究がすすめられている。

まず、石炭液化であるが、これは、わずか三―四バーレル（一バーレルは四二ガロン）の液化油を得るのに、一トン以上の石炭を採掘し、それを高温に熱し、さらに高圧処理しなければならない。それに要するエネルギーの量は、まさに気も遠くなるばかりの数字である。

だれでもわかるように、エネルギーを変換するためには、べつのエネルギーが必要である。だから、正味のエネルギーとは、新たにエネルギーをつくり出すために要したエネルギーを差引いた残りの総計である。その点からいうと、シェール・オイル（頁岩油《けつがんゆ》）は論外である。たった一バーレルのシェール・オイルを生産するのに一トン半ものオイル・シェール（油母頁岩《ゆぼけつがん》）が必要で、それと同時に、製造過程において水を二バーレル必要とする。しかも、シェール・オイルは毒性のガスを発生するので、その処理がたいへんである。タール・サンド（粘性の高い炭化水素を含む砂または砂岩）はどうかといえば、わずか一バーレルの石油を得るのに、約二トンのタール・サンドを採掘して加熱しなければならない。いずれも、へたをすると、一〇のエネルギーを得るために、二〇、三〇のエネルギーを消費しなければならないおそれがあるわけである。とても実用できるものではないのだ。

原子力発電は危険きわまりなく、いま最も注目されている太陽エネルギーの利用は、どのように高度の技術を結集したとしても、現在の産業構造を支えるエネルギー源にはなり得ないのである。

太陽エネルギーの持つ流れの性質、および現在の技術からみて、太陽エネルギーが最適なのは、小規模のシステム、たとえば各家庭に熱と湯を供給するといった装置にたいしてである。多くの太陽エネルギーの推進者らの間で一致している意見は、現在の技術水準や、将来の技術水準をできるかぎり考慮しても、いまの個人住宅を太陽エネルギー用に改造した場合、住宅のエネルギー需要の六〇%をまかなうにすぎないだろうという。また、もし、将来、太陽エネルギー利用のすばらしい新技術が開発されたとしても、それは、現在のエネルギー利用構造とまったく異なったものであるから、あらたな資源を使って、まったく新しい構造をつくり出さなければならない。そのエネルギー消費は考えられないほどの数字になることは必然である。それに現在の、あるいは将来の地球資源は耐えられるかどうかである。

J・リフキンは、結局、

『このまま進むと、われわれがこの地球を去るときは、自分たちのためだけに、将来人類が必要とするすべての資源を使いはたし、次の世代の人間は、何一つ使用できるエネルギーを持たない惑星に取り残されてしまうことになる。なんというエゴ、なんという視野狭窄症《きょうさくしょう》だろう』

といっているが、わたくしは、このリフキンの言葉にたいし、(ふかい恐れをもって)
「そんな心配は不要になるのではないか」
と思うのである。
つまり、リフキンのいうような次の世代まで、この世界は持ちこたえられまい、ということである。もっとはっきりいうと、地球上につぎの世代は存在しない、ということだ。

物質世界の法則からの超越

考えてごらんなさい。数年まえに起こったトイレット・ペーパー買い溜めさわぎを。

トイレット・ペーパーで、あのさわぎである。これが、生活にぜったい必要な燃料や食料ということになったら、いったい、どんなさわぎになるか。

一九七九年、アメリカの各地で起きたガスライン(ガソリンを買うための自動車の行列)で、わずかのガソリンをめぐって殺人事件まで発生した。

これがなにを意味するか。いままでの人類の歴史をみてみれば、すぐにわかることである。

国家はつねに、使用可能な新たなエネルギー源を求めて、地理的領土欲を強め、既存エネルギー源の枯渇をおぎなおうとしてきた。帝国主義的ないし植民主義的拡大は、すべて、新しいエネルギー源を確保するために生まれたものである。かつての日本もそうであった。

石油資源が枯渇し、エネルギー危機が悪化するならば、それが頂点に達する前に、世界の強大国は、いずれも、この歴史の例にならうことになろう。いまの世界観のままで推移すれば、かならず、そうなる。ソ連の中東進出、アメリカの軍事介入、そして全面核戦争、地球の滅亡、というコースは、その一つの例である。

もちろん、これに反対の意見もすくなくはない。

その代表の一例として、たとえば、鮎川信夫氏は、週刊文春の書評欄（57年11月11日号）で、ジョナサン・シェル『地球の運命』を論評して、

『核戦争は、十年前にも、二十年前にも起らなかったのである。十年後にも、二十年後にも起らないと考えて、何か不都合な理由でもあるのだろうか。過去において、核戦争を防止した抑止力が、今後とも有効に働くと判断しても、少しもおかしくないはずである』

といい、

『ハーマン・カーンが、「人類の絶滅」は、最もありそうもないことだと否定したのはよく知られている。また最近ではエドワード・テラーが、放射性降下物は洗い流すだけで症状を軽減できるし、水も簡単に濾過できることを指摘し、オゾン層の破壊についても、「二十メ

ガトン級核弾頭五千発が大気圏内で爆発しても、オゾン層は北半球で五〇%減るだけで、一年後には八〇%回復する。やけどをこうむり、皮膚癌が急増しても人類の存続は確実だ」と述べたことは、一部の新聞で報道されたから知っている人も多いだろう』

とのべているのは、無茶というよりいいようがない。二十メガトン級核弾頭が一発、どこかの都市にうちこまれただけでも、エントロピーの増大は、地球上に回復しがたい痛手をあたえるのではないか。それでも、人類は全滅しないかも知れない。しかし、それはただたんに原始人のように（ただし原始人のように健康ではなく半病人の状態で）生きながらえるだけであろう。

『エントロピーの法則』の訳者である竹内均氏（東大名誉教授・地球物理学の権威）は、その「まえがき」で、

『アルビン・トフラー、ダニエル・ベル、ハーマン・カーンなど、現代文明を論じ、それに警鐘《けいしょう》を鳴らし、未来を切り開くための新たな提言をする学者は多い。そしてこれらは、それぞれ独自の観点に立ち、そのかぎりにおいて、なかなかの説得力を持つ。しかし、物理学者の私には、共通した弱点が目につくのもまた事実である。というのも、現代世界が解決を迫られている最大の難問の一つにエネルギー問題があるが、これに対する深い考察を欠くものばかりだからである』

といっているのは、まさに正鵠《せいこく》を射たものといわねばならない。

エントロピーの法則によれば、閉鎖された系である地球のエネルギーは、確実に、ヒート・デス（エネルギーが使用不可能になった状態）に向かいつつあり、補充されることはぜったいにない。われわれは限られた地球上のストックを食いつぶしつつあるのであり、その蓄積はすでに底をみせつつあるのである。十年前、二十年前にストックは十分あったのだから、十年後、二十年後もおなじように十分あると考えていいという論理は成り立たない。いま、こうしているあいだにも、われわれは、その蓄積をおそろしい勢いで食いつぶしつつあるのだから――。

その行きつく果ては、この地球ぜんたいのヒート・デスである。そこには荒廃した死の惑星が空間に浮かんでいるだけだ。しかし、そうなるまで、この欲望にみちた社会が、平静なままで推移するか、おそらくそのはるか以前に、この惑星は人間たちの手で壊滅することになるだろう。いままでの世界観であるかぎり、かならず、そうなる。

『エントロピーの法則』の結末の章、「新たなる世界観の確立」で、J・リフキンが、

『東洋の宗教、なかでも仏教や道教（老荘思想に根ざした宗教）の信者は、昔からエネルギーの流れを少なくすることの価値を認識していた。瞑想は、まさしくエネルギーの無駄な出費を軽減しようというものにほかならない。一人ひとりの人間がエネルギーの出費を最低限に抑え、外的および物質的生命を維持していって初めて、「ニルヴァーナ」（涅槃《ねはん》、すなわち仏教の理想とする、すべての煩悩を滅した境地）、あるいは「道」という真理に到達することがで

きるというものである』

といっているのは、仏教徒を自任しているこの国の人たちすべてが、襟《えり》をただして聞くべき言葉ではないか。

われわれが、物質的欲望の充足を目標としているかぎり、物質を支配する法則、「エントロピーの法則」から脱出することはできない。

釈尊《しやか》は「霊性の獲得」という方法により、物質世界の法則からの脱出を説き、その方法をわれわれに示した。それにより、人間は、物質世界の法則から超越し、霊的世界という高次元の世界に生き、高次元の世界を創造することができることを教えられたのである。それが、釈尊の「成仏法」である。

この釈尊の「成仏法」は、いろいろな事情から、千数百年の間、日本の仏教界において抹殺されつづけ、ついに今日にいたるまで陽の目をみることがなかった。

いま、この釈尊の成仏法が、世に出でんとしているのは、この世界を救おうとするみ仏の意志と、無意識のうちにこの聖なる教法を求めている人類の願いが、まさにいま合致したのであると思われてならない。その使命をはたすことのできるよろこびに、わたくしはうちふるえているのである。

第一章

反逆のテーマ

とても信じられない事実

最初、わたくしは、どうしてもその事実を信ずることができなかったのである。

「いくらなんでも、そんなバカなことがあるはずない！」

そう、何度も心の中でくりかえしたのである。これはなにかのまちがいだ、そうつぶやいたのである。

しかし、ついにそれがまったくの事実であることを知ったとき、わたくしは呆然《ぼうぜん》とした。啞然《あぜん》とした。

「これはほんとうのことだったのか、しかし、どうしてこんなことになってしまったのか」

わたくしは長嘆息《ちょうたんそく》した。

——いったいなんのことをいっているのか？　読者はいぶかしくお思いであろう。

阿含経《あごんぎょう》のことをいっているのである。日本仏教の、とんでもないまちがい、途方《とほう》もないあやまちをいっているのである。

この、阿含経講義を書くにあたって、わたくしは、勇気をふるって、まず、そのことから筆にしてゆかねばならない。

どうして、〝勇気をふるって〟などというのか？　それは、わたくしがそのことについて書いても、おそらく、読者のほとんどは、わたくしのいうことを信じてくれないであろうと思うからだ。鬼面人《きめんじん》をおどろかすハッタリ屋か、途方《とほう》もないホラ吹きだと思うのではなかろうか、そう考えるからである。なぜならば、わたくし自身最初《さいしょ》、冒頭《はじめ》に書いたように、〝そんなバカなことがあるはずない〟と思ったからである。これはなにかのまちがいだと、どうしても信ずることができなかったからである。

とにかく、一千数百年の長きにわたり、日本の仏教界が、民衆にたいし、ウソをつきつづけてきた、というのである。

あなたは、そのわたくしのことばを信ずるであろうか？

「そんなバカなことが――」

そう、その通り、そういうであろう。

だが――、じっさいにそうなのである。

すくなくとも、一千数百年の間、日本の仏教界は、民衆にたいし、まちがったことを教えつづけてきたのである。

ほんとうに、ほんとうなのか？

ほんとうに、ほんとうなのである。

いったい、どうしてそんなことになってしまったのか？

まず、そのことから、わたくしは書きはじめなければならぬであろう。

石が流れて木の葉が沈む

仏教というものは、ご承知の通り、いまから二千数百年前、お釈尊《しやか》さまがお説きになった教法《おしえ》をもとにひらかれた宗教である。そうして、そのお釈尊さまのお説きになられた教法を、文字にしたものが、お経——仏教経典というものである。

わたくしたちが、いま、お釈尊さまの教法にふれたいと思ったなら、お釈尊さまの教法をしるしたお経によるしかないわけで、したがって仏教を学び、仏教を信仰するものにとって、お経ほど大切で重要なものはないわけである。

そのお経は、いま、わたくしたちの前に、じつにおびただしい数《かず》をもって存在する。それは無数といっていいほどの量である。

そこで、ここにひとつの疑問が生ずる。

それは、このじつにおびただしい数量のお経が、すべてみな、お釈尊さまがじっさいにお説きになられたものかどうか、という疑問である。
もっとも、お経、というからには、すべて仏さま（つまり釈尊）の説かれたものにちがいないと単純素朴《たんじゅんそぼく》に信じて疑わないひともすくなくはない。（かつてわたくしもそうだったのだが）
じっさい、〝仏教の〟経典というからには、それは釈尊の説かれた教法《おしえ》を記したものであるはずで、釈尊以外のなにびとかが勝手に書いた〝仏教〟経典などというものは、考えられないものである。もしあったとしても、それは、〝仏教〟経典とはいいがたいものである。たとえば、わたくしなり、あなたなりが、お経に似《に》せて「経典」を創作したとする。それがどんなによく出来ていたとしても、それは「仏教経典」ではない。それは、「創作経典」というよりも、「偽作《ぎさく》経典」というべきであろう。それは、その経典の作者が、わたくしやあなたなどより何十倍、何百倍という非凡な才能の持ちぬしであったとして、それがどんなによく出来ていたとしても、釈尊以外の人間が勝手に作ったものであるかぎり、所詮《しょせん》、それは「偽作経典」とよばれるべきである。そう、あなたもお考えになるであろう。
誤解のないように申し添《そ》えるが、お経をつくる、経典を創作する、ということは、自由である。だれだって、なにを書いたって、それはそのひとの自由というものだ。しかし、それを、お釈尊さまが説いたものとして、仏教経典と銘《めい》うって出したならば、それは、仏教の「偽作経典」

ということになる。（釈尊《ほとけ》さまの説いた）仏教経典とせずに、べつの何かの宗教の経典、あるいは聖典として出すのなら、それは偽作経典ではない、ということである。

そこで、つまり、釈尊以外の人間が勝手に作った仏教経典などというものは、ぜったいに存在するはずがないということである。だれだってそう考えるであろう。

ところが、それがあったのである。

あるはずのないことがあったのだ。いや、あったばかりではない。そのにせの経典の作者と、その信奉者たちが、逆にほんものの釈尊の経典にたいし、

「それはまちがっている。それは低級な経典である。こちらのほうがほんものの仏さまの上等の経典である」

と主張して、ほんものの釈尊の経典のほうを抹殺《まっさつ》してしまったのである。

逆《ぎゃく》である。にせものがほんものをたたきつぶしてしまったのである。グレシャムの経済法則に「悪貨《あっか》は良貨《りょうか》を駆逐《くちく》する」とあるが、その通りのことが起きたのだ。まさに俗諺《ぞくげん》の「石が流れて木の葉が沈む」というさかさまごとが、現実にこの世の中に起きたのである。しかも、それは、いまでも、そのままこの世の中をまかり通っているのである。

どうしてそんなバカなことになってしまったのか？

もっとも、お釈尊さまは、お釈尊さまご自身、二千数百年も前にこのことを予言されているの

である。

お釈尊《しやか》さまの予言

最も古い経典は、釈尊の予言として、つぎのようにつたえている。

『ビクらよ。未来世にビクどもは次のようになるであろう。

如来の説かれたこれらの諸経典は深遠であって意義が深く、出世間のものであり、空と相応しているものであるが、それらが説かれるときに、かれらはよく聞こうとしないし、耳を傾けようとしないし、了解しようという心を起こさないであろう。それらの教えを、受持すべくよく熟達すべきものであるとは考えないであろう。

これに反して文芸人によってつくられ、詩文調であり、文辞麗わしい諸経典は、外道に由来するものであり、弟子たちの説いたものであるが、それらが説かれるときに、かれらはよく聞こうとし、耳を傾けようとし、了解しようとする心を起こすであろう。それらの教えを、受持すべくよく熟達すべきものであると考えるであろう。

かくのごとくにして、如来の説かれた、深遠にして意義が深く、出世間のものであり、空と相応している諸経典は消滅してしまうであろう。

ビクらよ、それ故にここでこのように学ぶべきである。――「如来の説かれた、深遠にして意義が深く、出世間のものであり、空と相応している諸経典が説かれるときに、われらはよく聞くことにしよう。耳を傾け、了解しようという心を起こそう。それらの教えを、受持すべくよく熟達すべきものであると考えることにしよう」と』（中村元『原始仏教の思想』下）

まさに、この釈尊の予言の通りのことが起きたのである。

釈尊の説かれた教法《おしえ》とまったくちがう教えをのせた経典が、つぎつぎとつくられ、さも真実の釈尊の教えであるかのようによそおわれて、世の中にひろめられた。

それをひろめるために、釈尊のほんとうの経典は、低級で幼稚な教えときめつけられて、世の中から抹殺されてしまったのである。

だれがそのようなことをしたのか？

「大乗仏教」と称する経典の作者たちと、その信奉者たちである。

では、その大乗仏教の経典とはどういう経典か。

般若経《はんにゃきょう》、華厳経《けごんぎょう》、妙法蓮華経《みょうほうれんげきょう》、涅槃経《ねはんぎょう》、観無量寿経《かんむりょうじゅきょう》、大日経《だいにちきょう》、金剛頂経《こんごうちょうぎょう》、等である。

抹殺された釈尊のほんとうの経典とは、どういう経典か?

それが、阿含経なのである。そうして、最も重要なことは、釈尊の説かれたほんとうの経典は、ただ一つ、この阿含経しかない、という事実である。あとにもさきにも、釈尊がじっさいに教法《おしえ》を説かれたお経というのは、この阿含経しかないのである。そのただ一つしかない釈尊のお経を、大乗仏教と名のるひとたちは、「小乗仏教」とけなして、陽《ひ》のあたらぬ蔭《かげ》の存在にしてしまったのである。

この事実をおはなしすると、はじめて聞いたひとたちは、最初、だれでも信じようとしない。歴史的な真実をおはなししているわたくしを、ウソをついているかのように思うのだ。しかし、それもまたやむをえぬことといえよう。日本において、このことは、仏教伝来以来、一千数百年の間、おし通されてきたことだからである。

しかし、どうしてそんなことになってしまったのか?

日本の仏教はシナ仏教

その答はかんたんである。ひと口で答えられる。

「日本の仏教はすべてシナ仏教だからだ」と。

仏教の開祖、釈尊はインドのかたである。げんみつには現在のネパール出身であるが、主としてインドで教えをひろめられた。

ところが、日本の仏教は、インドから直接その教法《おしえ》がつたわったのではなく、シナを経由して、漢訳経典としてつたわった。

そのシナでは、当時、西域を通じてインドから、無数の仏教経典と称する文献が入ってきたのであるが、その中に大量の偽作経典が混入していたのである。つまり、にせもの、ほんもの、種種雑多な経典が、雑然《ざつぜん》として入ってきたわけだ。当然、それらの経典は、仏教経典といいながら思想的、教学的統一を欠《か》いていた。いうならば、てんでんばらばら、ということである。どの経をみても、ここに書かれた教法こそが最も深く、最も高いものであると主張している。シナの仏教界は混乱してしまった。どれを信じたらよいのか、わからないわけだ。

そこで、選別がおこなわれたのであるが、その選別にあたって、かれらは大きなミスをおかしてしまったのである。そのミスというのは、インドから入ってきた経典類が、すべて釈尊のお説きになったものと思いこんでしまったのである（どの経典にも、みな、この経典はブッダ釈尊がお説きになったものであると記してあったのである。偽作経典にもそう書いてあった）。つまり、かれらは、仏教経典の中に、偽作された経典があるなどとは、思いもよらなかったのである。すべてお経というものは、釈尊がじっさいにお説きになったものと考えて、その考えの上に立って、すべてのお経を整理し、価値づけたのである。これを「教相判釈《きょうそうはんじゃく》」、略して「教判」あるいは「判教」という。

この教判において、シナ仏教界は阿含経を小乗仏教として、最も低いものに位置づけてしまったのである。

どうして、そういう価値づけをしたのか？

シナ化されて霊性を消滅させせられた仏教

それには、偽作経典の作者とその信奉者たちが、偽作経典を「大乗仏教」と自称し、阿含経を「小乗仏教」とけなしつけているのを、そのまま真《ま》にうけてしまった（偽作経典の作者は、その経典の中に釈尊を登場させて、その釈尊自身に、〝阿含経で説くところのものは小乗で低い教えであり、この大乗経典で説くところのものこそが、ほんとうの仏としての自分の教えなのである〟とのべさせているのである。こういう手のこんだ策略をされては、だれでものせられてしまうだろう）。このほかに、もう一つ、考えてみなければならない重要なことがある。

それは、かれらが経典選別をするにあたって、つまり教相判釈にあたって、シナ民族特有の考えかた――、要するにそれまでの民族思想、風俗、習慣などの、つよい影響のもとに、価値判断がなされたということである。

これは、いままであまりいわれていないことであるが、わたくしは非常に重大なことであると思うのだ。

インドにおける民族的思想は、業《カルマ》による「輪廻転生《りんねてんしょう》」である。この民族思想に立脚して、仏教は説かれている。

しかるに、シナにおいて輪廻転生という考えかたはない。上天思想はあるが、輪廻転生という考えかたはかれらにない。したがって、仏教経典の価値判断にあたり、この点は重くみられず、捨て去られてしまったのである（霊にたいする観念も、シナ民族とインド民族ではまったくちがう。霊的意識、また霊的能力も、インド民族は世界でも最も高度なものを持つ。シナ民族は現実主義的で、現実的な面ではすぐれた才能を発揮するが、霊にたいする意識や能力は低い。したがって、霊的な面も軽視された）。こういうわけで、この時点ですでに釈尊のほんとうの仏教はほとんど消滅させられてしまったとわたくしは考えるのである。

もしも、かれらの手にした厖大《ぼうだい》な経典の中で、阿含経だけがただ一つ、釈尊直説のほんとうの経典なのだと知っていたら、あるいはもう少し考慮されたかも知れないが、すべての経典が釈尊直説の経典と思いこんでいるかれらは、阿含経を、低級幼稚な信者を啓蒙《けいもう》する方便の教えとしてしまったのである。

阿含経がどうして、シナにおいて低い教えと判釈されてしまったのか、その理由について、いままではっきりした説を聞かないが、わたくしは、以上のべたところに理由があると考えるのである。

つまり、ひと口にいうと、釈尊の教法は、シナ民族の思想・風習・体質にそぐわず、シナの知識人たちの「趣好《しゅこう》」に合わないで理解されなかったのである。

かれらに重くみられたのは、老荘《ろうそう》的思想と儒教的思想である。そこで、釈尊の仏教とはまったくちがう仏教がここに生まれ、それを価値づけるために、多くの論釈がつくられた。また、それにのっとってシナ仏教の宗旨がいくつか立てられた。

その代表を、華厳宗《けごんしゅう》と支那天台宗にみることができる。

いずれも、特有の教相判釈のもとに立てられている。

華厳宗は、賢首《げんじゅ》大師法蔵の「五教十宗」という判釈である。

五教とは、すべての経典をその教理内容によって分類すると、つぎのように五種類に分けられる、というもので、
小教（小乗教）

始教（大乗始教）
終《じゅう》教（大乗終教）
頓教
円教
とする。
この五教を宗に分けると、つぎのようになるとして、
一、我《が》法《ほう》倶《く》有《う》宗《しゅう》
二、法《ほう》有《う》我《が》無《む》宗《しゅう》
三、法《ほう》無《む》去来《こらい》宗《しゅう》
四、現通《げんつう》仮《け》実《じつ》宗《しゅう》
五、俗妄《ぞくもう》真実《しんじつ》宗《しゅう》
六、諸法《しょほう》但名《たんみょう》宗《しゅう》
七、一切《いっさい》皆《かい》空《くう》宗《しゅう》
八、真徳《しんとく》不《ふ》空《くう》宗《しゅう》
九、相想《そうそう》倶《く》絶《ぜつ》宗《しゅう》
十、円明《えんみょう》具《ぐ》徳《とく》宗《しゅう》

と十宗に分類するものである。

このうち、五教では、阿含経を小教、すなわち小乗教として最も低いものに位置づけ、十宗では、我法倶有宗、法有我無宗、法無去来宗、現通仮実宗、俗妄真実宗、諸法但名宗の六宗を、小乗教とし、阿含経を立てている上座部・大衆部《だいしゅぶ》（つぎの章に出てくる）の二十部をあてている。最高の円明具徳宗（円教）は、もちろん華厳宗とする。

また、支那天台宗は、天台大師智顗《ちぎ》の立てた「五時八教」という判釈に立つ。

五時、というのは、天台大師智顗が、すべての経典を釈尊が説かれたものと考えて、釈尊の説法（すなわち経典）を、時間的に五つの時期に分類したものである。

五時とは、

華《け》厳時《ごんじ》……第一時
鹿苑時《ろくおんじ》（阿《あ》含時《ごんじ》）……第二時
方等時《ほうどうじ》……第三時
般若時《はんにゃじ》……第四時
法華《ほっけ》涅槃時《ねはんじ》…第五時

で、
八教とは、その経典を内容的に分類したもので、

蔵教《ぞうきょう》
通教《つうぎょう》
別教《べつぎょう》
円教《えんぎょう》
――化《け》法《ほう》四教

頓教《とんぎょう》
漸教《ぜんきょう》
秘密教《ひみつきょう》
不定教《ふじょうきょう》
――化《け》儀《ぎ》四教

とするのであるが、五時においても八教においても、最高の経典は、法華経・涅槃経とし、阿含経は小乗経典として、最も低いものとされている。

この二宗の教相判釈がシナ仏教の代表的なもので、これがそのまま、日本につたえられ、以来、日本仏教は、一千数百年の間、このシナ仏教の教相判釈の上に立って、今日にいたっているのである。

この教相判釈がなされた時点、かれらが最上のものと価値づけた経典が、すべて釈尊以外の、名も知れぬ者の手によってつくられたにせの経典であるとは知らなかったのである。（通例偽《ぎ》経とは、インド以外で成立した経典をさし、著者がいうにせの経典とは、釈尊直説とする阿含経以外の経典を

さす）
日本仏教においては、ことに天台大師智顗の五時八教が最もわかりやすく、よく出来ているため、世にひろくおこなわれた。日本天台宗の伝教大師最澄も、日蓮宗の日蓮上人も、この五時教判の上に立って、大いに法華経を弘められたのである。もちろん、両大師とも、法華経が釈尊直説の経典であると信じておられたからである。いま、両大師が小乗仏教としてしりぞけられた阿含経こそが、ただ一つの釈尊直説の経典であり、ご自分たちが命がけで弘めた法華経は、にせ経であったとお知りになったら、なんと思われ、なんとおっしゃるであろうか。まことに、大乗仏教経典というにせ経をつくり出したインドの天才たちは、罪ぶかいことをしたものである。
では、いったい、かれらは、どうしてにせの経典などをつくり出したのであろうか？
それをみてみよう。

経典の編集と教団の分裂

釈尊がおなくなりになられてすぐ（十日のちとも、一カ月のちともいう）主立った弟子たち五百人が、ラージャガハ（王舎城）の七葉窟《しちようくつ》に集まって、釈尊の生前お説きになられた教法の編集をはじめることになった。それまで、釈尊のご説法は、文字として記録されていなかったのである。

大長老のマハーカッサパ（大迦葉《だいかしょう》）が座長となり、釈尊の従弟《いとこ》で、記憶力抜群《ばつぐん》といわれるアーナンダ（阿難《あなん》）が記憶しているところの釈尊の教法を口述し、またウパーリ（優波離《うはり》）が釈尊が説かれた戒律を口述し、それをマハーカッサパが五百人の集会者たちにいちいち質《ただ》しながら、まとめていったとつたえられる。

これを、歴史上、「第一結集《けつじゅう》」というのであるが、このとき結集された教法が「経蔵」で、戒律が「律蔵」である。ただし、このときは、経蔵はまだ文字に記されたのではなく、釈尊の正しい説法をえらび出し、これを法門（dharma-paryāya）として制定し、後世に伝えやすく暗誦しやすいように編成したというのが、学者の説である。そして、のちにこの「経蔵」はマガダ語からパーリ、あるいはサンスクリットに起こして編纂《へんさん》されて、「アーガマ」となり、のちにシナにおいても漢訳された。現存するのは、「長阿含経《じょうあごんきょう》」「中阿含経」「雑阿含経《ぞうあごんきょう》」「増一阿含経《ぞういちあごんきょう》」の漢訳四阿含と、「長部経典」「中部経典」「相応部経典《そうおうぶきょうてん》」「増支部経典《ぞうしぶきょうてん》」「小部経典」のパーリ五ニカーヤとなっている。

ところで、この第一結集からおよそ百年ほどして、釈尊の教法を守ってきた教団が、二つに分裂することになるのである。これを「根本《こんぽん》二大分裂」という。

その原因はいくつかあげられるが、根源的には、修行と信仰のありかたをめぐって、二つのグループの意見が対立したのである。

二つのグループの一方を、「上座部《じょうざぶ》」（Theravāda,Sthavira）という。これは教団の長老たちのグループなので、「長老派」ともいわれる。

これに対立するグループが「大衆部《だいしゅぶ》」（Mahāsaṃghika）で、いうならば若手の革新派である。

この二つのグループが正面衝突したのである。

その原因を、いま、わたくしは、〝修行と信仰のありかたをめぐって〟といったが、その背後には、経済の問題がからんでいた。

というのは、釈尊のおなくなりになったのち百年のあいだに、教団本部の所在地、中部インド・マガダ地方に、大きな社会構造の変化が起きたのである。いうならば、この地方一帯が、高度経済成長の時代に入ったのである。

それまで、どちらかというと東方の辺境《いなか》であったマガダ地方が、急激な発展期に入ったのである。その発展のにない手は、強大な権力をにぎった王族と、商業を主とする都市の資産者階層であった。仏教やジャイナ教が、この地方を拠点として急速に発展したのは、ひとえに、これら新勢力の支持によるものだったのである。ということは、それは在家信者の増加を意味することになる。

釈尊のおなくなりになったあとの仏教教団は、そのように急速に大都市化するマガダ地方にあって、しだいに、僧院として定着しつつあったのである。というのは、釈尊ご在世のころは、一《いっ》所《しょ》不定《ふじょう》で、夏安居《げあんご》のとき以外はほとんど遊行《ゆぎょう》して歩いており、従う弟子たちもみな、出家の修行《びく》者であった。それが、都市に僧院として定着するようになると、急速に在家の一般信者が増加しはじめたのである。また、在家の信者が増加したから、定着したのだともいえるわけだが、とにかく、そうしていったん都市に定着するようになった僧院は、経営上、どうしても在家の信者の経済的協力を必要とするようになる。それは、当然、在家の信者の、教団にたいする発言力の増大ということにつながる。このひとたちにどう対応するか、ということが、教団側の大きな課題になってきたのである。

飛び出した大衆部《だいしゅぶ》

これは重大な問題であった。

教団の根本的なありかたを決定する問題であった。この在家の人たちを受け入れるべきか、拒否すべきか、受け入れるとしたらどのように受け入れるか、偉大な釈尊がいらっしゃったならば、こともなく、スムーズに解決をみたであろうが、このあたらしい時代に対応するリーダーがいなかったのである。釈尊からじかに指導をうけたすぐれた弟子たちは、すでにみな世を去っていなかった。

長老たちのほとんどは、受け入れることに反対であった。これまで、釈尊以来の僧院は、ひたすら解脱《ニルヴァーナ》を求めて、修行に専念してきたのである。苦行と瞑想、それからきびしい戒律の護持、これが釈尊以来の伝統である。しかし、在家のひとたちに、こういうきびしい修行ができるはずはない。信心こそあれ、釈尊のつたえられたきびしい修行のできないこういう人たちの僧院への立ち入りは、僧院の厳粛《げんしゅく》な空気をみだし、戒律をそこね、修行者たちの道心をかきみだすおそれがある、ひいては釈尊以来の伝統が破られてしまう――こう、長老たちは考えたのである。そこで、在家信者の僧院への出入りをつよく制限し、最小限度にすべきだと主張したのである。

これにたいし、革新派の比丘《びく》たちは、真っ向から反対する。

時代の変化につれて、教団も対応していくべきだと主張するのである。そうしなければ、時代からとり残され、釈尊の教法もついに時代おくれのものとなって消滅してしまうであろう、というのである。熱心な在家信者を吸収教化し、大いに教線を拡大していくべきだという意見である。

この主張には、いちがいにしりぞけがたいものがあったのである。それは、当時の仏教教団をとりまく時代背景であった。

それは、仏教とともに、当時、他のいくつもの宗教や思想が、はなばなしい教線を張りつつあったということである。

マガダ地方における新興勢力の勃興《ぼっこう》と繁栄は、思想界、宗教界にたいしても、あたらしい活力を吹きこみつつあった。釈尊のおなくなりになったあとしばらくは、仏教以外の教えは、「六師外道《げどう》」とよばれるものなどの影響はあったものの、まだ、仏教に十分、太刀《たち》うちできるほどの宗教や思想はあらわれていなかった。ところが、その後しばらくして、六師外道の流れをひくジャイナ教の裸形外道《らぎょうげどう》、マッカリ・ゴーサーラを祖とする邪命外道《じゃみょうげどう》(アージーヴィカ)などが力をもりかえし、さらに、もっとも強大なものとして、バラモン教徒が非常な勢いで復興しはじめていた。

バラモンの階層は、それまでに、かつてウパニシャッドの制作にいたるまでにみせたような創造力を失い、仏教にたいしもっぱら守勢に立たされていたのであったが、しかし、決してそれまでの勢力を失ってしまったのではなく、信者は国の大部分を占《し》め、かつ、生産の基盤である地方の農村社会は、社会的にも、宗教的にも、かれらの勢力下にあったのである。また、中央においても、経済、政治、文化の指導権は、かれらの手の中にあったのであり、国家の統一、社会の安定という当時の状勢に乗じて、ヴェーダ聖典の研究、編纂《へんさん》を中心に、祭事学の体系を再組織し、あわせて音韻《おんいん》、韻律《いんりつ》、天文、語源、文法等の学問を整備するというように、強力なまきかえしをはかりつつあったのである。

その上、さらにあたらしい思想が抬頭《たいとう》しつつあった。数論《サーンキヤ》、瑜伽《ヨーガ》、勝論《ヴァイシェーシカ》などの新興哲学である。それらの確立は、まだもうすこし先になるのであるが、すでに、そういうあたらしい思想が、新鮮な力で芽生えつつあったのである。

こういう状況にたいし、仏教教団は、依然として、出家者を中心に、閉鎖《へいさ》的な姿勢をつづけていたのである。そのため、他の宗教、思想にしだいに守勢に追いこまれるかたちになっていた。それは、釈尊のおなくなりになったあと、釈尊の教法をよく体得していた直弟子の長老たちが、しだいに世を去り、すぐれた指導者を欠くようになっていたためと思われる。あるいは、すぐれた比丘もいたのであろうが、そういう人たちは、そういう時代の動きなど、世俗的なこととして関心を持たず、ひたすら修行に没頭《ぼっとう》していたのであろう。そういう比丘は、都市の僧院などに定着せず、釈尊以来の伝統を守って、一所不定の修行にうちこんでいたのかも知れない。

しかし、いずれにせよ、おしよせてくるこれらの思想・教説にたいする仏教教義の、急速な対応整備の必要が、痛切に感じられる状況となっていたのである。ことに、順世派、裸形派などはもちろんとして、数論、勝論などの新興思想の説くところが、多くは現実の人生に即応したものであり、かれらから、仏教の解脱《ニルヴァーナ》はいわゆる離身解脱であって、死後の問題であると攻撃されても、これに対応する十分な教理の説明や反論もできず、当時の指導者は沈黙を守るばかりだったのである。

こういう状況のもとにあって、苦慮《くりよ》をかさねるばかりではっきりした手をうてぬ長老派にたいし、進歩派の比丘たちが、思いきった改革をしなければならぬと考えるようになったのは、当然というべきであろう。

その一つのあらわれが、在家信者の受け入れであった。

この進歩派の意見に、在家信者たちが同調したのは当然である。在家信者しめ出しの長老たちの意見に、在家の信者たちは、もちろん承服するはずがなく、団結して長老派に抗議していたのである。出家者のみが救われ、在家の者は永久に救われぬというような片手落ちで不完全な教えを、釈尊が説かれるはずはない。それにまた、もしもそうであるとしたら、仏教は在家のものにとってまったく無用のものといわねばならなくなる。とすると、自分たちはいったいなんのために仏教を信仰するのか？　この当然の質問と抗議にも、長老たちは沈黙したまま、態度を変えようとしなかったのである。

だいたい、釈尊は、あとでのべるように、決して出家至上主義ではなく、多くのすぐれた在家の修行者を指導し、育成していたのである。この時期、長老たちがどうして在家者のしめ出しをはかったのか、なにか他に理由があったのかも知れないが、よく理解できないのである。このまちがった長老派の態度のために、いまに至るまで、釈尊の仏教は出家仏教だという誤まった批判が聞かれるのは、まことに残念なことといわねばならない。

けっきょく、進歩派の比丘たちと、在家の信者たちが同調して、集会をひらくことになるのである。これを「大結集」という。この大結集の結果、進歩派の比丘たちは、教団をはなれて独立するのである。

にせ経典をつくり出す

教団をはなれて独立した大衆部は、またたくうちに、大きな勢力を持った教団に発展していく。というのは、有力な在家仏教信者の一団が加入してきたのである。その有力な在家信者の一団とは、釈尊の遺骨《いこつ》——仏舎利《ぶっしゃり》をおまつりしているひとびとであった。

釈尊が入滅《にゅうめつ》された際、荼毘《だび》の儀式は在家信者の手にゆだねられ、かれらの要求に応じて、仏舎利は、八カ所に分骨されていた。そこにストゥーパ（卒塔婆、塔）がつくられたと初期の経典は報じているが、このストゥーパを守る仕事もまた、主として、これらの在家信者の任務とされていたのである。当時の在家仏教信者の多くは、釈尊の教法によって修行するとか、信仰をすすめてゆくというより、仏舎利におまいりしたり、遺品をおまつりした場所におまいりして、釈尊のご遺徳を鑽仰《さんごう》し、功徳をいただくというのが大半であった。したがって、このストゥーパを守る集団というのは、大きな勢力を持っていたのである。このグループが、大衆部に同調したのである。このため、大衆部は、みるみる大きな勢力を持ちはじめ、伝統をほこる上座部の教団と、真っ向から対峙《たいじ》するようになったのである。

こうしてみると、どうも、上座部にたいし、大衆部は、政治的な手腕を持ったすぐれたリーダーがいたようである。上座部の長老たちは、手も足も出ない状態だ。しかし、もちろん、上座部の比丘たちも決して手をこまねいて黙視していたわけではない。大衆部は釈尊の教法を誤る邪教の徒《と》であると、口をきわめて論難し、批難をする。これにたいし、大衆部は、なんじらこそ仏陀の真意を解さず、釈尊の教えを曲げる増上慢《ぞうじょうまん》の老いぼれ比丘であると反論する。その繰り返しであった。やがて、上座部・大衆部ともに細かな部派に分裂し、各部派ごとにさまざまな論書を編んで、学問的議論に明け暮れた。これが部派仏教の時代である。

そのような状態が長い間続くが、そこに第三の勢力が登場した。自らを大乗仏教と呼ぶグループである。仏教学者によると、大衆部はもとより上座部や仏者信仰の在家グループからも大乗仏教は発生したと考えられている。つまり、学問化し、形式化した部派仏教ではいけないという考え方があちこちの部派の間から起こって、大乗仏教になったのだろう、ということである。

しかし、釈尊の教説を収録したアーガマは各部派が保持しており、そこから飛び出した自称・

大乗仏教のグループは、これを使うことができない。また、内容的にも、自分たちの主張に都合のよくないところもある。そこで、大乗仏教は自分たちの経典を制作しなければならなくなり、経典制作に着手したのである。

それにはぜったい的な原則が一つあるので、それは、どの経典も、仏陀釈尊が説いたものであるとすることである。そうでなければ、仏教教団にとってなんら価値のないものになり、信者の説得もできない。そこで、この大原則にのっとって、経典制作がはじまった。

いったい、どういうひとびとが、この経典の制作にあたったのか、いっさい不明である。

水野弘元博士は、その著『原始仏教』の中で、

『大乗経典の作者が出家であるか在家であるかも判らないし……』

と書いておられるが、そういえば、華厳経などは、とうてい在家のアマチュアなどには書けないが、法華経あたりは、その内容、表現からいって、おそらく在家の信者の、文芸的才能のある者の手になったものではないかと思われる（「お釈尊《しやか》さまの予言」参照）。

この経典制作は、最初のうちこそ、せいぜい自分に都合のよい主張を盛った小規模のものであったが、しだいに、大部で浩瀚《こうかん》な経典制作へと発展してゆくのである。かれらの経典制作は、じつに、二、三百年以上の長きにわたって、盛大に続行するのである。そうして、前にのべた通り、経典の中に、数百年も前におなくなりになった釈尊を登場させ、〃阿含経で説いた自分の教

えは方便の教えで、小乗の低い教えである。いまこそ、大乗の教法を説こう〟といわせたり、それにたいし、これまた数百年も前になくなった摩訶迦葉《まかかしよう》や、舎利弗《しやりほつ》を登場させて、〝そんな低い小乗の教えを真実の仏法と思い、さとりをひらいたと信じていた自分たちはまったくまちがっていました〟とあやまらせたり、なかなか手のこんだフィクションを展開させるのである。まことににせ経典制作にすぐれた人材がつぎつぎとあらわれたもののようである。

日本に仏教は三度伝来した

さて、ここまでおそらくキツネにつままれたような思いで読んでこられたにちがいないあなたは、ここで、

「まあ、ちょっと待ってくれ」

といわれるかも知れない。

「もし著者のいうことがほんとうだとしたら、こんな大変なことが、どうしていままで、日本の仏教界の人たちにわからなかったのだ。いくらなんでも、こんな大変なことが、著者にだけわかって、ほかの仏教界の人たちにわからなかったということはあるまい。これが事実だとしたら、

日本の仏教界はエライことになるじゃないか。みんな、どこのだれがつくったかわからないお経を、仏さまのお説きになったものと信じて、ありがたくおがんでいることになる。それが千年以上もつづいている。そんなバカなことはない。それがほんとうのことなら、いままでに、著者のほかにもだれかなんとかいっているはずだ。どうして、だれもなにもいわないのか、おかしいじゃないか」

その通りである。

こんな大変なことが、著者だけ知っていて、ほかのだれも知らないはずはない。その通りである。

このことは、日本の仏教界ですこし勉強をなさったかたがたはみな、ご存じのことなのである。知らないほうが珍しいくらいのことなのだ。仏教系大学でちゃんと仏教史を学んだ人だったら、「大乗《だいじょう》非《ひ》仏説《ぶっせつ》」（大乗仏教は仏の説かれたものではない）として、だれだって知っている事実なのである。知らないのは、専門家でない人たちだけだ。

では、どうして、専門家でない一般の人たちは知らないのか？

知らせないようにしているからである。

どうして知らせないようにしているのか？

いま、あなたがいわれた通り、そんな事実が知れわたったら、日本の仏教界は大変なことになる。おそらく崩壊《ほうかい》する宗旨や教団が出てくるだろう。だから、この事実は、学問的に研究はするけれども、一般の仏教信者たちにはぜったいに知らせないようにしているのである。いわゆる「知らしむべからず、由《よ》らしむべし」（知らせてはいけない。たよらせてだけおけ）である。

有名なはなしであるが、大正の末、この事実を「大乗非仏説」という本にして出した浄土系の僧侶である大学の教授は、即日、僧籍を剝奪《はくだつ》されて、その寺から追放され、たちまち生活に困るようになってしまったのである。一種のみせしめであろう。以来、僧職にある人で、この事実をあえて書こうとする人はいない。

しかし、すべての人がそうであるとは限らない。勇気ある先覚者が、何人《なんにん》か、声高く世に訴えておられるのである。わたくし自身、こういう先覚者の尊い叫びによって目をひらかれ、阿含宗を立宗するにいたったのである。

それら先覚者のかたがたの尊い文章を、つぎにご紹介しよう。（わたくしの目をひらかせ、真実の仏教に至らせてくださった先人の業績を挙げるのは、わたくしの義務でもあろうと思うので――）

まず、短い文章の中に、仏教伝来以来の経過を、簡潔にわかりやすく説かれておられる増谷文雄先生のご文章を。

仏陀思想の原初を探る 〃古くて新しい〃根本仏教

千年にわたる中国仏教の受容

『――略――わたしはよく言うのであるが、「仏教は二度わが国に伝えられた」ということである。そういうと、怪訝《けげん》な顔をする方もすくなくないが、それが歴史の事実である。その第一回の仏教の伝来は、西暦五三八年の初伝にはじまり、連綿として受容の努力をつづけて、一六五四年、明の僧隠元《いんげん》による黄檗宗《おうばくしゅう》の招来にいたる。それは、悠《ゆう》に千年を超える歳月にわたる努力であったが、その間にわが国に伝えられたのは、朝鮮を経由したものをも含めて、まったく中国の仏教に限られていた。すなわち、われらが受容したものは、漢訳つまり中国語に翻訳せられた経典であり、中国僧によるその注疏《ちゅうそ》であり、あるいは、中国化せられた宗派であって、そのほかの仏教はわれらの先人たちのまったく知らざるところであった。

しかるに、明治にいたって、事情はまったく一変した。明治九年（一八七六）、南条文雄、笠原研寿の二人の若き学僧が、イギリスに渡ってサンスクリット（梵語）の学習を始めた。つづいて、他の学者たちによって、パーリ（聖語）の学習もはじめられた。それ以来、わが国には、それらの言語を通じて、新しい仏教の知識が流れこんできた。ことに、そのパーリをもって記され、セイロン（現・スリランカ）において伝承されたいわゆる「パーリ三蔵」（いま和訳せられて「南伝大蔵経」という）は、中国仏教が顧みなかった根本仏教のすがたを、整然としてわれらに伝えてくれる。しかも、それは、仏陀とその弟子たちが語ったであろう言語をもってである。これを、わたしは、第二回の仏教の伝来とするのである。

顧みられなかった〝阿含〟

だが、実をいえば、中国の仏教者たちも、まったく根本仏教にふれる機会をもたなかったわけではなかった。いまいうところの「パーリ三蔵」のなかにおいて、その中心をなすものは、「パーリ五部」と称せられる。五つの部にわたって編集されているからである。それらはまた、時に、一括して「アーガマ」（阿含）とよばれる。それが「伝承の経典」たることを意味することばである。そして、中国の訳経僧たちは、それらを翻訳して「阿含経」と題した。すなわち、彼らもまた、おおよそ「パーリ五部」に相当するものを翻訳した（「長阿含経」「中阿含経」「雑阿含経」「増一阿含経」、そして、第五部にあたるものを欠く）。西暦三九七—

四三五年までの間のことである。だが、彼らは、その後、その経典群をすてて一向に顧みることがなかったので、「阿含経」は、中国の仏教の歴史において、一度も重要な役割を果たしたことがなかった。そして、その中国仏教のまったき影響下にあった日本の仏教もまた、まったく〝阿含〟を知らざる仏教となったのである。

阿含経典こそが根本聖典

しかるに、いま、かくのごとくにして始められた明治以後の新しい仏教研究においては、厳密な経典批判の結果として、この阿含経典（パーリの五部と漢訳の四阿含をふくめて）のみが、よく仏教の根本聖典たることを主張しうるものとなった。つまり、今日の仏教研究においては、仏陀の教法をその原初的なすがたにおいて伝える経典として、よく学問的吟味にたえるものは、この経典群を措《お》いて他にはまったく存しないのである。かつて仏陀は、何を説かれたか、いかに語られたか、そのことを、ありしがままに知りたいと欲するならば、人はこの経典群に赴くより他はないのである。

しからば、これまで、この経典群をまったく顧みることのなかった中国ならびにわが国の仏教者たちは、まことは、仏陀の人とその思想の真相を知らなかったとせねばならないのであり、また、ながきにわたって仏教者としてありながら、われらは、いまはじめて、教祖仏陀の本来の面目を見得るものとなったとしなければならない。

そして、それをわたしどもは「根本仏教」とよぶのである。つまり、阿含なる経典群によって知られる仏教こそが根本仏教なのである。かくて、いま、わが国の仏教においては、いちばん古い酒がいちばん新しい酒なのである』（都留文化大学長・昭55年8月5日・日本経済新聞・文化欄所載）

増谷文雄先生は、日本に仏教は二度伝わった、とおっしゃる。このおことばに乗って、わたくしは、日本に仏教は三度伝わった、と申すのである。

なぜか？

昭和五十三年四月、わたくしは、非徳不才の身をかえりみず、「阿含宗」を立宗した。釈尊直説の真の教法を、どうしてもひろめなければならぬと決心したからである。どのような艱難辛苦《かんなんしんく》が待ちかまえようとも、これはわたくしがせねばならぬ仕事だ、そう一途《いちず》に信じたからである。たとえひと足《あし》でもふた足でもよい。とにかく道をつけておこう。その小さいかすかな道を、あとからくる徳たかく才ある人たちが、かならず大きな道にしてくれる。そう信じたからである。

増谷文雄先生は、明治にいたって、第二の仏教伝来があったとおっしゃられる。その通りである。しかし、それは、学問的に伝来しただけで、一般民衆のあいだに、信仰としてひろがるものではなかった。極端にいえば、一般民衆になんのかかわりもなかったのである。

昭和五十三年四月、阿含宗の立宗により、はじめて民衆に仏陀釈尊の真実の法門がひらかれたのである。これを以て第三の仏教伝来といわずしてなんといおうぞ、いや、この日はじめて、日本に仏教が伝来したのだ。これが、おそらく今後ますます増大するであろう迫害の中で、わたくしを支えるただひとつの誇りなのである。

現身仏と法身仏

つぎに、原始仏教研究の先駆者として有名な、姉崎正治博士の、『現身仏と法身仏』から抜粋《ばっすい》させていただく。

『現身仏と法身仏』は、この領域において、すでに古典とされている名著である。

『――この研究のために著者が渉猟《しょうりょう》したるは、主としてパーリ語仏典と漢文四阿含にあり。是れ仏教史の初期に現われたる人心信仰の真歴史がこれら仏典に特に忠実に保存せられしを見たるがためにして、日本の仏教者が自《みずか》ら大乗と称して独《ひと》り高しとし、高遠の理論、迂濶の談理をもてあそびて、かえって切実なる仏陀中心の信仰を忘れ、その極、ついに影の如く空《くう》閣《かく》の如き仏教となしはてしは、歴史と信仰との二面より、共に愍笑《びんしょう》するに堪《た》えたり。もとより仏教歴史の問題は宏漠《こうばく》たる仏典の正確なる批評を経たるのちにあらざれば、十分に正確の断案をくだしがたしといえども、しかも明晰《めいせき》に師主徒弟が日常生活を叙《じょ》し、その生活の間に現われたる信仰道行《しんこうどうぎょう》の活《い》ける跡《あと》を伝える阿含部仏典と、ひたすら神話装飾《しんわそうしょく》に勉《つと》め、経文《きょうもん》讃歓《さんかん》に余念なき自称大乗仏典と、いずれが史料として正確なるやは、公平なる頭脳の容易に判断し得る所ならん。而《しか》して真正の歴史は又事実に活動したる信仰の跡を忠実に具象的《ぐしょうてき》に伝えるものなれば、この具象的信仰の中には又最も永遠なる信仰の意義を発揮し得べきなり。仏性、真如は決して（大乗仏教経典のような）架空妄想《かくうもうそう》の中に現わるべきにあらず』（カナは現代式にあらため、カッコ内の文字は著者）

まことに痛烈この上もない文章である。

明治三十七年発行の書物であるから、たいへんむずかしい文章であるが、名文である。それにしても痛烈きわまりない文章といわねばならない。ことに、

『日本の仏教者が、みずから大乗仏教と称して自分だけ高いものとし、現実にほど遠い口さきだけの理論や理くつをもてあそんで、いちばんたいせつな仏陀を中心とする信仰を忘れ、

その結果、ついに、影のように実体のない、空中に楼閣殿堂《ろうかくでんどう》を築《きず》くような、現実ばなれをした仏教にしてしまったのは、歴史上からと、信仰の上からと、両方の面からいって、じつにあわれみ笑うに十分のことである』

といい、

『ほんとうの仏性、真如《しんにょ》は、決して、大乗仏教経典のような、架空《かくう》のつくりごと、妄想《もうそう》のようなたわけたことを書いたものの中にはないのである』

というあたり、あの当時、よくこれだけのことをいわれたものと、むしろ凄然《せいぜん》たるものを感ずるのである。わたくしは、十数年前この文章を目にしたとき、肌《はだ》えに粟《あわ》を生じたものである。まことに、その勇気と見識に、襟《えり》をたださざるを得ないのである。この文章を目にするごとに、わたくしは、ともすると、右を見、左を見て、ひとの顔いろをうかがいつつものいわんとする自分をかえりみ、叱咤《しった》するのである。

つぎに、阿含経についてひろく一般にわかりやすくのべられた故友松圓諦師の著書『阿含経』を参照してみよう。師は、神田寺の住職で、ラジオ放送その他、かず多くのりっぱな伝道活動をなされた、すぐれた宗教家である。以下、見出しとともに友松師のご文章である。

阿含経は仏教の根幹
世に知られざる阿含経

『——仏教というものが釈尊のおときになったもの、少くとも、仏教のもとが釈尊のお考えから出たものとするならば、この阿含経こそが、一本の樹木にたとえて言ってみれば、その幹であり、その根でさえあるのです。その大切な根幹をなすべき阿含経という名前さえ一般世間大衆に知られていないということは、かなりに大きな問題ではないでしょうか。仏教がこれほど津々浦々にいたるまで流行し、しみこみ、ひろがっていますのに、その仏教がどんなものであるかと言う、いわば仏教理解に対する根本的な材料が、自ら仏教徒と名乗り、且つ、自任している人々の間に知られていないということは、そこに、日本仏教の特色でもありましょうが、この国の仏教というものがひどく歪曲されたものであったということがわかるでありましょう。世間一般はかりにいいといたしまして、専門の僧侶方の中で、阿含経を本当に知っている人というものがひどく少いし、その名前を耳にしたのも実はこと最近に属しているのです。なぜならば、それほど大切な阿含経が、かくも全く世間の間にも、専門家の中にさえ知られていなかったろうかという質問は誰の心にもうかんでくることです。大切なあとつぎの伜がどこかにかくされていたようなものです。この嫡男があらわれることを好まぬ連中が沢山にあったからです。それは言わずと知れた、長男以外の連中にとって、この嫡男たる兄の出現はおそろしいことであったからです。従って、わざと、世の中の正面にひき出すことをくいとめていたようなものです。勿論、最初こそ、そうした意図的な行動に出ましたが、それが、後世になりますと、いつの間にか、無意識的にもこれを排斥し、これを問題の外に追いやろうとしていたのです』

仏教の長男であり、あとつぎである阿含経を、長男以外の者たちが、卑劣《ひれつ》にも世間から葬《ほうむ》ってしまおうとしたのだ、というのである。

では、だれが、どのようにしたのか？

大乗仏教のひとたちが、にせの経典をつくって、阿含経をつぶしにかかったのであるというのである。友松師はいう。

『(大乗グループの)連中はさすがに世間的な頭脳と力腕をもっていただけに盛んに大衆的な経典を編作しました。勿論、その経典に出る人物、地名、時には事件までも、昔からの阿含経からかりてくる場合が多かったのです。——大乗派の人々は聡明にもそれらの編作物の中に、つとめて、釈尊の言葉として、昔ながらに阿含経を伝持しているところの小乗をけなしつけることを忘れなかったのです』

かくして、阿含経は、仏教の嫡男《あとつぎ》でありながらいまにいたるまで、陽《ひ》の目を見ることのできないカゲの存在になってしまった——と友松師はいわれるのである。友松師は、〝聡明にも〟と文中いわれておられるが、これは聡明などというものではない、まさに「狡猾《こうかつ》にも」というべきであろう。

この大乗グループの卑劣、狡猾な手段でつくられた大乗仏教経典の代表ともいうべき経典が「妙法蓮華経」すなわち、法華経である。

このにせの経典である法華経が、なぜ、大乗仏教のチャンピオンの座についたのか、という点について、さきにご紹介した増谷文雄博士はつぎのように解説される。

まったくまちがっていた天台智顗《ちぎ》の「五時教判」

以下、増谷文雄先生のご文章である。

『——しかるに、ブッダがなくなってから数百年を経たのち、いわゆる大乗仏教なるものが起り、かつ大乗経典なるものが生産されはじめた。それとともに、この「阿含経」がもっていた独占的な地位は、ようやく崩壊しはじめ、そこからこの経の運命の浮沈がはじまるのである』

さらにそれを決定的にしたのは中国仏教である、と、増谷先生は説かれる。

『――とくに、その傾向を決定的にしたのは、（シナの）天台宗の第三祖、天台大師、智顗《ちぎ》であった。彼はすばらしい頭脳の持主であって、その頭脳をもって生みだしたいわゆる「五時」という考え方によって「阿含経」の運命は決定的になったといってよかろうかとおもうのである。したがって、この経の運命を考える場合、この智顗の「五時」という考えかたが非常に重要な役割を果しているので、すこしその内容に立ちいって述べおかなければならない。

「五時」というは、（本書「天台の五時八教」を参照のこと。41頁）古いことばでいえば、教判、つまり彼の経典批判の内容を表示することばである。彼はいろいろな経典につき、その成立の事情やその内容を論じて、その価値批判をした。いまその要をとっていうなれば、彼は、ブッダの生涯における説法を五つの時期にわかって考えたのである。「五時」というのは、そのことによるのである。

その五つの時期というのは、まず第一に、ブッダは、正覚すなわちさとりの直後に、そのさとりの内容をそのままに打ち出して語ったとするのである。そして、その内容がつまるところ「華厳経」であるというのである。これが第一時である。

だが、その内容を聞いたものは、古いことばでいうなれば、まったく「聾者《ろうしゃ》」のごとく、耳の聞こえないものとおなじく、まったくその内容を解するところがなかった。そこで、ブッダは、ひるがえってその内容の程度をずっと落として、ごく卑近な、そして具体的なおしえとして人々に語った。それが「阿含経」の内容である、と智顗は考えるのである。これが第二時である。
そして、そこから、今度はしだいにその説法の内容を高めて、あるいは「維摩経《ゆいまぎょう》」とか、あるいは「勝鬘経《しょうまんぎょう》」とかを説いた時期、これが第三時である。さらにその程度を高めて、つぎには「般若経《はんにゃきょう》」を説いた時期、それが第四時である。そして、さらに最後の八年間には「法華経」を説き、また、その死にあたっては「涅槃経《ねはんぎょう》」を説いて、ついに真実の正法そのものを示したというのである。これが第五時になるのである。(最後に説いたのが法華経だから、これが最高のおしえであり、正法なのだ、と、かれ智顗は結論するのである。ところが、あにはからんや、この法華経も涅槃経も、釈尊のおなくなりになったあと数百年もたってつくられたにせ経だったのである。しかし、そんなことは明治になってからわかったことで、わかったときにはアトの祭りだったのである。なぜか?　増谷先生はつづけてつぎのように説かれる)
ところが、この智顗の学説がなかなか巧妙に、かつ精妙に形づくられているところから、当時の人々はいうにおよばず、その後も広くうけいれられて、それが、中国ならびにわが国の仏教者たちの経典に関する考え方を、ほとんど全く支配するにいたった。そのために「阿含経」にたいする評価は、まったく好ましからざるものとなった。なんとなれば、彼によれば、「阿含経」はものの解らない人々のために、程度を落として、きわめて卑近な、具体的な説きかたをしたものだというのであるから、高遠な仏教の思想を知りたいという人々は、みなこの経を捨てて顧みる者もなくなってしまって、「阿含経」を研究しようというような志をおこすものは、まったくあとをたってしまった。それもまた、智顗の学説を認める者にとっては、当然というのほかはないのである。

いま中国における経典翻訳のあとをふりかえってみると、阿含部の諸経の翻訳は、すでに第四世紀の後半から第五世紀の前半までに、すべて完成していたのであるが、第六世紀の後半にいたって、いまもいう智顗の教判が成立し、その経典批判がひろくおこなわれるようになってからは、もはや「阿含経」を顧みるものはまったくなくなったといってよいのである。そしてこの経のかなしい運命がそこからはじまり、それがまたそのままわが国におけるこの経の運命であった。

だが、考えてみると、この運命を打開することはたいへんなことであった。なんとなれば、そこにはすぐれた頭脳によっていとなまれた整然たる体系があり、それによって諸経の価値批判が与えられているからである。これを論破することははなはだ困難なことであったのである。かくてこの経の運命はずっと近代にまでつづいた。それはながいながい悲しい運命であった。だが、近代にいたって、いわゆる近代仏教研究がおこるにいたって、はじめて智顗の体系がやぶれ、この経がやっと陽の目を見ることになった』(『原初経典　阿含経』筑摩書房、カッコ内の文章および傍点は著者)
わかりやすく、意をつくした解説であり、かつ、わたくしののべていることが一方的な我田引水論でないことを証《あか》すために、長い引用をさせていただいたわけであるが、以上で、阿含経をめぐる歴史と背景がはっきりしたわけである。そこで先にすすもう。

釈尊直説の経典だから阿含経が尊いというのではない

さて、前の章までで、阿含経をめぐるいくつかの黒い霧のヴェールがはがされたわけであるが、この時点で、わたくしは、どうしてもはっきりさせておかなければならぬことがひとつあるのである。

それはなにか?

それは、わたくしが、阿含経を最も(いや唯一の)尊いお経であるとして阿含宗を立てたのは、ただたんに、阿含経が釈尊のじっさいにお説きになられたただ一つのお経だからという単純な理由からではないということである。

つまり、釈尊直説のただ一つのお経だから阿含経が最も尊いお経なのだ、というのではない。もっとほかに重大な理由があるからだ、ということである。

これまでにあげた諸先生がたの論説は、阿含経こそがただ一つ、釈尊の説法を集録した尊いお経であるというものであった。それはじつに貴重な学問的業績である。わたくしは、これら諸先生の説かれるところによって、阿含経にたいする眼がひらかれたのである。しかし、ただそれだけのことで、わたくしが、阿含宗を立てて、身命を賭《と》して阿含経をひろめようと決心したのではないのである。もっと重大な、そして決定的な理由があったからである。

それはなにか？

「**あらゆるお経の中で、ただ一つ、阿含経にだけ、成仏法があるからだ**」

これがその答えである。

わたくしは、阿含経を読み、研究するだけではなく、阿含経を修行して、この事実をつかんだ。阿含経を実修して、この事実を体得した。これが、わたくしをして、身命をなげうって阿含経を世に弘めなければならぬと決心させた決定的な理由なのである。

なぜならば、成仏法あってこそ、はじめて仏教は人を救うことができ、世の中をよくすることができるのである。成仏法のない仏教などというものは、仏教ではないのである。成仏法あってこそ、はじめて、仏教は仏教たり得るのである。成仏法のない仏教など、仏教とはいえないのであって、どんなに理論的に高遠なことを説き、どんなにごりやくをうたっても、仏教の価値はそんなところにあるのではないのである。

成仏法によって、ひとは業《カルマ》を断ち、解脱して成仏《ニルヴァーナ》にいたることができるのである。釈尊の教えられる成仏法は、ひとのカルマを断って成仏させ、世の中のカルマを断って社会を浄化する。それだからこそ、仏教は尊いのだ。成仏法によってこそそれができるのであり、成仏法なくしては不可能である。

釈尊直説の阿含経にのみ、その成仏法がある。だからこそ、阿含経が尊いのである。釈尊がお説きになったただ一つのお経だから阿含経が尊いのではないのだ。成仏法があるから、阿含経は尊いのだ。成仏法がなかったら、たとえ釈尊がお説きになったどんなお経でも、わたくしは価値をみとめない。とりあげない。たとえ門前の小僧、八百屋の小僧が書いたお経でも、そこに成仏法が書かれていたら、わたくしは唯一無二の聖典として、ひざまずき、おしいただく。ここのところをまちがってはいけない。

成仏法があるからこそ仏教は尊く価値があるのだ

どうしてこんな簡単明瞭《かんたんめいりよう》なことが、一千年以上もわからなかったのか？

増谷文雄先生は『なんとなれば、そこにはすぐれた頭脳によっていとなまれた整然たる体系があり、それによって諸経の価値批判が与えられているからである。これを論破することははなはだ困難なことであったのである』と述べられている。その通りであろう。しかし、千年以上の長きにわたって、この天台智顗の体系がうち破られなかったというのは、まことにおかしなことである。これは、仏教・仏法を、理論的・教学的にばかり考えようとする人たちばかりだったから、うち破られなかったのである。頭のよい人たちというものは、仏教・仏法を頭でとらえようとするからである。

その証拠《しようこ》に、増谷先生は、その前の文章で、『高遠な仏教の思想を知りたいという人々は、みなこの経を捨てて顧みる者もなくなってしまって』と述べられている。

仏教に〝高遠な思想〟を求めようとするから、仏教・仏法がわからなくなってしまうのである。（つまり、頭でわかろう、知識でつかもう、とするのである。そうなると、仏教は、観念と論理の遊戯

になってしまう。これを〝戯論《けろん》〟といって、釈尊は阿含経の中でつよくいましめられているのである）
わたくしの仏教へのスタートは、「解脱」であった。わが身の持つ悪しきカルマ、悪しき因縁からの解脱であった。これがわたくしの仏教への原点であった。これ以外、なにもなかった。人を助けるとか、世を救うなどというだいそれた思いは、ツユほどもなかった。ひたすらわが身を助けることしかなかった。それだけに真剣だった。血まなこだった。そのわたくしの、仏教に求める原点は、また、仏教そのものの原点であった。つまり「成仏する」ということである。
その原点を求めて、わたくしは、法華経を六年間学んだ。ということは、天台智顗の体系を六年学んだということである。そして六年目、法華経に致命的な欠陥のあることを発見して、法華経をはなれた。法華経をはなれても、天台智顗の体系からははなれることはできなかった。しかし、それから十年、阿含経にたどりついて、天台智顗の体系を、かんたんにうち破ってしまった。というよりも超えてしまったのである。気がついてみたらかんたんなものである。
それは、法華経が釈尊の説いたものではないとか、にせ経であるとかいう問題ではないのである。もっと根本的な問題なのだ。それは、法華経には成仏法がなかった、という一事である。この一点さえつかんでしまったら、大天才智顗であろうが、日本のどんな名僧高僧がなにを論じ、なにをいおうが、そんなものになんの魅力も価値も感じない。要するに、しらけてしまったのである。迷論妄説としか思われなくなってしまう。

じつにこの一点なのである。

この一番たいせつなことをはなれて、理論的な面からだけ、諸経典の成立や内容を論じていたら、だれだって、大天才智顗の体系をうち破ることは、ぜったい不可能だったろう。

いま流行の「逆転の発想」ではないが、山のように積まれた諸経典などはなれて（ついでにシャカをもはなれて）、仏教というものの原点に立って考えてみれば、すぐにわかることなのである。

仏教とはいったいなにか？　「仏になること」（ニルヴァーナにいたること）、すなわち成仏することを目的としたものである。それ以外になにもない。しからば、その成仏する方法が説かれているか、いないか、もし説かれているとしたら、どの程度、説かれているか、これが、経典の価値判断——教相判釈の原点となるべきではないか。

天台智顗をはじめ、いままで千数百年間にあらわれた仏教のえらいかたがたは、そのいちばんかんじんなところに気づかず、山積する経典の上に立って、考えたり論じたりしていたわけで、要するに、経典にふりまわされてしまっていたのである。

山ほどあるお経などまず無視して、仏教とは何かをしっかり考えて、それは成仏することだとさとってから、経典をみれば、どの経典が本物で、どの経典がにせ物かすぐにわかるのである。

さきに目の前にある経典に目をうばわれてしまって、目の前の経典からスタートするから、わからなくなってしまうのである。経典など無視してしまって、ゼロからスタートするのだ。それと、だれがなんといおうとも、自分の頭で判断することだ。

わたくしは、さきに、逆転の発想といったが、それよりも必要なのは、「反逆の思想」だ。大天才智顗の立てた理論だから、だれがいった論説だから、と、最初から権威に頭をさげてしまっている。いまの仏教界のかたがたも、大乗仏教経典のまちがいを知らないことはないのである。みなご存じだ。それでいて、そこから一歩も動こうとしない。動いていただかねばならぬと、わたくしは必死になっているのだが、決して動こうとしない。いや、かえって、暗々《あんあん》のうちに、わたくしの動きのほうをとめようとする動きさえあるのである。いま、仏教界に最も必要なものは「反逆の思想」だ。もっとも、それは、仏教界だけではない。この時期――、あらゆるところで反逆の思想は必要なのであろう。

第二章

霊性のテーマ

修行しないで成仏できると説く

前の章で、わたくしは、法華経をはじめとする大乗経典には、釈尊の説かれた成仏法がない、といった。

読者はこのことについて、疑問をいだかれたかも知れない。いったい著者のいう釈尊の成仏法とはどういうものなのか。そしてまた、どうして大乗経典にはその成仏法が欠落しているのか、その点について知りたいと思われるかも知れない。わたくしもまた、そこをだまって通りぬけてしまうわけにはいかない。

大乗仏教の人たちは、僧院をとび出して、経典づくりをはじめた、とわたくしは述べた。なぜならば道場をとび出したかれらは、釈尊の教法をしるした唯一の聖典「アーガマ」(阿含)を持たず、それでは信者をなっとくさせることができず、かつ、部派仏教からの、

「なんじらの説は仏説ではない。なぜならば、なんじらは仏の説かれた聖典を持っていないではないか」

という反論に一言も返すことばがなかったからである。

かくして経典づくりがはじまったのであるが、それには、アーガマとまったくちがう要素が要求された。

それは、この経典をあたえる対象が、これまでとまったくちがっているからである。これまでは、道場にあって釈尊の残された成仏のための修行をしている人たち、つまり、比丘が対象であった。今度はまるっきりちがう。相手は在家の大衆である。この人たちに、釈尊の教えられた成仏のための修行法など実行できっこないのである。また、それを教え、説くのだったら、部派仏教となんら変わりはなくなってしまう。相手は、信仰はできても修行のできない人たちである。しかしながら、その信仰の目的として、あるいは、信仰の結果として、成仏することを約束しなければならないのである。

つまり、成仏のための修行をしないで、しかも成仏できるぞと約束しなければならないのである。いったいどうするか？

これはまさに難問といわなければならない。

しかし、かれらはこの難問を解決したのである。

仏の「慈悲」（本願《ほんがん》）というものをうち出したのである。

釈尊は、成仏するために「智慧」の必要を説かれたが、仏の智慧は、修行錬成《れんせい》なくして得られるものではない。そこで、安易な「慈悲」を仏の本願としてうち出したのである。

どのようにうち出したか？

その一つは、

「仏さまの慈悲にすがる」

ということであり、もう一つは、

「仏さまの慈悲を実践する」

ということであった。

第一の「仏さまの慈悲にすがる」という考えかたは、大乗仏教の信者たちの大多数をこの上なく満足させたのである。というのは、そのころの在家の仏教信者の信仰とは、

「仏舎利《ぶっしゃり》をおまつりしたストゥーパ（塔）信仰」

にほかならなかったのである。釈尊の説かれた教法を学び、修行するというのは、限られたプロの比丘たちで、一般の在家の信者たちは、仏舎利をおまつりしたストゥーパに参詣《さんけい》して、偉大な覚者であり大聖者であった釈尊の御加護をおねがいする、という素朴な信仰になっていたのである。いうならば、仏舎利をおまつりしたストゥーパは、日本における「神社」のような存在で、ストゥーパをお守りする在家信者は、その「氏子《うじこ》」といったものだったのである。

だから、釈尊はもうそのころ、実在の釈尊とはだいぶかけはなれた神格化された存在となって、庶民《しょみん》から鑽仰《さんごう》・信仰されていたわけである。そこで、さらに超人化され、神話化された仏陀

釈尊が経典に登場し、その「慈悲」によって大衆が救済されるという考えかた、説きかたは、大多数の信者たちをことごとく満足させ、かつ、さらに多くの信者を吸収するのに大いに役立つことになったわけである。

成仏できない仏教となる

ところが、この考えには一つの大きな難関があった。

それは、かくも超人化し、神格化した仏陀釈尊は、信仰にはよいが、さてわれわれ凡夫がはたしてそういった偉大な存在になれるのか、つまり「成仏」できるのか？　という点でカベにつきあたってしまったわけである。仏教である以上、どこまでも最終の目的は「成仏する」ことにあるわけであるから、われわれ凡夫も最後には、そういう偉大なる仏陀になれるということでなければならない。しかし、そんなことが可能なのか？

これを解決するために、第二のテーマ、「慈悲の実践」という考えがみちびかれてきたのである。

すなわち、われわれ衆生は、このままでは仏陀にはなれないが、しかし、かの仏陀釈尊は、久《く》遠《おん》のむかしから、かならず仏になれる行《ぎょう》をおこない、功徳を積んでこられたのである（この説のためにべつに本生譚《ジャータカ》がつくられた）。そのかならず仏になれる行、すなわち菩薩行を行ずれば、だれでもかならず仏になれるはずである。菩薩行を行ずれば成仏可能であることは、仏陀釈尊がすでにあきらかにお手本を示しておられる（そういう経典がべつにつくられた）。ではその菩薩行とはなにか、ということで、「慈悲」の行がうち出され、それを実践する理想の人間像として「菩薩」がみちびき出されたのである。

この、菩薩の発見、菩薩の導入が、一躍、「大乗仏教教団」を飛躍発展させたのである。

さて、以上のテーマを盛った経典が、つぎつぎと制作されていった。そして、最初のうちは、部派仏教への対抗上、自分たちの主張を盛る、といった程度のものであったが、しだいに反撃にうつり、ついには部派仏教の奉じている経典はすべて低く劣ったものであるとし、自分たちの持つ経典こそ、仏陀釈尊の説かれたほんとうの経典である、というようにしてしまったのである。

そして、部派仏教を「小乗」とけなし、自分たち「大乗」こそ、仏陀釈尊の正統であり、本流であると誇称（詐称？）するようになってしまったのである。

そうして、その結果は、釈尊の成仏法をまったく欠落した経典のハンランとなったわけである。成仏できない仏教経典のハンランとなったわけである。

それはいくらなんでも著者のいいすぎではないのか？

そうではないのである。

わたくしの独断であると思われては困るので、現代のもっともすぐれた法華経学者の一人である横超慧日先生の文章を、つぎにご紹介しよう。

『なお、(法華経)方便品《ほうべんぼん》の説が浄土教の信仰にとって一つの重要な基底を与えていることを忘れてはならない。それはいかなる点においてであるかというに、(a)仏の教えは必ず、聴く者の機に随って設けられ、衆生の中でも最も鈍根の機を対象とする教えを説かれる。(b)それは仏が一切の衆生を同一平等なる仏の覚りに引き入れることを以て本願とするからである。(c)衆生は仏の教えを受ける場合、どこまでも仏の本願を信じそれに随順するのみであって、自己の修行に功を認めるような態度によっては絶対に真の仏果は得られない。これは法華経方便品の眼目《がんもく》であると同時に、後世中国・日本において唱えられた浄土教信仰の基調でもあった』

つまり、ここでは(釈尊がひたすら説かれているにもかかわらず)、成仏のための修行を不要であるとして、修行を放棄してしまっているわけである。いや、(成仏のための)修行を禁止してしまっているのだ。これでは、いくら法華経に成仏法をさがしても見つかるわけがないのである。

修行はしないで、ひたすら「仏の本願」にすがれといっているわけである。仏は大いなる慈悲を以て一切衆生を救おうという本願を持っているのだから、その本願にすがりさえすればいいのだというわけである。

そこでまことにおもしろいことになるのである。

法華経と、浄土教の観無量寿経・阿弥陀経とは、本質的にまったくちがうお経である。にもかかわらず、おもしろいことに、成仏するための方法、成仏法ということになると、期せずしてまったくいっしょになってしまうのである。法華経も阿弥陀経も仲よく「仏の本願にすがる」ということになるのである。

浄土真宗では、成仏するために、

「ひたすら弥陀の本願をたのみまいらせ」

と説く。法華経もまた同様「ひたすら仏の本願をたのみまいらせ」と説くわけである。

では、その仏の本願をたのみまいらせて、どうなるか。

その答は、法華経の「方便品」に出ている。

『仏子の心浄く、柔軟に亦利根にして、無量の諸仏の所にして、深妙の道を行する有り。此諸の仏子の為に、是大乗経を説く。我是の如きの人、来世に仏道を成ぜんことを記す』（方

便品偈頌）

来世に仏道を成ぜん

という、これが答である。

つまり、現世では成仏できない。未来成仏である。六年間かかって、わたくしは法華経の中にこの文字を発見して法華経を去ったのであるが、釈尊は現世においてこの身にかかわるカルマを断ち切り、ニルヴァーナに入って輪廻《りんね》を解脱することを教えられているのである。そのための方法を、「成仏法」として教えられているのである。未来成仏では、釈尊の仏教ではないのである。

さすがに、大乗経典の作者も、成仏法のない経典で、この身このままカルマを断ち切り、ニルヴァーナに入れるとまでは書けなかったのであろう。そこで未来の成仏の可能性をうち出したものと思われる。

以上で、大乗経典に成仏法のしるされていない理由がおわかりになったであろう。

これについてさらに、少々辛辣《しんらつ》ないいかたをするならば、後世のすぐれた仏教学者から、『それをつくった者が出家者か在家者かわからない』（53頁参照）といわれる程度の作者では、成仏法の書けないのは当然というべきであろう。この、水野弘元先生のおことばをひっくりかえすと、この経典はその程度の内容のものだということである。これはまさに正覚を成じた仏陀でなければば説けない経典であるといわせるようなものはなにもないということである。そこまでいかないにしても、これは相当以上に修行してある程度さとりをひらいた出家者でなければぜったいに書けない経典であるといわせるだけのものはなにもないということである。在家者でも出家者でも書ける程度のものなのだという解釈が成り立つであろう。

この、法華経に成仏法がないことを、だれよりもよく知っていたのが、ほかならぬ天台大師智顗である。智顗はそれを知っていたから、非常な苦心をして、「摩訶止観《まかしかん》」という法華経にない修行法を導入した。さすがに大天才である。法華経の欠陥をよく知っていたのである。しかし、この「摩訶止観」というのは、釈尊が阿含経において説かれている成仏法の修行の一つなのである。かれ智顗は、論では阿含経を最も低級な経典であると判釈しながら、その阿含経から「成仏法」をとってきて、「摩訶止観」という名で補足しているのである。わたくしたちはこれをどう考えたらよいのであろうか。

キリストの奇蹟と釈尊の神通力

さて、こうして大乗仏教は阿含経を抹殺し、阿含経を抹殺することにより、釈尊の成仏法を抹殺してしまった。この罪は大きい。

しかし、大乗仏教のおかした罪はそれだけではないのである。もう一つある。それは、阿含経とともに仏陀釈尊のほんとうのすがたをも、いっしょに抹殺してしまったことである。

阿含《アーガマ》には、ゆたかな霊性と偉大な霊能力（神通力）を持った釈尊のおすがたが、じつに生き生きとえがかれている。

これを大乗仏教は抹殺してしまったのである。大乗経典にえがかれる仏陀釈尊は、自分たちの主張に都合よく類型化され、神格化された「仏さま」のすがたである。阿含には、じっさいに釈尊にふれた人たちによってかたられるゴータマ・ブッダのすがたが、生き生きとえがかれているのである。阿含が抹殺されたために、阿含にえがかれているこのほんとうの釈尊のおすがたもまた、わたくしたちの目にふれることができなくなってしまった。

これにさらに拍車《はくしや》をかけたのが、ヨーロッパの学者たちによる「仏陀観」である。

かれらは、かれら独自の合理主義により、かれらに理解しがたい神秘的な釈尊の部分は、すべて不自然であるとして切り捨ててしまった。自然科学的な観点からすこしでも理解できない部分は、すべて誇張された神話的伝説として削《けず》ってしまったのである。

かれらは、キリストのおこなった奇蹟はそのままうけいれるが、釈尊のあらわした神通力という奇蹟は、なっとくできないとして削ってしまったのである。そうして、それまでのキリスト教神学になかった「四諦」「十二因縁」という知的な論理には興味を示して、論評し紹介する。こういうオルデンベルグ流の傾向がそのままわが国に移入されて、そういった観《み》かたをするのが、いかにも知的な学者的態度であるかのように思っている人がすくなくないのは、たいへん残念なことといわねばならない。(中村元・水野弘元先生らの著書に、仏陀の神通力についての記述があるのは、たいへんありがたいことである)
ヨーロッパ流の合理主義的立場からみた釈尊は、偉大な宗教家としての神秘的霊性はいっさいかげをひそめ、そこには、たんなる哲学、道徳を説く、頭脳明晰《めいせき》な一人の人間のすがたしかない。やや極端ないいかたをすると、哲学と道徳を説きつつ漂泊《ひょうはく》する一人のヒッピーの指導者である。
阿含には、ゆたかな霊性と、偉大な神通力を持つ仏陀釈尊のすがたが、まざまざとえがかれている。これをとりのぞいてしまったら、いまいったように、あとに残るのは、たんなる哲学的思惟と倫理的観念しかない。それが宗教となるためには、偉大なる霊的個性の発現がなければならない。釈尊こそ、その円満なる完成者なのである。
このことを文字で説明することはたいへんむずかしいことなのであるが、それを説明する材料として、たとえば、つぎのような中村元先生の文章(『原始仏教の思想』下)を、のせさせていただく。

『――ところでここに問題が起こる。われわれは、いったい人間存在に関するこの四種の真理（苦・集・滅・道の四諦）を知ることによって解脱が得られるのであろうか。あるいはその四種の真理を知って八正道を実践することによって解脱が得られるのであろうか。つまり、究極の境地としての解脱は真理の直観乃至知識によって達成されるのであろうか、あるいは現実的な行為実践によって達成されるのであろうか。この問題について原始仏教聖典の説くところは明確ではない――』

（中村元先生は、この文章にひきつづいて、〝しかし明確でないというのは、実はわれわれが後代の思想の立場に立ってこの両刀論法を原始仏教につきつけたところに由来するのではなかろうか〟とのべて、かならずしも明確でないことはないという論旨を展開されておられるのであるが、ここでは説明の材料として、ここだけの文章をお借りするわけである。誤解のないようおことわりしておく。傍点は原著者、カッコ内は著者）

ここにのべられていることは、要するに、仏教の究極の目的である解脱《ニルヴァーナ》が、知ることによって（つまり知識によって）得られるのか、あるいは現実的な行為の実践によって得られるのか、それについて原始仏教聖典つまりアーガマは明確にしていない、というのである。

これはなによりも重要な問題提起であると思うのである。わたくしたちが阿含経（といわずどのお経でも）を読む上でこれは最大のポイントとなるものであろう。たいへんな問題提起であるとわたくしは受けとるのであるが、しかし、わたくしは、その点について、阿含は決して明確でないことはないと思うのである。いや、じつに明確だと思うのだ。それは、阿含にしるされている釈尊の霊能力（神通力）をみることによって明確になると思うのである。

たとえば、釈尊が「成仏法」の一つである「四神足」に関連して、つぎのようにのべておられる記述をみてみよう。


『このように四神足を修練し、豊かならしめたならば、多様なる神変を身に受ける。一身にして多身となり、多身にして一身となり、あるいは現われ、あるいは隠れ、牆壁や山岳をよぎって、礙げなく、行くこと空中におけるがごとく、地中に出没すること水中におけるがごとく、水中を行きて壊られざること地上におけるがごとく、虚空においても結跏趺坐してそぞろ歩きすることは飛鳥のごとく、このように大神通・大威徳あるこの日月を手でとらえて揉んでしまい、梵天の世界にいたるまでも身をもって支配する。

このように四神足を修練し豊かならしめたならば、清浄にして超人的な天の耳の本性をもって、遠近にある天的なまた人間的な声をともに聞く。

このように四神足を修練し豊かならしめたならば、他の生存者、他の人々の心をば心によって了解して知る。貪りある心を貪りある心であると知り、貪りを離れた心を貪りを離れた心であると知り、また怒りある心を怒りある心であると知り、怒りを離れた心を怒りを離れた心であると知り、迷妄ある心を迷妄ある心であると知り、迷妄を離れた心を迷妄を離れた心であると知り、収縮した心を収縮した心であると知り、散乱した心を散乱した心であると知り、偉大な心を偉大な心であると知り、偉大ならざる心を偉大ならざる心であると知り、無上の心を無上の心であると知り、無上ある心を上ある心であると知り、定《じょう》にあらざる心を定にあらざる心であると知り、定のうちにある心を定のうちにある心であると知り、解脱していない心を解脱していない心であると知り、解脱している心を解脱している心であると知る。

このように四神足が修練され豊かにされたときに、種々なる過去の生涯を想いおこした。――すなわち一つの生涯、二つの生涯、三つの生涯、四つの生涯、五つの生涯、十の生涯、二十の生涯、三十の生涯、四十の生涯、五十の生涯、百の生涯、千の生涯、百千の生涯を、またいくたの宇宙成立期、いくたの宇宙破壊期、いくたの宇宙成立破壊期を。「われはそこにおいて、これこれの名であり、これこれの姓であり、これこれのカースト（階級）であり、これこれの食をとり、これこれの苦楽を感受し、これこれの死にかたをした。そこで死んでから、かしこに生まれた」と。このようにかたちや名称とともに種々なる過去の生涯を想いおこしたのである。
このように四神足が修練され豊かにされたときに、清浄で超人的な天眼をもって、もろもろの生存者が死にまた生まれるのを見た。すなわち卑賤なるものと高貴なるもの、美しいものと醜いもの、幸福なものと不幸なもの、そしてもろもろの生存者がそれぞれの業にしたがっているのを明らかに知った――「じつにこれらの生存者は身に悪行をなし、ことばに悪行をなし、こころに悪行をなし、もろもろの聖者をそしり、邪《あやま》った見解をいだき、邪った見解にもとづく行為をなす。かれらは身体が破壊して死んだあとで、悪しきところ、墜《お》ちたところ、地獄に生まれた。また他のこれらの生存者は、身に善行をなし、ことばに善行をなし、こころに善行をなし、もろもろの聖者をそしらず、正しい見解をいだき、正しい見解にもとづく行為をなす。かれらは身体が破壊して死んだあと、善いところ、天の世界に生まれた」と。
このように清浄で超人的な天眼をもって、もろもろの生存者が死にまた生まれるのを見た。すなわち卑賤なるものと高貴なるもの、美しいものと醜いもの、幸福なものと不幸なもの、そしてもろもろの生存者がそれぞれの業にしたがっているのを（明らかに）知った』
以上の文句は釈尊がさとりを開いたのちの心境を叙《じょ》するところに述べられているのである。そうしてそれは最後につぎのように結ばれている。
『このように四神足が修練され豊かにされたときに、もろもろの煩悩の汚れがほろぼされることによって、汚れなき心の解脱・知慧の解脱をこの世において、みずから証知し、現証し、具現して住する』（中部経典。中村元訳による）
ここに仏陀釈尊の原点があるのではないか。ここにのべられている神変・神通を抹殺してしまったら、仏陀釈尊もまた抹殺されてしまわねばならない。神変・神通とは、霊的昇華にほかならぬのである。霊的昇華とは異次元世界への転換飛躍である。それが、「四諦」「十二因縁」というような論理の考察と、たんなる知識の集積、日常的経験的実践によって得られるというのであろうか？

神通力こそ釈尊の原点

解脱――それは霊的飛躍によって得られるのである。

それは知識による真理の直観も必要であるし、現実的な行為実践も必要である。しかし、それだけではない。それらを完全に包含《ほうがん》しつつ、さらに階層的に積み重ねつつ、最後に異次元的な大飛躍がなされなければならない。これをなしとげる方法が、釈尊ののこされた「成仏法」であるが、これについてはまたあとで解説することとして、この異次元的大飛躍というのが、霊的昇華である。その刹那《せつな》、かれはまったくちがう人格に転換する。ことばでは表現しきれないが、わたくしたちのことばでいえば、「霊格」という異次元的人格を持つのである。この特殊な人格を持つ仏陀は、当然、異次元的能力を持つ。わたくしたちには、その異次元的能力は理解しがたいものが多いので、それを「神通力」とよぶのである。

たんなる知識の集積や、日常的行為の実践から「仏陀」は生まれない。したがって、たんなる知識の集積や日常的行為の実践の上からいくら仏陀をみても、仏陀は理解しがたい存在である。ある一面だけは理解できても、他の多くの面は奇異《きい》にしか映《うつ》らない。第一、凡人どもにすべて理解できるような人間であったら、そんな人間は仏陀でもなければ聖者でもない。たんなる常識的な凡人にすぎない。じつにわかりきったことではないか。

凡人どもは、自分にない奇異にして偉大なる力に接すると、

「そんなことはあり得ない。それはマヤカシにちがいない。詐術である」

などといい、あるいはウサン臭《くさ》そうに黙殺してしまうのである。

釈尊もまた当時の人びとから、そういうことばでしばしば非難されているのである。

中村元先生は、その著『ゴータマ・ブッダI』の中で、つぎのようにのべておられるのである。

『ゴータマ・ブッダは神通力によって偉大な奇蹟を現じ得る人であると当時一般に考えられていたらしい。このことは他の点からも確かめられる。かれに対しては当時次のような非難が向けられていた。

「じつに修行者ゴータマは幻術者（māyāvin）である。他の異学の人々の弟子をひきよせるために幻術（māyā）を誘いのてだてとすることを知っている」

しかしゴータマ・ブッダは、一般の修行僧がほしいままに神通（iddhi）を現ずるのはよくないと考えていた。伝説によると、長老ピンドーラ・バーラドヴァージャが神通力によって王舎城の商人のところから栴檀の鉢をもらってきたとき、釈尊は修行僧らに神通奇蹟（iddhi-pāṭihāriya）の使用を禁じた』

釈尊が神通を禁じられたことは、他のアーガマにもしばしばしるされている。しかしまた、他のすくなからぬアーガマの中で、釈尊ご自身、三名通《さんみようつう》その他の神通力を持っておられることを明言しておられるのである。

日本の多くの仏教者は、神通力を持つことを悪いことのようにいっているが、仏教の神通力は、神通力を目的として修行して得るのではなく、解脱にむかって修行しているうちに、おのずといくつかの、神通ともいうべき霊的な力が身にそなわってくるのである。釈尊は、それをやたらに用いてはならぬといましめられるのであって、神通力を持ってはいけないとは一言もおっしゃってはおられぬのである。

阿含についてのべるとき、釈尊の神通力についてのべなければ、それは釈尊の最も大切な面を欠落してしまうことになる。いや、それどころか、それは、さきにのべた通り、仏陀釈尊の原点ではないか。それを削《けず》り、省略してしまったら、そこにはもはや釈尊の存在はないと思うのである。ことにわたくしは、何度か釈尊にかかわる霊的体験をしており、釈尊がいまもなお偉大な神変・神通の力を以て、わたくしたちによびかけておられることを、つよく確信しているのである。それを、わたくしはいくつか実証できるのであるが、ごく最近の体験を一つおつたえしよう。

ムチャリンダ龍王現形《げぎょう》す

あなたは、釈尊が正覚《さとり》をひらき、成道《じょうどう》されてからいちばん最初に帰依された者がだれであるか、ご存じであろうか。

すこしでも釈尊についてご存じのかたならば、すぐに、

「それは五比丘《びく》だ」

と答えるであろう。

ほとんどの仏伝《ぶつでん》はそうつたえている。

あの、ベナレスの鹿の園《ミガダーヤ》（鹿野苑）における初転法輪《しょてんぼうりん》で、釈尊の弟子となった阿若憍陳如《あにゃきょうじんにょ》（アンニャー・コンダンニャ）をはじめとする五人の比丘である。ほとんど、どの仏陀伝でもそうつたえる。

だが――、じつはちがうのである。パーリ文の律蔵、およびサンスクリット文の阿含経『四衆経』は、それはムチャリンダ龍王と、二人の商人であるとつたえるのである。それをみてみよう。

それによると、釈尊は、ウルヴェーラー村、ネーランジャラー河（尼蓮禅河）の岸辺のぼだい樹《じゅ》の下でさとりをひらき、七日間、三昧《さんまい》に入っていたが、次にアジャパーラニグローダ樹の下で七日間瞑想し、その瞑想から起ちあがって、ムチャリンダ樹のあるところに赴いた。そしてムチャリンダ樹のもとで、

『七日のあいだ、ずっと足を組んだままで解脱の楽しみを享けつつ坐しておられた。

ところがそのとき時ならぬのに大雲がわきおこり、七日のあいだ雨が降りつづき、寒風が吹いた。

そのときムチャリンダ竜王は自分の竜宮から出てきて、世尊の身体を七重にとぐろ巻きにして、その頭上に大きなあぎとで覆いをつくった。――「世尊に寒さがこないように。世尊に暑さがこないように。世尊にあぶ・蚊・風・熱・蛇が触れることのないように」と思って。

そしてムチャリンダ竜王は七日過ぎてのちに、世尊が瞑想から出られ、天空に一片の雲もなく晴れわたったのを知って、世尊の身体からとぐろを解いて、自分のすがたをかくして、童子のすがたを現わして、合掌して世尊に敬礼して、世尊の前に立った。

そこで世尊はこの意義を知って、そのとき次の（詠嘆の詩）を唱えられた。


満足して、教えを聞き、真理を見るならば、孤独は楽しい。

人々に対して害心なく、生きとし生けるものに対して自制するのは、楽しい。

世間にたいする貪欲を去り、もろもろの欲望を超越することは楽しい。

（おれがいるのだ）という慢心を制することは、じつに最上の楽しみである。

と』（中村元訳による）

このことについて、中村元先生は、

『これが実際の歴史的事実としてなにを意味するかは不明である。修行者ゴータマのそばにたまたま大蛇がいたというようなことから、それに尾鰭がついてこのような大がかりな神話となったのかもしれない』

とのべられているが、わたくしは、これを事実にちがいないと直感したのである。これを読まれたほとんどのかたがたは、中村元先生と同様の見解をとるにちがいない。

しかし、わたくしは、これは事実であると直感したのである。なぜか？　ほとんどのかたは、龍王などというものの存在は、否定されるであろう。すくなくともその存在にははなはだ懐疑的《かいぎてき》である。ある人が、わたくしにこういうことをいったことがある。

「龍というのはヘビの一種でしょう？　ヘビなどという低級な生物を、どうして守護神などと考えるのですか？」

と。

龍王、龍神と、ヘビとはなんら関係ないのである。

龍王、龍神とは、いうならば、大神通をあらわすひとつの意志を持った巨大なエネルギーであるとわたくしは考える。その大神通のエネルギーが、わたくしたちにその存在を示そうとするとき、どういう形状《かたち》を以てするであろうか？　そのエネルギーがわたくしたちの意識の中でそれにいちばん近いもののかたちをとるとき、「龍」という概念になる。「龍」はわたくしたちの想像の中で、〝風をよび、雲にのって大自在力をふるう〟という神霊的なものとして、意識に定着している。それは古代インドにおいて、ブラーフマナや、スートラ文献にしばしば登場し、大神通力をあらわす神霊的存在となっている。それが、現代におけるわたくしたちにも、信ずる、信じないはべつとして、意識の底にうけつがれている。このエネルギーがわたくしたちのこころのエネルギーに感応してひとつの形状をあらわすとき、このかたちをとるのである。実在の生物としてのヘビとは、なんの関係もないのである。

わたくしが確信をもってこの説明をすることができるのは、わが教団において、昭和五十三年の阿含宗立宗以来、じつにしばしば、そのおすがたをあらわしておられるからである。これを「現形《げぎょう》」というのであるが、毎年二月の節分に奉修される「星まつり大柴燈護摩供」に、昭和五十三年以来、毎年かならず、法によって焚《た》きあげる清浄な火焔をもってみずからおすがたを荘《つ》厳《り》、現形されておられるのである。

今年（昭和五十七年）もまた、二月七日、京都山科・花山の総本山建立地において、この「星まつり大柴燈護摩供」が奉修されると決定したとき、わたくしは、心中ふかく期するものがあった。

「すでに本尊準胝如来の眷属《けんぞく》である二大龍王——火龍であるナンダ龍王、金龍であるウパナンダ龍王は現形されておられる。願わくば本年は、釈尊成道直後の最初の帰依者であるムチャリンダ龍王の現形を祈念したい。これがたんなる神話的伝説にすぎないのか、わたくしが確信しているほんとうの龍王現形なのか、現証を示していただきたい」

こう考えたのである。そして、修法開始にあたって、このことを心から祈念した。

そして——、
まさしく現形されたのが、本書の巻頭にかかげた龍王のおすがたである。

修法終えて本堂に帰ってのち、お伺いしたところ、

「われはまさしくムチャリンダ龍王である」

とのお告げがさがったのである。

昭和五十四年の「星まつり大柴燈護摩供」において、すでに、深い瞑想中の仏陀釈尊の現形がなされている（霊写真所蔵）。然る上は、かならずムチャリンダ龍王の現形があるはずだ。そうわたくしは確信していたのであるが、まさにその通りであったのだ。

龍神、龍王とは、仏法守護の大神変力なのである。その意志をもった巨大なエネルギーなのである。そしてそれは、仏陀釈尊の正覚成道以来、釈尊とともにいまもなお、生き生きと躍動されておられるのである。

釈尊の大神変力は、時間と空間を超えて、永遠に、わたくしたちによびかけておられるのであ

る。わたくしたちは、このことをふかく認識しなければならない。

第三章

生と死のテーマ

伝承の歴史

これから阿含経本文の講義に入りますが、そこでひとつの問題につきあたります。問題というとちょっとオーバーですが、それは、かずある阿含経の中の、どのお経からはじめるかという問題です。ひと口に阿含経といってしまいますが、阿含経という経典群は、数量的にも内容的にも、非常に厖大《ぼうだい》なものなのです。その厖大なお経群の、どのお経から手をつけてゆくかという問題です。

そこで、まず、この阿含経という経典群が、どのようにしてできあがったか、そこから見てゆくことにいたしましょう。

仏教といわれる宗教は、いまさらいうまでもなく、涅槃《ニルヴァーナ》にはいって仏陀となられた釈尊の教説からはじまったものです。

では、その釈尊の教説はどのようにして伝えられてきたかといいますと、いわゆる、三蔵、すなわち、経蔵・律蔵・論蔵の三種類の文献として、いまに伝えられてきたわけで、つまり、文字をもって伝えられてきたわけです。ですから、だれしもその文献、つまり経典というものは、釈尊がご自身でお書きになったか、あるいはそれに近いものと思われがちですが、じっさいには、釈尊ご自身、生前、教法について説法はされましたけれども、ご自身で筆をとって書きしるすということは、一切、なされなかったのです。ご自身で一切筆をとられなかったのに、文字となって伝わっているというのは、奇妙なことのように聞こえますが、じつは、ほかにもそういう例がいくつもあります。

これは増谷文雄先生が著作でお書きになっていますが、むかし、といってもわたくしたちの学生時代、「世界の四大聖人」とか「四大哲人」ということばをよく目にし、耳にしたものです。それは、ソクラテス、イエス・キリスト、釈尊、孔子、の四人のかたがたですが、おもしろいことに、この四人のかたがたは、そろって、ご自身ではなんにも書きのこしてはおられないのです。ご承知の通り、たとえば、現在われわれがいうところのソクラテスの言行なるものは、プラトンやクセノフォンなど、その弟子たちが、ソクラテスの死後において書きつづったものです。

イエス・キリストの場合もその通りで、やはりイエス・キリストがなくなったのち、その弟子たちが、それぞれの記憶に残るものをつづったのが、いまの四つの「福音書《ふくいんしょ》」に編集されているのです。孔子もまたおなじく、その弟子たちが、孔子の語録をまとめ、それが『論語』となって、いま、わたくしたちの机上に置かれるというわけです。

仏陀釈尊の場合もまた同様で、そのご生前にはなに一つ書きとめられたものはなかったのです。やはりいまのべた三人の聖人の場合とおなじように、なくなられたのち——それはなくなって直ぐのことですが、その弟子たちが集まって、その師、釈尊が生涯において説かれた教法、ならびに、時にのぞんでさだめられた生活上の規律、つまり教法と戒律を編集したのです。ただし、このときはまだ文字にはされず、暗誦によって伝えられました。そして、その編集された教法の集録を、仏教者たちは「アーガマ」(教えの伝承)とよび、以後、仏陀の教団において大切に受けつがれてきたわけです。

そこで、まずわたくしたちがはっきりと認識しなければならないことは、
一、もろもろの仏教経典の中で、釈尊の直弟子たちの手によって最初にできあがった文献(経典)が、この「アーガマ」であること。
二、釈尊の教法をじきじきにつたえるものは、この「アーガマ」を措《お》いて、ほかにはないということ。
この二つです。

つまり、孔子における『論語』の位置を占めるものが、仏陀釈尊においては、この「アーガマ」であり、イエス・キリストにおける「福音書」(聖書)にあたるものを仏教において求めれば、この「アーガマ」を措いてほかにはないということです。それだけいえば、この「アーガマ」が仏教徒にとってどんなに尊く価値あるものであるか、すぐにわかるはずです。それが、前

にのべましたように、最も低い経典のようにいやしめられ、かえりみられなかったということは、まさに、言語道断《ごんごどうだん》というよりほかないことです。

この「アーガマ経典」は、のちにシナに伝えられて漢訳され『阿含経《あごんぎょう》』と名づけられました。阿含とは、「アーガマ」という音《おん》をそのまま文字にうつしたものですから、阿含という文字そのものにはなんの意味もありません。いま、わたくしたちが、この「アーガマ」を手にしようといたしますと、その主なものが二つあります。

その一つは、いわゆる「南方所伝」といわれるもので、それはつまり、セイロンに伝えられている「パーリ五部」といわれるものです。

もう一つは、いま申しました中国所伝のもので、中国に伝えられ、そこで翻訳された「漢訳四阿含」といわれるもの、この二つです。

ところで、このパーリ、もしくはパーリ語というのは、インド・アーリアン語の中の、〝プラークリット〟とよばれることばの一つです。プラークリットというのは、俗語的なインド・アーリア諸語の総称で、むかし、インド東部の方言であったマガダ語（マガダ国の言語・マガディー語）やパーリ語もこれに属します。マガダ国のあたりが釈尊の活躍された主な舞台であり、釈尊とその弟子たちはマガダ語を語っていたものと思われます。そのマガダ語と近似的な関係にあるのがパーリ語で、そのパーリ語で伝えられたものがセイロンに伝えられて、それがそのまま聖典用語として今日にいたっているからです。そのパーリ語でしるされた「アーガマ」、つまり阿含が、そこでは五部から成り立っているので、それを学者は「パーリ五部聖典」とよんでいるわけなのです。

ところで、その五部というのは、まず第一には「長部経典」で、これは比較的長い経典が集められており、三四のお経が集録されています。

第二には「中部経典」で、これは中くらいの長さの経典を集めたもので、その中には一五二のお経がおさめられています。第三には「相応部経典」で、これは小さな経典をたくさん集め、そこには二八七二経がかぞえられます。それから「増支部経典」で、これは数字によって編集され、二一九八経が入っています。そして第五番目に、「小部経典」があります。これは、のちにできた経典群を一五集めたものです。

以上は、セイロンにおける「上座部」というオーソドックスな部派《グループ》で伝えられて、今日にいたったものです。

一方、これにたいして「漢訳四阿含」というのは、中国に伝来し、中国で訳出された阿含の四部経典をいうのですが、これは、いまのべた「パーリ五部」にくらべてみると、最後の「小部経典」が欠けていて、四部しかありません。そこで「漢訳四阿含」といわれるわけです。おそらく阿含経が中国に伝えられたころには、まだその小部の編集ができあがっていなかったのであろうと考えられています。
以上をわかりやすく表にしてみますと、つぎのようになります。

パーリ上座部所伝		漢訳四阿含	
長部経典	三四経	長阿含経	三〇経
中部経典	一五二経	中阿含経	二二二経
相応部経典	二八七二経	雑阿含経	一三六二経
増支部経典	二一九八経	増一阿含経	四七三経
小部経典	一五経		

このように、ひと口に『阿含経』といってしまいますが、じっさいには非常に厖大な経典群であるということが、おわかりになったことと思います。そこで、いったい、このおびただしい経典群の、どのお経から講義をはじめるか、という問題につきあたることになるわけです。

死後の問題

そこで、そういう視点から、このおびただしい数量の阿含経をずうっと見てまいりますと、なるほど量こそ厖大なものでありますけれども、これを要約いたしますと、ただ二つのテーマにしぼられてくることに気がつきます。

それは、
一、生と死についての考察
二、そこからの超越
という二つのテーマです。

要するに、生とはなにか、死とはなにか、その実体についての解説と、そこからの解脱《げだつ》についての方法の明示、この二つです。

考えてみるまでもなく、生・死の問題は、わたくしたちが生きてゆく上にあたって、まず、なにものにも先立って解決しなければならぬ問題でしょう。解決できるかできないかはとにかくとして、まず、生と死をどう認識するか、その認識のしかたによって、わたくしたちの生きかたは、まったくちがったものになるのではないでしょうか。正しい認識の上に立って人生を歩んでゆくか、まちがった認識の上に立って人生を歩むか、あるいはそんなことなどまったく考えずにただ漠然と生きてゆくか、そのいずれかによってまったくその人の人生はちがってくるわけです。正しい認識の上に立ってこそ、正しい人生を歩むことができるのであり、もしまちがった認識をしていたら、まちがった人生を歩むことになるのは当然でしょう。そんなことを考えないただ漠然とした死生観の持ちぬしは、ただ漠然と生存しているにすぎない人生となりましょう。

エマースンでしたか、かれはこういうことをいっていますね。

『人間は生活《ライフ》しなければならぬ。しかるに、ほとんどの人間は、ただたんに生存《リビング》しているにすぎない』

と。

生活《ライフ》するとは、確固とした正しい人生観を持って、自分の人生を最も価値あるものに向け創造してゆく生きかた、といったらいいでしょう。ただ生存《リビング》しているだけだったら、イヌだってネコだって生存していますからね。

わたくしたちは、いま生きているからには、いつかかならず死をむかえなければならない。いや、それは、いまのつぎの瞬間にもわたくしたちを襲うかも知れないし、あるいは五年先、十年、二十年、数十年先かわからないが、いつかかならずそれはやってくる。いつかかならずやってくる「死」について、わたくしたちはどう受けとめ、どう認識しているか。

あなたはどうですか？　どう受けとめ、どう認識しているか。その認識のしかたによって、いまの生きかたがずいぶんちがってくるのではないでしょうか。

「死」と同時に、わたくしたちの全存在は消滅してまったく虚無《きょむ》に帰《き》してしまい、あとになにも残るものはないのか、それともまた、死とともに全存在がすべて消滅してしまうのではなく、なんらかあとに残るものがあるのかどうか、まったく消滅してしまうのとそうでないのとでは、どうしたって生きてゆく上の、生きかたがちがって来《こ》ざるを得ないのではないですか？

そういいますと、そんな死んだあとのことなど、いくら考えたってわれわれにわかりっこないのだから、考えるだけムダなことで、死んだあと無に帰そうと帰すまいと、どうでもいい。そのときになって考えるさ、という人も出てくるかも知れませんね。死んだあとなどどうだっていい、という考えかたです。もっとものようですが、そうではないのです。これは、「死んだあと」の問題ではないのです。「生きているいま」の自分に直接かかわってくる問題なのですよ。

というのは、万一にも死んだあと、全存在がまったく消滅してしまうのではないとすれば、わたくしたちは、だれでも、自分にかかわりのある「死者」を何人《なんにん》かかならず持っているのですから、それらの死者の遺したものが、自分になんらかの影響をあたえるのではないか、という問題が出てくるわけです。こうなると、死んだあとなどどうでもいい、死んでから考えりゃいいさ、などとはいっていられなくなる。生きているいまの自分に直接関係が生じてくるのですから。

そう思いませんか？

では、大霊覚者、釈尊は、この問題についてどうお説きになっておられるか？　それをまずお聴きしようではありませんか。

どうも、わたくしの見るところ、日本のほとんどの仏教徒が、仏教徒でありながら、釈尊のお説きになっているところのものと、まったくちがった考えかたをしているように思えるのです。いや、仏教の指導者といわれる人たちまでが、釈尊の教えとまったくちがう、まちがった教えを、人びとに説いているように思えます。わたくしは、世の人びとのすべての不幸、悩み、苦しみ、わざわいは、すべてそこに原因があると考えております。

正しい宗教の、正しい教えが世におこなわれないから、この世の中がどんどん悪くなり、人びとの苦しみ、悩み、不幸がどんどん増加してゆくのです。いや、人びとの苦しみ、悩み、不幸がいっさい解決されず、どんどん増加してゆくから、この世の中がどんどん悪くなるのだともいえましょう。

釈尊は、この問題について、わたくしたちにどう教えておられるか。

ここに、このことについて率直に質問した弟子と釈尊の問答をしるした経典があります。まず、このお経からはじめましょう。

与《よ》陰《おん》相《そう》続《ぞく》す

雑阿含経「仙尼経」

和訳

是《かく》の如《ごと》く我《わ》れ聞《き》きぬ。一時《いちじ》、仏《ほとけ》、王舎城《おうしゃじょう》の迦蘭陀竹園《からんだちくおん》に住《とど》まりたまえり。爾時《そのとき》、外道《げどう》の出家《しゅっけ》あり、仙尼《せんに》と名《なづ》く。仏《ほとけ》の所《みもと》に来詣《らいけい》し恭敬問訊《くぎょうもんじん》し、一面に坐《ざ》して仏に白《もう》して言《もう》さく、「世尊《せそん》、先《さき》に一日《いちにち》の時《とき》、若《もし》は沙門《しゃもん》、若《もし》は婆羅門《ばらもん》、若《もし》は遮羅迦《しゃらか》、若《もし》は出家《しゅっけ》ありて希有講堂《けうこうどう》に集り、是《かく》の如《ごと》き義《ぎ》を称《しょう》す。富蘭那迦葉《ふらんなかしょう》は大衆《だいしゅ》の主《しゅ》となり、五百の弟子前後に囲遶《いにょう》す。其中《そのなか》に極《きわ》めて聡慧《そうえ》なる者あり、鈍根《どんごん》なる者あり、其命終《そのいのちおわ》るに及《およ》び悉《ことごと》く其往《そのゆ》く所の生処《しょうしょ》を記説《きせつ》せず。復《また》、末迦梨瞿舎利子《まっかりくしゃりし》あり、大衆《だいしゅ》の主《しゅ》となり、五百の弟子前後に囲遶《いにょう》す。其諸《そのもろもろ》の弟子に聡慧《そうえ》なる者あり、鈍根なる者あり、其

註解

〔王舎城〕 当時のマガダ国の首都ラージャガハ（Rājagaha）、いまのラージギル（Rājgir）。
〔迦蘭陀竹園〕 マガダ国王セーニャ・ビンビサーラが釈尊の教団に寄進したカランダカ竹林園（Veluvana-kalandaka-nivāpa）のこと。竹林《ちくりん》精舎《しょうじゃ》ともよばれる。
〔外道〕 インドにおける仏教

命終るに及び悉く往く所の生処《しょうしょ》を記説《きせつ》せず。是《かく》の如《ごと》く、先闍那《せんじゃな》毘羅胝子《びらちし》、阿耆多翅舎欽婆羅《あぎたししゃきんばら》、迦羅拘陀迦栴延《からくだかせんねん》、尼揵陀若提子《にけんだにゃくだいし》等《とう》、各《おのおの》五百の弟子のために前後囲遶《ぜんごいにょう》せらる。亦前者《またぜんしゃ》の如し。沙《しゃ》門瞿曇《もんくどん》、爾時《そのとき》、亦彼論中《またかのろんちゅう》に在《あ》り、言《い》う、沙門瞿曇《しゃもんくどん》は大衆《だいしゅ》の主《しゅ》となる、其諸《そのもろもろ》の弟子に命終《いのちおわ》る者《もの》あらば、即ち記説《きせつ》して言う、某《なにがし》は彼処《ひしょ》に生《うま》れ、某は此処《ししょ》に生れんと。我先《われま》ず疑《うたがい》を生ず、云何《いかん》が沙門瞿曇《しゃもんくどん》は此《かく》の如きの法を得たるや」。

仏、仙尼に告げたまわく、「汝疑《なんじうたがい》を生ずる莫《なか》れ、惑《わく》あるを以ての故に、彼則《かれすなわ》ち疑を生ず。仙尼当《まさ》に知るべし、三種の師あり。何等《なんら》をか三となす、一師《いっし》あり、現在世《げんざいせ》は真実《しんじつ》に是れ我《が》と見る、知《ち》説《せつ》する所の如し。而《しか》も能く命終後《みょうじゅうご》の事を知るなし、是を第一師、世間に出づと名《なづ》く。復次《またつぎ》に仙尼一師《せんにいっし》あり、現在世は真実に是れ我《が》と見、命終《みょうじゅう》の後《のち》も亦是れ我《が》と見る、知説するところの如し。復《また》次に仙尼一師あり、現在世は真実に是れ我と見ず。亦復命終《またまたみょうじゅう》の後《のち》も真実《しんじつ》に是《こ》れ我《が》と見ず。仙尼、其第一師は現在世は真実に是れ我と見る。知説する所の如きは名《なづ》けて断見《だんけん》と曰《い》う。彼第二師、今《こん》

以外の他の宗教の教え。またその信奉者。六師外道・九十六種の外道・六派哲学などがこれにあたる。
〔沙門〕 梵音のシュラマナ（śramaṇa）の音写で出家、僧、修行者。
〔婆羅門〕 インドにおける四姓（カースト）のうちの最高のもの。バラモン教の司祭者。
〔遮羅迦〕 当時の外道の一種。くわしくは不明。
〔富蘭那迦葉〕 六師外道の一人。
〔瞿曇〕 釈尊の姓の Gotama（ゴータマ）を音写したもの。
〔断見〕 世間および自己の断

世《ぜ》も後世《ごせ》も真実《しんじつ》に是《こ》れ我と見る、知説する所の如きは則ち是れ常見《じょうけん》なり。彼《かの》第三師、現在世は真実に是れ我と見ず、命終《みょうじゅう》の後《のち》も亦《また》我《が》と見ず、是れ則ち如来応等正覚《にょらいおうとうしょうがく》の説にして、現法《げんぼう》に愛断《あいだん》じ、欲《よく》を離れ、滅尽《めつじん》して涅槃《ねはん》す」。

仙尼、仏に白《もう》して言《もう》さく、「世尊《せそん》、我《わ》れ世尊の所説を聞き遂《つい》に更に疑《うたがい》を増《ま》す」。仏、仙尼に告げたまわく、「正応《まさ》に疑《うたがい》を増《ま》すべし。所以《ゆえん》は何《いかん》。此甚深処《このじんじんしょ》は見難《みがた》く知り難し、応《まさ》に須《すべか》らく甚深《じんじん》の照微妙《しょうみみょう》を須《もち》いて至致《いた》るべし、聡慧《そうえ》の了《りょう》する所なり。凡《すべ》て衆生の類《るい》未《いま》だ弁知《べんち》すること能《あた》わず。所以《ゆえん》は何《いかん》、衆生《しゅじょう》は長夜《じょうや》に見《けん》を異《こと》にして忍《にん》を異《こと》にし求《ぐ》を異《こと》にし欲《よく》を異《こと》にするが故なり」。仙尼、仏に白して言さく、「世尊、我れ世尊の所《みもと》に於《おい》て心に浄信を得たり。唯願くは世尊、我が為に法を説き、我をして即ち此座に於て慧眼《えげん》清浄《しょうじょう》ならしめたまえ」。仏、仙尼に告げたまわく、「今当《まさ》に汝が為に所楽《しょぎょう》に随《したが》いて説くべし」。仏、仙尼に告げたまわく、「色《しき》は是れ常《じょう》なりや無常《むじょう》と為《な》すや」。答えて言さく、「無常《むじょう》なり、世尊」。復問《またと》う。「仙尼、若し無常ならば是れ苦なるや」。答えて言

滅を主張して、因果の理法をみとめず、また人は一度死ねばそれで断滅して再度生まれることがないとする誤った考え。生はこの世限りのものとし、死後の運命を否定して、善悪とその果報を無視する見解をいう。
〔**常見**〕常とは変化しないこと。滅びないことで、これを常住《じょうじゅう》という。常見とは常住を主張する、断見と対照的な見解で、世界は常住不滅であるとともに、人は死んでも我（アートマン）が永久に不滅であると執着する誤った見解。
〔**如来**〕この語に、仏という義と衆生という義とがある。経文中この二義を使い分けて

さく、「是れ苦なり」。世尊復《また》問う。「仙尼、若し無常苦にして是《こ》れ変易《へんにやく》の法ならば、多聞《たもん》の聖弟子《しようでし》は寧《むし》ろ中《なか》に於《おい》て我《が》と異我《いが》と相《そう》在《ざい》とを見るや不《いな》や」。答えて言さく、「不《いな》なり、世尊」。「受想行《じゆそうぎよう》識《しき》も亦復是《またまたかく》の如し」。

復《また》問う。「云何《いかん》が仙尼、色《しき》は是れ如来《によらい》なるや」。答えて言さく、「不《いな》なり、世尊」。「受想行識は是れ如来なるや」。答えて言さく、「不《いな》なり、世尊」。復《また》問う。「仙尼、色《しき》に異《こと》りて如来《によらい》ありや、受想行識に異《こと》りて如来ありや」。答えて言《もう》さく、「不《いな》なり、世尊」。復問う、「仙尼、色《しき》の中に如来ありや、受想行識の中に如来ありや」。答えて言さく、「不《いな》なり、世尊」。復問う。「仙尼、如来の中に色ありや、如来の中に受想行識ありや」。答えて言《もう》さく、「不《いな》なり、世尊」。復問う。「仙尼、色《しき》に非《あら》ず受想行識《じゆそうぎようしき》に非《あら》ずして如来ありや」。答えて言さく、「不《いな》なり、世尊」。

仏、仙尼に告げたまわく、「我が諸《もろもろ》の弟子は、我所説《わがしよせつ》を聞きて悉《ことごと》く義《ぎ》を解《げ》せず、而《しか》も慢《まん》を起して、無間等《むけんとう》は無間等《むけんとう》に非ざるが故に慢則《まんすなわ》ち断《だん》ぜず。慢断《まんだん》ぜざるが故に此陰《このおん》を捨《す》て已《おわ》りて与陰相《よおんそう》

いる。

〔涅槃〕サンスクリットのnirvāṇa（ニルヴァーナ）、俗語のnibbān（ニッバーン）の音訳であろうといわれる。かんたんにはいいつくせないが、業《カルマ》を断ち、因縁を解脱して得る特別な境地。〝成仏〟と同義語。これにより後有《ごう》（未来の生、死後の生涯）を滅し、輪廻転生《りんねてんしよう》を断つ。これを得ぬかぎり、人は迷いと苦の生をくりかえす。釈尊はこれを得て仏陀《ぶつだ》となった。仏教が究極的に求めるものである。

〔変易の法〕変易とは変化の意。そこで変易の法とは、この世の中は常住ではなく、〝縁〟により変化するのが法

続《ぞく》して生《しよう》ず。是故《このゆえ》に仙尼、我れ則ち是諸弟子《このしよでし》の身壊《しんやぶ》れ命終《みようおわ》りて彼彼《ひひ》の処《ところ》に生ずと記説《きせつ》す。所以《ゆえん》は何《いかん》。彼《か》れ余慢《よまん》あるを以ての故なり。仙尼、我が諸《もろもろ》の弟子、我所説《わがしよせつ》に於て能《よ》く義を解《さと》らば、彼《かれ》は諸慢《しよまん》に於て無間等を得。無間等を得るが故に諸慢則《すなわ》ち断《だん》ず。諸慢断ずるが故に、身壊《しんやぶ》れ命終《みようおわ》りて更《さら》に相続《そうぞく》せず。仙尼、是の如き弟子は、我れ、彼《か》れ此陰《このおん》を捨《す》て已《おわ》りて彼彼《ひひ》の処《ところ》に生ずとは説かず。所以《ゆえん》は何《いかん》。因縁《いんねん》の記説《きせつ》すべきものなきが故なり。我をして記説せしめんと欲すれば当《まさ》に記説すべし。彼《か》れ諸《もろもろ》の愛欲《あいよく》を断《だん》じ、永く有結《うけつ》を離るれば、正意解脱《しようい げだつ》して苦辺《くへん》を究竟《きわ》めん。我れ昔より来《このかた》、今現在《いまげんざい》に及ぶまで、常に慢の過《か》、慢の集《じゆう》、慢の生《しよう》、慢の起《き》を説く。若し慢に於て無間等の観《かん》あらば、衆《もろもろ》の苦は生ぜざるなり」。仏、此法を説く時、仙尼出家、塵《じん》を遠《とおざ》け、垢《く》を離《はな》れて、法《ほう》眼浄《げんじよう》を得たり。

爾時《そのとき》、仙尼出家、法を見、法を得、諸の疑惑《ぎわく》を断《だん》じ、他知《たち》によらず、他度《たど》によらず、正法中に於て心に無畏《むい》を得、座《ざ》より起ち合掌して仏に白して言さく、「世尊、我れ正法中に於て出家し梵行

則である（縁起《えんぎ》の法）という意。
〔慢〕高慢とか、傲慢《ごうまん》という意味ではない。〝煩悩《ぼんのう》〟の異《い》名《みよう》である。さらにくわしくいうならば、十煩悩の中の最終的な煩悩の一つである。（第四章で再出）
〔無間等〕涅槃（解脱）を得る最高の智慧。
〔陰〕集積。集まり。五蘊《ごうん》をさす。五蘊とは、色《しき》（物質一般、あるいは身体）・受《じゆ》・想《そう》・行《ぎよう》・識《しき》（この四つは精神作用）。つまり、色・受・想・行・識は人間を形成するものをいう。

を修するを得るや不《いな》や」。仏、仙尼に告げたまわく、「汝、正法に於て出家し具足戒《ぐそくかい》を受《う》くるを得《う》、比丘《びく》の分《ぶん》を得む」。爾時《そのとき》、仙尼、出家するを得已《えおわ》りて、独《ひと》り一静処《いちじょうしょ》にて不放逸《ふほういつ》を修し、是《かく》の如《ごと》きの思惟《しゆい》、族姓子《ぞくしょうし》の鬚髪《しゅほっ》を剃除《ていじょ》し、正信に家に非ず、出家して道を学び、梵行を修行し、法を見て自ら証《さとり》を得たることを知り、我生已《わがしょうすで》に尽《つ》き、梵行已《すで》に立ち、所作已《しょさすで》に作《な》し、自《みずか》ら後有《ごう》を受けざるを知る所以《ゆえん》（の思惟《しゆい》）に住して、阿羅漢《あらかん》を得たり。仏の所説を聞きて、歓喜奉行《かんぎぶぎょう》しぬ。

大　意

この経は、仙尼《せんに》（Seniya）にたいし、死後の存在について教説されたものです。

ある日、外道の出家仙尼が来て、先日、沙門や婆羅門たちが多数、希有《けう》講堂に集会されたとき、富蘭那迦葉らの六師は一人も弟子の死後について解説しないのに、釈尊一人、弟子の死後を解説するというはなしが出ました。一体、あなたは、どういう根拠《こんきょ》があってだれもわからない人間の死後の行くえを教示するのですか、という質問をしました。

これにたいし、釈尊は、世に三種の教えを説くものがあるといって、まず、「断見」と、「常見」の教えをあげて、これをあやまりであるとし、第三の教えとして、人間の生命は因縁所生《いんねんしょしょう》のものであるから、因縁のつづくかぎりは生死をくりかえす。因縁を無視して生命（我）それ自体が永遠につづく（常見）ものではなく、また因縁が消滅しないかぎり、死んだからといってそれで生命が断滅してしまう（断見）ものでもない。生命（我）は因縁によって生じ因縁によって断滅するものである。

それゆえに、因縁がつづくかぎり生命（我）は存在するのであるといって、「縁起の法」を説かれ、この真理こそが、如来応等正覚の教えであり、この教えをもとに修行することによって因縁断滅して生死の輪廻が止み、涅槃に入ることができるのである。これが如来応等正覚の法であるとさとされたのです。

しかし、自分の弟子にもこの真理をさとるものはすくなく、やはり我慢（我執）の因縁を起こしているので、その因縁ゆえに、死んで現世の五陰がなくなっても、与陰《よおん》（余慢に関与する陰）が生じて、輪廻を断滅することができないのである。「我慢」という執念《タンハー》による輪廻である。そうしてその我慢にも、その者によりさまざまな種別がある。その種別をみれば、つぎの生において、どのような生命となってどこに生まれてゆくかは一目瞭然《りょうぜん》である。そこで、あの弟子はここに生まれた、あの弟子はあそこに生まれた、また、どの弟子はいつどこにどのようになって生まれるであろう、と死後の行く先を解説するのである。しかし、修行によって我慢を断滅すれば、転生する因縁がもうないのであるから、そういう聖者の死後は解説しないのである、と仰せられた。

このご教示により、仙尼は座上で法眼を浄め、釈尊の門に入って、のちついに阿羅漢のさとりを得た、というのです。

以上がこの経の大意ですが、最もかんじんなところは、『慢断《まんだん》ぜざるが故に此陰《このおん》を捨て已《おわ》りて与陰相続《よおんそうぞく》して生ず』というところでしょう。ここのところが、このお経の眼目《がんもく》というべきでしょう。

では本文の講説にうつりましょう。

「如是我聞《にょぜがもん》」の罪

是《かく》の如く我れ聞きぬ（如是我聞）、この通りわたくしは聞きました。たいていのお経は、この如是我聞という四文字からはじまっています。

これは、さきにも申しましたように、釈尊のおなくなりになった直後、釈尊のお弟子たち五百人が、ラージャガハ（王舎城）の七葉窟に集まって、釈尊の生前お説きになられた教法の編集をはじめた。大長老のマハーカッサパが座長となり、いつも釈尊につきしたがっていたアーナンダがその聞き憶《おぼ》えていたところのものを口述し、それをマハーカッサパが五百人の集会者たちにいちいち質《ただ》しながらまとめていったということで、そのため、どのお経も「如是我聞」と冒頭にあるわけです。

ところが、『阿含経』という最も古く、最も価値あるお経がそうなっているため、そのあとつくられたお経が、すべてこの形式をとってしまったのです。まことにおかしなはなしで、釈尊がおなくなりになってから数百年もたち、釈尊の教説をお聞きしたものなどだれ一人いない時代に勝手に創作しはじめたお経の冒頭に、「如是我聞」この通りわたくしは釈尊からお聞きしました、と書いたのですから、ふざけたはなしです。

阿含経は、二十八年間というもの、釈尊のおそばにつきしたがって、釈尊の一言一句、のこらず記憶していたアーナンダが、その見聞していたものを口述し、さらにそれを、そのときその説法の場にいて釈尊のお説きになったことを聴聞《ちょうもん》していた弟子たちがまちがいを質し合い、これこそまさしく釈尊の説かれたものであるとしたものをのちに文字にしたのですから、「この通りわたくしは聞きました」如是我聞という四文字が、この上もない重みをもって、わたくしたちに迫ってくるわけです。いうならば、如是我聞という四文字を経文の冒頭に置くことができるのは、阿含経のみ、ということなのです。

ところが、そういう資格のまったくないにせの経典がみな、こぞってその経文の冒頭にこの四文字を置いたのです。そのためにたいへんなことが起きてしまった。

どういうことか?

後世の人たちがみな、にせの経典を、釈尊のほんとうの説法をしるしたお経だと誤認してしまったのです。それはそうでしょう。「わたくしは仏陀釈尊の説法をこの通り聞いた」と記してあるのですから、まさかお経が真赤《まっか》なウソをつくとは思わない。みな、釈尊の真実の説法をしるしたものと信じてしまったのです。いまのように情報の発達した時代ではありませんから、やむを得ぬことというべきでしょうが、ずいぶんひどいはなしです。ある高名な仏教学者は、この四文字が後代の仏教をまったく誤らしめてしまった、考えてみるとまことに罪ぶかい四文字だといっておられますが、まことにその通りです。

かりに、たとえば法華経をはじめ大乗経典と称する経典が、どれも正直に、冒頭に「如是我聞」と書かず、そのかわりに、これは仏陀釈尊の説いた教説ではなく、後世の無名の仏教徒が書いた創作経典である、と書き出していたら、はたしていまのように多くの仏教信者がありがたく信奉してきたかどうか、答は明白でしょう。ほとんどだれも相手にしなかったのではないのですか。あの日蓮上人のような熱烈な法華経信者も、法華経がまさしく仏陀釈尊の真実の説法だと信じておられたからこそ、不惜身命《ふしゃくしんみょう》の布教活動をなされたのです。思えばほんとうに罪深い如是我聞です。

で、その如是我聞。

この通りわたくしは聞きました。一時、仏陀釈尊は王舎城の迦蘭陀竹園《からんだちくおん》で教えを説いておられました。

王舎城というのは、いまのラージギルです。ビハール州の首府パトナから約六〇マイル東にあります。迦蘭陀竹園の迦蘭陀というのは、サンスクリットのカランダカ（Kalandaka）で、これは鳥の名とも、栗鼠《りす》のことであるともいい、一説には、この竹園を寄進したマガダ国王セーニャ・ビンビサーラが若い頃、ここで午睡《ごすい》をとっていたとき、毒蛇に襲われようとしたが、そのとき、栗鼠がさわいでビンビサーラの目をさまさせ、あやうく難をのがれさせたので、ビンビサーラはその恩にむくいるため、この竹園を栗鼠の禁猟地区とし、この名がついたといわれております。ビンビサーラはのちこの地に精舎《しょうじゃ》（修行場）を建てて、釈尊に寄進しました。有名な「竹林《ちくりん》精舎」とよばれるものがこれです。先年の私のインド巡拝の記録映画、「おお、サヘト・マヘト聖なる地」に、この竹林精舎が出てまいりますね。

この竹林精舎にいらっしゃる釈尊の所《みもと》に、外道の出家、仙尼という者がたずねてきた。この仙尼というのは、セーニャという男性の出家です。そそっかしい人は、うっかり、女性とまちがえてしまう。尼《あま》という字が書いてありますから、これは、お仙さんという尼さんではないか（笑）。

そうじゃない。セーニャというサンスクリットの名前を、漢字にあてたものです。漢訳経典というのはよく注意しませんと、これに類したまちがいをすることがしばしばある。お仙さんという尼さんではない。男性の外道の出家です。どういう外道であるかといいますと、クックラヴァティカ行者だという。漢訳して「犬戒行者」。クックラヴァティカというのがどういう宗教なのか、どんな行をするのか、調べてみましたが、わかりません。不明です。

このセーニャが、釈尊にご挨拶申し上げてから、こう申しました。

『先日、婆羅門、遮羅迦、その他もろもろの宗教を奉ずる者、修行者、出家などが希有講堂に集まって、会合をひらきました』

婆羅門というのは、バラモン教の司祭者であり、また、インドの最も高い階級に属する人たちです。遮羅迦というのは、調べてみましたが、ただ外道の一種とあるのみで、よくわかりません。いずれにせよ、いろいろな宗教、信仰を奉ずるひとたちが希有講堂に集まって、いまでいう宗教論議の大会をひらいたということでしょう。

『その席上、こういうことが議題にのぼりました。

富蘭那《ふらんな》迦葉《かしょう》は、多くの人の信仰を集め、主立った弟子も数百人おります。その弟子たちの中には、非常に賢く智慧ある人もあり、またその反対に、賢くなく、修行にあまり熱心でない者もあり、要するに種々雑多《しゅじゅざった》、さまざまなひとたちがおります。それにたいし、富蘭那迦葉は、その弟子たちが亡くなってからどこに生まれるとか、どのようなものに生まれるとか、死後のことについては、いっさい解説いたしません。

また、末迦梨瞿舎利子《まっかりくしゃりし》がおります。

かれもまた多くの人びとの信仰を集め、数百人にのぼる弟子を持っております。そのかず多くの弟子たちは、それぞれ、才能、努力、人格など、さまざまです。それにたいし、末迦梨瞿舎利子は、一切、その弟子たちの死後の行くえについて解説いたしません。

このほか、先闍那毘羅胝子《せんじゃなびらちし》、阿耆多翅舎欽婆羅《あぎたししゃきんばら》、迦羅拘陀迦栴延《からくだかせんねん》、尼揵陀若提子《にけんだにゃくだいし》、等《ら》のかたがた、いずれも多くの人びとの信仰を集め、数百名の主立った弟子たちを持っておられますが、どなたも、その弟子たちの死後、どうなるかということについての解説はいっさいしないということです。

ところが、沙門瞿曇《ゴータマ》よ、その論議の中に、あなたのお名前も出て、沙門瞿曇《ゴータマ》は多くの人びとの信仰を集め、たくさんの弟子があるが、その弟子の中で亡くなるものがあると、だれはあそこに生まれ、かれはここに生まれる、と解説するのだということを聞きました。

そこでわたくしの非常に疑問に思うのは、あなたは一体どういう根拠があって、弟子たちの死後の運命がわかるのですか。どんな法をもってそれを知ることができるのですか。いや、一体、人は死んだのち、さらにまたどこかへ生まれて行くということがあるのですか。

今日はそれをおたずねしたいと思ってまいりました』
これが、セーニャの質問でした。

ヴェーダの「業報輪廻《ごつぽうりんね》」の思想

いま、セーニャが釈尊に申し上げた六人の名前は、仏教史上、「六師外道」といって、当時の有名な思想家や宗教家です。

その六師の名をあげて、セーニャは、死後の問題につき、釈尊と六師の説くところがちがうといって、釈尊に質問したわけですが、まず、これにたいする釈尊のお答を聞く前に、六師をふくめ、当時のインドにおいて、この問題がどのように考えられていたか、そこからみてまいりましょう。

当時のインドにおいてひろくおこなわれていた宗教は、バラモン教でした。バラモン教は、のちにヒンドゥー教に吸収されますが、仏教が起きる以前、征服者アーリア人のバラモン階級を中心に、ヴェーダ聖典にもとづいて発達した宗教で、ほとんどインド全土に浸透《しんとう》しておりました。

そのバラモン教の聖典『ブラーフマナ』(祭儀書)、および『ウパニシャッド』(奥義書)においいて説かれているのが、「業報輪廻《ごっぽうりんね》」の思想でした。

善をなせば福徳を得るという果報があり、悪をおこなえば不幸な結果をまねくという、善因善果・悪因悪果の考えが、業報思想です。

インドでは、いま申しましたように、仏教の起こるはるか以前の、初期ウパニシャッド時代から、すでに業報思想は確立しておりました。もっとも、この善因善果・悪因悪果の因果説は、インドのみにかぎらず、古今東西を問わず、いずれの社会にも存在した観念でした。しかし、善なり悪なりの行為が、どうしてそれぞれの結果を招来するのか？　つまり、どんな力がはたらいて善は善果をよび、悪は悪の結果をまねくのか、また、その結果をあらわすまでの間、それはどのような状態で存続しているのか、また、原因と結果との人間関係はどうなのかということになると、そこにはいろいろな説があるわけです。

たとえば、親や先祖がよいことをすれば、その子や子孫がよい結果をうけ、反対に、祖先が悪事を重ねれば、子孫が不幸をまねくという、原因と結果とのつながりが、親子などの血統の間につたわるという考えは、主としてシナで説かれ、儒教のいわゆる「積善の家にはかならず余慶あり、積不善の家にはかならず余殃《よおう》あり」となってあらわれています。わが国でも現にこの考えが一般に存在しており、インドにおいてもこの思想は見られます。しかし、これは、いうところの「業報思想」ではありません。

業報思想とは、原因と結果とのつながりが、かならず同一人格の上にあらわれるというのであって、つまり、自《みずか》らなして自らその結果をうけるという「自業自得《じごうじとく》」がその建て前です。

この場合、その原因としての善悪の行為が、その結果をうけるのは、かならずしもその人の生きている間というわけではありません。その結果は死後の来世においても受けることになるので、因果の連鎖《れんさ》は、前世・今世・来世というように、三世を通じて現われるとされるのです。ということは、人は死という現象に遇ってもそれですべて消滅してしまうのではなく、その存在は（なんらかのかたちをもって）依然としてつづく、という考えです。これが「輪廻《りんね》」という考えかたで、輪廻とは輪《わ》を廻《めぐ》るという文字の通り、はてしなくめぐってゆくという意味です。

そこで、善人は死後に天国の楽土に生まれ、悪人は苦界地獄に落ちるというような考えは、インドではすでに仏教より数百年前に、アタルヴァ・ヴェーダあたりからブラーフマナ時代にかけて存在しておりました。しかしそこではまだ輪廻説とはなっていないので、輪廻説というのはいま申しましたように、三世にわたって生まれかわり死にかわりして、生命が存続し、いろいろな世界（たとえば天界・人界・地獄など）を転々と経《へ》めぐるというものです。（仏教で、三界六道に輪廻するというのはこれです）

この輪廻説の成立したのが、仏教の起きる二、三百年前の、ウパニシャッドの時代です。

で、この場合、問題になるのは、そのように、人びとに輪廻を余儀なくさせている原動力はいったいなにか、ということです。どんな力が人間を輪廻させるのか？　という問題、つぎに、その輪廻の主体となるものはなにか、という問題、この二つです。

ウパニシャッドのつたえるところによると、かつてアールタバーガが、バラモンの有名な哲人ヤージュニャヴァルキャ（前六五〇—五五〇ころの人）に、人間の死後についてたずねたところ、「これは公《おお》けに語るべきことではない」といって、人のいないところへつれて行き、業《カルマ》（karman）について語り、

「じつに人は善業によって善き者となり、悪業によって悪しき者となる」

と教えたといいます。つまり、業と名づける力が、輪廻の原動力であるというのです。では、その輪廻の主体となるものはなにか？

ウパニシャッドは「アートマン」であると考えます。

アートマン（ātman）の原義については、いまもなお諸学者の意見がまちまちで、一致をみていませんが、最も有力な見解にしたがえば、元来は、「気息」を意味したが、転じて生命の本体として「生気」「生命原理」「霊魂」「自己」「自我」の意味に用いられ、さらに、「万物に内在する霊妙な力」を意味するに至ったといいます。要するに個人《ひと》の本体をあらわす術語と考えたらよいでしょう。

このアートマンを、輪廻の主体とみるわけです。

ウパニシャッドは、アートマンについて、こうのべています。

「それは破壊せられず、汚れに染まることもない。それは不死である。われわれの肉体は諸諸の元素から構成されていて、それらが分解すると、肉体は消失し、死後には意識は存在しない。しかし、アートマンそのものは不滅である」

と。

人が死んでもろもろの元素は分解し肉体は消失するが、アートマンは不滅で、業の力によりつぎの肉体を形成する。その際に、

『その人の明知と業と前世の潜在意識とが、輪廻の主体「アートマン」に付随してゆく』

そして、ウパニシャドにおいては、この輪廻から自由になること、すなわち「解脱」が究極の目標とされました。

ウパニシャッドにおける解脱とは、絶対者ブラフマン（梵）とアートマンの本質を悟り、梵我一如の真理を直観して、このブラフマンと合一するというところにあります。そのとき業は断滅し、アートマンは完全に自由になって、業に束縛されている輪廻の生存から脱するわけです。

そのためには、子孫・財宝・世間にたいする一切の欲望を捨てて、托鉢乞食《たくはつこつじき》をおこなう出家遊行の生活に入り、罪悪・汚れ・疑いを去って、真実のバラモンとしての修行をしなければならぬ、とされております。

この、業による輪廻と、それから解脱、という教えは、バラモン教のみならず、のちにあらわれるヒンドゥー教、仏教、ジャイナ教などの基本となったもので、それくらい、この思想は当時のインド社会にひろくふかく、浸透しておったわけです。

六師外道とその時代背景

ところが、このふかい伝統と高い権威を誇るヴェーダ、ウパニシャッドにたいして、つよい批判や反対を表明するグループが出てきたのです。

これは一種の宗教革命でした。

さきにのべましたように、征服者アーリア人がもたらしたヴェーダとウパニシャッドの宗教・思想は、釈尊が出現された前五、六世紀ごろには、バラモン教としてインド社会全般にふかくひろく浸透しており、のちにこれがヒンドゥー教にうけつがれて現在にいたっているのですが、この流れを「正統バラモン思想」といいます。

ところが、この正統バラモン思想にたいして、その考えかたを批判し、あるいは反対する宗教家、思想家たちが出てきたのです。

いわゆる「反ヴェーダ」の立場をとる「自由思想家」とよばれる人たちです。これを「非正統バラモン思想」とよびます。

それは勃然《ぼつぜん》たる勢いで全インドにひろがっていきました。その中で、最も注目され、最も大きな支持をうけたのが、ゴータマ・ブッダ釈尊でした。

あれほど絶大な権威をもって、全インド社会に君臨していたヴェーダとウパニシャッドの宗教にたいし、かくもつよい批判勢力が一挙に輩出《はいしゅつ》してきたその背景には、当時の社会状勢が大きく原因しておりました。それはむかしながらの権威と伝統が陳腐《ちんぷ》になってしまった社会の現状に、あらたなる道を求めてのエネルギー爆発であり、それは一種のルネッサンスであったとみてよいとわたくしは思います。

釈尊の出現された当時のインドは、一大変革《へんかく》の時代でした。いうならば、高度経済成長の時代だったのです。貨幣経済がはじまり、商工業者が大いに富を蓄積して、都市の経済的実権をにぎるようになり、それまでの支配階級であった祭祀をつかさどるバラモン階級、政治をつかさどる武士王侯のクシャトリア階級に拮抗《きっこう》する勢力を持つようになりました。物質的豊かさは庶民階級にもおよび、社会一般が活力《バイタリティ》に富むと同時に、その物質的生活の豊かさは、しだいに自由享楽《きょうらく》の風潮をよび、さらには道徳的退廃《たいはい》までもたらすようになったのです。

こうした時代思潮の中で、新興勢力の人びとから、絶対的支持を受けたのが、征服者アーリア人が持ちこんできたヴェーダ思想それにもとづくところのバラモン教に、反逆する思想・宗教でした。ゴータマ・ブッダ釈尊は、こういう時代背景をもとに多くの民衆から、新時代の要請にこたえる指導者としてむかえられ出現したのですが、この時代、釈尊のほかにも、伝統のバラモン文化や、ヴェーダ思想に、反逆したりこれをしりぞけたりする自由思想家や宗教家がたくさんあらわれました。

それらのあたらしい思想家たちの中には、道徳否定論者、唯物論者、快楽論者、懐疑《かいぎ》論者、苦行論者など、種々さまざまな指導者がおりました。

仏典では、かれらの学説を六十二に分類し、『六十二見』（一説には九十六外道）とよび、さらに有力な指導者六人にしぼって、「六師外道」とよんだのです。「外道」とは、仏教以外の学派、思想、あるいはその学説思想を奉ずる人びとをいうので、すべて仏教がわからの呼称です。

わたくしは、釈尊が出現されたこの当時の時代風潮と現代の社会状勢が、あまりにもよく似ていると思われてならないのです。ことに、思想、宗教、教育の各界にわたって、いずれも、確固とした指導原理を持つものが見あたらない。どれもみな、陳腐《ちんぷ》な伝統と権威にたよっているのみで、これからの時代を担《にな》う若い人たち（年齢の若さではない、未来をみつめ、未来を創造しようとするこころにあふれた人）に、活力《エネルギー》と目標をあたえることができない。いま、釈尊の真の教法を説くわたくしたち阿含教団が世にあらわれたのは、（自然にこうなってしまったのですが）決して偶然ではないと思うのです。

あの時代、どうしても釈尊があらわれなければならなかったように、いま、この時代、釈尊の教法を世に出すものがあらわれなければならなかったのです。いや、むしろ、いまこの世界を救うために、あの時代、釈尊はインドにあらわれて、この教法を説かれたのだとわたくしは思うのです。

つぎに、六師外道について、かんたんにのべましょう。

プーラナ・カッサパ

富蘭那迦葉というのは、漢字の音《おん》をあてたものです。

かれは、極端な道徳否定論者として有名です。道徳否定論者というよりも、道徳破壊論者です。かれの説は、

『他人の身体を切断したり、他を苦しめ悩ましたり、他の生命を奪ったり、盗みをしたり、姦淫をおこなったり、ウソをついたり、または他人にこのような悪事を命令し奨励したりしても、それはなんらの罪とならない。もしまた人がこの地上の人畜を殺戮《さつりく》して死骸の山をきずいたとしても、それは罪悪でもなければ、その悪のむくいというものも起らない。またある人がガンジス河の南岸で他人の五体を切断して殺し、他を苦しめ悩ましても、それは罪悪

ともならず、そのむくいもやって来ない。さらに他の人がガンジス河の北岸で施しをし、施しをされ、祭祀をおこなっても、それは善事ともならなければ、そのむくいも生じない。隣人や困っている者に財物をほどこしても、修行をしても、戒律を守っても、それは功徳《くどく》となることもなく、功徳のむくいがあるのでもない』
というのです。これは、因果の法則・業報《ごっぽう》を否定したばかりでなく、善悪ということ自体をもみとめないニヒリスティックな思想です。こういう主張が堂々とまかり通っただけではなく、かなり多くの支持者を得ていたというのですから不思議です。もっとも、それには前にのべたような時代背景があったわけで、おそらく当時の堕落したバラモン司祭者たちが、かげでは無恥無慚《むちむざん》な生活をしながら、口では神にたいする奉仕と供養を説いてやまない偽善者《ぎぜんしゃ》ぶりに反発して、わざとこのような極端な説を立てたのかも知れません。民衆がこれを支持したのも、こころからその説に共鳴したというよりも、伝統的なヴェーダ思想、ウパニシャッドにたいする反抗心から、プーラナ・カッサパの反体制的姿勢にカッサイを送ったのかも知れません。ただし、旧体制の崩壊と都市文化の爛熟《らんじゅく》は、人びとを刹那《せつな》主義に走らせ、道徳否定の傾向を生みますから、一部には本気でこの説を信じたものもあったと思われます。もっとも、おもしろいことに、こういう道徳破壊の説を立てたプーラナ・カッサパが、ではかれ自身、その説くように人を殺戮《さつりく》し、ウソをつき、勝手ほうだいな生活をしていたかというとそうではなく、かれ自身は苦行をしたり戒律にしたがって修行をしていたようです。だからこそ、民衆の支持を得たのでしょう。

アーガマの最も古いお経である『ダンマパダ』の注釈書である『ダンマパダ・アッタカター』に、釈尊が舎衛城において大神変力をあらわして外道の師たちとたたかったとき、外道ことごとく破れ、カッサパもその一人で、河に身を投じ自殺したとあります。

マッカリ・ゴーサーラ

経典の中の末迦梨瞿舎利子《まっかりくしゃりし》です。

かれはアージーヴィカという宗教の教徒でした。漢訳仏典ではこれを「邪命外道《じゃみょうげどう》」と訳しております。かれの説は、

『一切の生きとし生けるものが輪廻の生活をつづけているのは無因無縁である。人びとが善くなるのも悪くなるのも、浄まるのもけがれるのも、必然的にそうなるのであって、努力や怠けるためにそうなるのではない。世の中には、善因善果・悪因悪果というような因果関係はまったく存在しない。すべて無因無縁である。人間の世界では、すべての運命が決定されていて、そこには自分の意志による行動というものはない。人びとは生れながらに、その運命も環境も天性も、すべて決定されてしまっていて、それにより苦を受け、楽を受けるのである。人びとは、八百四十万大劫《ごう》という長い間、賢者も愚者もひとしく流転し輪廻して、そ

ののちに自然に苦の世界を解脱することができる。したがって、善い行いをしたり、戒律を守ったりして修行しても、予定された輪廻のコースを変更させることはぜったいにできない。さだめられた苦楽は、輪廻中に増すことも減ることもない。ちょうど糸を巻いてつくったマリの、糸が解けてなくなって、はじめてマリがなくなるように、賢い者もおろかな者も予定された流転輪廻を終えて、はじめて苦の世界を解脱することができるのである』
というもので、これは輪廻説ではありますが、業報を否定するものです。釈尊はかれを評して、かれは人間の髪で編んだ衣服のようなものであるとおっしゃった。髪で織った衣服は、夏は汗を吸わないでベトベトして暑くるしく気持ちわるく、それでいて冬は保温力がないので寒さを防ぐことができない。まったく始末《しまつ》におえないものです。マッカリ・ゴーサーラの主張も、ちょうどそのようになにひとつとりえがなく、世の中に迷惑と害を流すのみであるとされたわけです。それでもこのアージーヴィカ教団はかなりの帰依者を持っていたようで、それは、マッカリ・ゴーサーラとその一統は、プーラナ・カッサパと同様、主張は主張として、きびしい戒律と苦行の実践をおこない、人びとを感心させるものがあったからだといわれております。

サンジャヤ・ベーラッティプッタ

先闍那毘羅胝子《せんじやなびらちし》です。

マガダ国の首都王舎城に住み、のちに釈尊の二大弟子となったサーリプッタ（舎利弗《しゃりほつ》）とマハー・モッガッラーナ（大目犍連《だい》）を弟子にしていたサンジャヤは、徹底した懐疑論者でした。かれは、『来世が存在するか？』という質問をうけたときには、こう答えた。『もしもわたくしが〝あの世は存在する〟と考えたのであるならば、〝あの世は存在する〟とあなたに答えるであろう。しかしわたくしはそうだとは考えない。そうらしいとも考えない。それとは異なるとも考えない。そうではないとも考えない。そうではないのではないとも考えない』そのほか、『善悪業の果報は存在するかどうか？』などというような形而上学的《けいじじょうがく》問題に関しても、かれはおなじように、ことさらに意味のとれないあいまいな答弁をして、確定的な返答をあたえなかったといいます。そこで、かれの論議は、「ウナギのようにぬらぬらしてとらえがたい議論」ともいわれました。また確定的な知識をあたえないという点で「不可知論」ともよばれます。かれのこのような論の展開のしかたは、論理学的立場からみると、学として徹底しないものであり、卑怯な態度というべきですが、しかし、形而上学的問題にたいする判断中止の思想がはじめて登場したという点で、存在価値があると申せましょう。サーリプッタとモッガッラーナは、はじめこのサンジャヤの弟子でしたが、師のこの説にあきたりず、釈尊にお会いしてその教説を聞き即座に帰依し、サンジャヤのおしとどめるのをふりきって同門の弟子二百五十人をひきつれ、入門しました。憤激したサンジャヤは血を吐いて死んだとつたえられます。仏教が、懐疑論を乗り超えてひろがったという点で、このことは注目すべきであると学者はのべております。

アジタ・ケーサカンバリン

阿《あ》耆《ぎ》多《た》翅《し》舎《しゃ》欽《きん》婆《ば》羅《ら》です。

この人は徹底した唯物論《ゆいぶつろん》を説きました。

プーラナ・カッサパなどの道徳否定論者の根底には、大なり小なり、唯物論的な考えがありました。その考えとは、ウパニシャッドに説くアートマンを否定し、霊魂と身体の不可分（霊魂と身体とは分離できないという意）と、死後における霊魂の非存在を主張するものでした。アジタ・ケーサカンバリンは、そういう唯物論者たちの代表でした。かれの説によると、人間は地・水・火・風の物質的四元素から構成される。この四元素はそれぞれ独立して実在し、この四元素の集合によって人びとや動物が生まれる。人や動物が死ねば、四元素は離散して、地元素は大地に、水元素は水界に、火元素は火界に、風元素は風界に、感覚器官は空間に還元《かんげん》してしまう。それゆえに人間が死ぬとみな空無になり、霊魂も存在しない。この世でいかに善、もしくは悪の行ないをしても、なんの報いもない、来世もなく輪廻転生ということもない、業報輪廻の説はまったくの妄説《もうせつ》にすぎない、というのです。

かれはこのようにまったくの唯物論者であり、物質以外、霊魂も精神の存在もみとめなかったとされております。

来世をみとめず、善悪の業の報いを否定し、現世の快楽至上主義をとなえるところの、このような唯物論・快楽論の思想を、「ローカーヤタ」あるいは「チャールヴァーカ」とよびます。漢訳仏典では「順世外道」といいます。

この順世派の流れは後世まで存続したらしく、のちの文献にもよくあらわれてきます。しかし、この派は、宗教や道徳をまったくみとめない唯物論であるにもかかわらず、きびしい苦行をするのですから、おもしろいですね。ですから、じっさいには、この派もたんなる宗教否定者とか道徳破壊者というニヒリストの集まりではなく、プーラナ・カッサパたちと同様に、当時の偽善的・伝統的な宗教家や道徳家に反対せんがための極端な説を立てた案外まじめな人びとであったのかも知れません。

パクダ・カッチャーヤナ

経典の迦羅拘陀迦栴延《からくだかせんねん》です。

この人もまた、唯物論的な立場に立つ、善悪の業もその果報もみとめなかったとされています。かれの主張は、

『人間は地・水・火・風の四元素と苦・楽と生命（霊魂）とから構成されている。これらの

七つの要素は、永遠不滅の存在であって、他から作られ形成されることもなく、他のものを生産創造することもなく、孤立・不動・常在のものである。動揺も変化もなく、互いに害《そこな》うこともない。他に影響することもなく、他を苦しめたり楽しませたりすることもない。したがって他人を殺す者も、殺させる者も、殺される者もない。刀をもって他人の頭を切断しても、それはただ刀が身体の要素の間を通過するだけである』
というのです。霊魂はみとめるけれども、それもまた物質的な要素の一つとみるわけで、完全な唯物主義といってよいでしょう。

ニガンタ・ナータプッタ

尼揵《にけん》陀若《だにやく》提子《だいし》です。

この人はジャイナ教の祖師で、本名をヴァルダマーナといい、大悟してから、マハーヴィーラ（偉大なる英雄の意）と尊称されました。

ジャイナ教とは、ジナ（勝者、修行を完成した人の意）の教え、という意味です。

ジャイナ教は、仏教とほぼ同時代に興起し、反ヴェーダの立場から、新時代にふさわしい宗教を説きました。その点で、仏教もジャイナ教も、その教団形成や聖典編集などにおいて、ともに類似点・共通点が多くみられます。

けれども、ニガンタ・ナータプッタは、仏教の中道説にたいして相対主義を、苦行否定にたいして苦行主義を、無我説にたいし要素実在説を説きましたから、教説・理論としては、非常にちがった点があるわけです。
ジャイナ教は、仏教とならんで非正統バラモン思想の代表として栄え、十三世紀に仏教がイスラームによって衰亡したのにもかかわらず存続し、今日でも商工業者を中心として二六〇万人の信徒を持っています。
かれの説くところでは、宇宙は世界と非世界とからなり、世界は五つの実在体から構成されるとします。そしてそれは霊魂と非霊魂の二つに大別され、さらに非霊魂は、運動の条件・静止の条件・虚空・物質の四つの実在体に分けられます。（ときには別に時間を加えることもある）
この非霊魂のうちの、運動の条件とは魚を泳がせる水のごとく、他のものを運動させる条件となるもの。静止の条件とは落下物を静止させる大地のごとく、運動しているものを静止させる条件となるもの。虚空とは大空間で他の諸実体を存在させる場所。物質とは無数に実在し、多くの物体を構成し、場所を占め、色・味・香・可触性の特質を持つ。この物質は原子《げんし》（aṇu 微細なもの、paramāṇu 極めて微細なもの、などをいう）から構成されており、原子は部分を有さず、分割されず、破壊されないもので、知覚されがたいものであるとします。ちなみに、この原子論はインドにおいて最初にあらわれたものです。

霊魂は、地・水・火・風・動物・植物に存在するから、六種の霊魂があるが、それは物質の内部に想定される生命力を実体的に考えたものであるといえましょう。

実践論としては、人間が、身・口・意によって業《ごう》をなすと、その業のために微細な物質が霊魂に附着し、業身を形成する。そのために霊魂の上昇性がさまたげられるから、これを霊魂の「繫《け》縛《ばく》」(bandha)といい、この繫縛によって、霊魂は地獄・畜生・人間・神々の四つの境界を輪廻し、苦しみの生存をくりかえすのであるとします。

業身が果てしなく転移しつづけるところの輪廻を超えるために、まず人は苦行によってすでになされた古い業の作用を制止するとともに、一方では新しい業の流入を防止する。これを制御といいます。こうした修行によって業の束縛がなくなり、微細な物質が霊魂からはなれて止滅《しめつ》すると、霊魂はその本性により解脱の境地を獲得すると説きます。なお、ややおくれて成立した解脱論によりますと、真の解脱は死後に得られるとされます。すなわち、身体が死ぬと解脱した霊魂は上昇性を発揮して、上方に進み、世界を脱出してその頂上にある非世界に達する。そこにおいて霊魂は涅槃《ねはん》の境地を得て、真の解脱を実現する、というのです。

ニガンタ・ナータプッタは、われわれの生存が業にもとづく苦なる存在であるという観点から出発して、輪廻から解脱への理論と実践を説いたわけで、それはゴータマ・ブッダ釈尊とまったくおなじ立場に立つものでした。六師外道といっても、他の五師とは大分ちがうところがあるわけです。じっさいに、仏教との相似点が非常にあり、マハーヴィーラ（ニガンタ・ナータプッタ）とゴータマ・ブッダは、相互にいろいろな点で影響し合ったことがうかがえます。ただし、さきにも申しましたように、理論面、実践面においてまったくちがう立場をとった部分もかなりあります。まずその修行法です。徹底した苦行主義で、断食による死が極度に讃《たた》えられます。この点、何度か死をつたえられたほどの苦行ののち、苦行を超えて苦行の先にあるものを把握した釈尊とは、かなり隔《へだた》りがあるようにわたくしは感じます。

また、不殺生の戒めが最も重視され、生けるものの生命を尊重するために、水中の微小の虫を吸わぬよう水は濾過《ろか》して飲み、道を歩いて小虫を踏まぬように掃きながら歩みます。無所有に徹するため、一糸も身にまとわないで蚊や蝿などに身をさらして、裸形で修行しておりました。しかし、のちに、白衣をまとうことを許す一派があらわれました。これを白衣派といい、まったく衣をまとうことを許さない伝統的な人々を裸形派とよびます。仏教で「裸形外道」というのがこれです。

以上のようなきびしい修行は、在家の信者にはとてもできないものですから、在俗の信者は、業報輪廻と霊魂・非霊魂の教えを信じ、「十二の在家の戒」を守って、信仰にはげめば、死後、神々の世界に達して、楽しい生活を送ることができるとされています。

以上、大急ぎで、釈尊ご活躍当時の、インドの宗教状勢、思想界の概略をのべました。そこで今度は、釈尊ご自身を、おなじ立場からみてみることにいたしましょう。釈尊ご自身を、六師外道とおなじ観点からみてみる必要もあるのではないかと思われるからです。

ゴータマ・ブッダ

ここでは、わたくしの考えをのべるのはやめて、厳正にして権威ある仏教学者の文章を引くことにいたします。

『仏教の開祖ゴータマ・ブッダは西紀前四六三年ころ、釈迦《しゃか》族の住むカピラヴァッツ国のスッドーダナ（浄飯）王の長子として生れた。姓をゴータマ（最もすぐれた牛の意）、名をシッダッタ（目的を達成した人の意）という。ブッダとは目ざめた人、悟った人の意で、音写して仏《ぶっ》陀《だ》ないし仏、訳して覚者という。尊称して釈迦牟尼《むに》（釈迦族出身の聖者）と呼ぶ。

ブッダは反ヴェーダ的自由思想家の一人であり、正統バラモン思想の否定者と見なされるが、必ずしも単なる否定者ではなかった。ブッダはヴェーダやウパニシャッドの宗教・哲学の陥った過誤を正して、アーリア人の本来あるべき真面目を回復するとともに、これを新時代に適応すべく自らの見解を開陳した。つまり、ブッダはアーリア文化の回復者であったといえよう。例えば、ブッダの根本教説のひとつとされる「無我」の教えについていえば、それは無主体とか無霊魂ということではなかった。無我の「我」とはウパニシャッドの哲学に説く絶対原理であるアートマンのことである。ブッダはアートマンの絶対性を自己自身のものと誤認してはならないとして、執《とら》われの自我を捨て、我執なき本来の自己を実現すべきであると説いた。無我とは真の主体性の確立ということであった。決して自我の否定とか主体性の放棄を意味するものではなかった。
しかしながら、ブッダは、アーリア文化の主流たるバラモン教の儀礼化、四姓制度の定着による人間平等の軽視などの現実を見すえることによって、すすんでバラモン教に説く絶対神（世界創造神）を否定し、だれでも真理に目ざめればゴータマと同じブッダ（覚者）に成ることができるとした。あくまで人間の自覚にもとづく実践を基本に、万人成仏の道を明らかにした。このことは、仏教がアーリア文化の中に生れながらアーリア文化と本質を異にする一面でもある』（早島鏡正・高崎直道・原実・前田専学著『インド思想史』東京大学出版会刊、傍点は著者）
この引用文はよく記憶しておいていただく必要があります。
ことに、『ブッダの根本教説のひとつとされる「無我」の教えについていえば、それは無主体とか無霊魂ということではなかった』という箇所《ところ》、それから、『「我」とはウパニシャッドの哲学に説く絶対原理であるアートマンのことである』といい、アートマンを正しくさとることが「無我」なのであるという意味のところなど、いままでの日本の大乗仏教がすべてまちがった解釈をしていたところなのです。これからの講義で、そこのところが出てくると思います。よく味読し、おぼえておいていただきたい。

さて、以上で、当時のインドにおける、死後の問題に関する考えかたが、概略ながらおわかりになったことと思います。では、この問題にたいする釈尊の考えかたはどういうものであったのでしょうか？　阿含経の本文にもどりましょう。

ほんとうの生命の実相

ジャイナ教のマハーヴィーラをはじめとする六師たちも、アートマン（霊魂）の不滅を信じ再生を説くバラモンの聖者たちも、

「おまえは死んでからどういうところにどういう人間となって生まれてゆく」

とか、

「だれは死後どこに生まれていった」

とまで解説する人は一人もおられなかった。ところが釈尊は、明快にそれを解説されるのです。

このことを耳にした外道の出家セーニャは不思議でたまらず、それをたしかめるために釈尊をおたずねしたわけです。

『我れ先ず疑いを生ず。云何《いかん》が沙門《しゃもん》瞿曇《くどん》はかくの如き法を得たるや』

いったいどんな法をもってそんなことがわかるんですか?

これにたいし、釈尊は、世に三種類の教えを説く指導者がいると説きます。

まず第一師は、現世では自我をみとめるが、死を終わりとして来世に自我をみとめない。つまり、人間は死んでしまえばそれまでよ、で、来世というものをみとめない。人間の生命は、生まれて死ぬまでの間だけのものである、という教えを説く。『現在世は真実に是れ我と見る、知説する所の如し。而も能く命終後の事を知るなし』というわけです。しかし、これは「断見」といって、まちがった考えである。

第二師は、『現在世は真実に是れ我と見、命終の後も亦是れ我と見る』つまり、現世において自我をみとめると同時に、来世においてもおなじように自我をみとめる。生きつづけの自我をみとめるわけです。しかし、これは、永遠に常住不変の自我をみとめるのであり、「常見」というこれまたまちがった考えかたである。

第三師は、『現在世は真実に是れ我と見ず。亦復《またまた》命終の後も真実に是れ我と見ず』現世にも自我をみとめず、命終の後つまり死んでのちも自我をみとめない。現世にも来世にも、自我(の実在）をみとめないのである。そうして、この考えこそが、如来応等正覚、つまり、ほんとうの生命の実相をさとった仏陀の正しい教説であって、この見解に立って修行することにより、解脱して涅槃《ニルヴァーナ》に入ることができるのである。

このように釈尊はさとされたわけです。

ところが、セーニャは、「いや、わたくしはますますわからなくなってしまいました」と頭をかかえてしまったのです。

『世尊、我れ世尊の所説を聞き遂に更に疑を増す』

「わたくしは世尊《あなた》の解説をお聞きして、疑問がとけるどころか、かえって疑問がふえました。前よりわからなくなってしまいました」

悲鳴をあげてしまったんですね。

それも無理のないことかも知れません。なぜかと申しますと、

「現世にも来世にも自我をみとめない」

というからです。

かれも、外道とはいえ、出家ですから、あらゆる宗教・思想・哲学を学んでいたでしょう。こうして釈尊のところへ疑問をただしにやって来るくらい熱心な男なんですから——。

しかし、現世にも来世にも自我をみとめない、なんていう説ははじめてだったんです。来世に

自我をみとめない、というのならわかります。しかし、現世においてもみとめないというのはどういうわけか。

かれがいままで聞き知っていた学説は、
一、現世には自我をみとめるが、来世には自我をみとめない。つまり、生命は現世だけのもの、
という説か、
二、現世にも来世にも自我をみとめる。つまり、生命は来世につづく、
という二つの説しかなかったわけです。

つまり、釈尊のいわれる第一師と第二師の説だけということです。

そういいますと、あなたがたももうすでに思いあたられているでしょう。前の章までにのべたバラモン教の考えかた、また六師外道たちの考えかたです。これらの考えかたはすべて、いま釈尊がおっしゃった第一師と第二師の、いずれかの考えかたの範疇《はんちゅう》に入ります。あなたがたもご自分で、六師外道のだれとだれが第一師で、だれとだれが第二師であるか、判定してみてください。またバラモン教も、第一師に属するか、第二師に属するのか、すぐにわかるはずです。

そう、プーラナ・カッサパ、アジタ・ケーサカンバリンは第一師で、つまり「断見」ですね。

ジャイナ教とバラモン教、マッカリ・ゴーサーラ、パクダ・カッチャーヤナは第二師で、これ

は「常見」ですね。

サンジャヤ・ベーラッティプッタは、これはウナギのようにぬらりくらりと逃げていますから論外として、以上のように分類できるわけです。

釈尊はこの経典の中でこのように分類はしておられませんが、セーニャにはすぐわかったはずです。当時の宗教家、思想家たちのすべての考えかたを、釈尊は「断見」「常見」としてことごとくしりぞけてしまったのです。そうしてこの第三師の考えこそ、さとりをひらいた仏陀釈尊が、一切衆生を救うため、世に出で世に弘めようとしている革新的な思想だったわけです。ですから、いうまでもなく、第三師とは釈尊のことですよね。

いまでこそこの考えは、仏教者にとり常識のようになってしまっておりますが、はじめてこれに接した者にとっては、非常なおどろきだったのです。セーニャが理解できなかったのも無理はないのです。現世において現実にこうして自分は存在しているのに、その自分（自我）をみとめないなんて！

そこで、世尊、ねがわくばわたくしのために教法を説いて、智慧の眼《まなこ》をひらかせてください。こうお願いしたわけです。

霊魂論

そこで、釈尊は、セーニャに無我・縁起の法を説かれたのです。

まず、釈尊はセーニャに、

「色《しき》（身体）が自我（アートマン）か？」

と質問します。セーニャは「いいえ」と否定します。

「では、受・想・行・識のこころのはたらきが自我（アートマン）か？」

とたずねます。セーニャはこれまた、「いいえ」と否定します。

「では、色の外に自我（アートマン）があるのか？　受・想・行・識の外に自我（アートマン）があるのか？」

セーニャはこれまた否定します。

「では、色のどこかに自我（アートマン）があるのか？」

「いいえ」

「では、受・想・行・識のどこかに自我（アートマン）があるのか？」

これまたセーニャは、「いいえ」というよりほかありません。

釈尊はこのようにたてつづけに質問して、色・受・想・行・識（五陰という）の内にも外にもどこにも「自我」（アートマン）という特別な存在が、実在していないことをさとらせるわけです。というのは、さきにものべましたように、当時の代表的な思想であるバラモンでは、五陰のほかに特別な自我（アートマン）という存在があって、これが不滅の実在であり、（死んで）五陰が消滅しても、これが輪廻再生するのだと説いていたからです。釈尊は、そういう、五陰のほかに実在するという自我（アートマン）はないのだということを、セーニャにひとつひとつ質問して理解させたわけです。

では、いったい自我（アートマン）はどこにあるのかというと、色・受・想・行・識の五陰の結合自体が自我であるというわけです。つまり、自我というものは、色・受・想・行・識の五陰がひとつの因縁によって集合してできたものであって、それをはなれて特別な自我（アートマン）という実在はないのだというのです。だから、

『第三師、現在世は真実に是れ我（を実在）と見ず、命終の後も亦我（を実在）と見ず』

ということになるわけです。

因縁による五陰の仮合《けごう》そのものが自我であり、因縁が消滅すれば五陰も消滅し、同時に自我も消滅する。どこにも常住不変の実在としての自我などない、ということです。

経典の中に、「我」と「異我」と「相在」ということばが出ております。これは専門語で少し難解ですから、図解しましょう。
経典では第一を「我」、第二を「異我」、第三を「相在」とよんでいるのです。
そこで——、

第一図

自我は五陰と一なりとみる。

第二図

自我は五陰の外にありとみる。

第三図

自我は五陰の中にありとみる。

釈尊は、五陰が因縁によって仮合し、それが自我（アートマン）となっているのであるから、五陰をはなれてべつに特殊な自我（アートマン）という実在はないのだ、とお説きになる。だから、五陰がバラバラに離散《りさん》する因縁が生じて（つまり死んで）バラバラになると、自我もまたバラバラになって消滅してしまう、ということになる。そういう論理です。そこで日本の大乗仏教の人たちはまちがえてしまったのです。ここのところで日本の仏教家はみんなまちがえてしまった。

どうまちがえたか？

「釈尊は霊魂を否定した」

そう断定してしまったのです。

日本の坊さんたちに聞いてごらんなさい。口をそろえてそういいます。えらい坊さんほどそういう。えらい坊さん、えらい宗教家ほど、

「霊魂なんてありません。釈尊もぜったいに霊魂を否定しています」

そういう。本にもそう書いている。そうして、いかにも科学的であり、インテリであるというように得意顔です。

これはたいへんな間違いで、これでは仏教ではなくなってしまいます。釈尊のおっしゃる「断見」です。死んだらすべてが消滅してなんにもなくなってしまう。これはまさしく「断見」です。仏教ではない。あなたもそうお思いになりませんか？

かつて、芝・増上寺の貫主の椎《しい》尾《お》弁匡《べんきょう》師が、『極楽の解剖』という本で、霊魂を否定する文章

を書き、評論家の大宅壮一氏がこれにかみついた。「霊魂の存在を信じないのに、霊魂があるかのごとく慰霊の法要仏事をして金銭《かね》をとるのはサギではないか」そういってかみついた。

もちろん、大宅氏は、霊魂の存否を論じているのではないので、自分が霊魂の存在を信じていないのに、なぜあるかのようによそおって法要をいとなみ、報酬をとるのか、といっているわけです。

これは代表的な一例ですが、ほとんどの坊さんが霊魂をみとめず、「オシャカさまは霊魂を否定しておられます」

という。

そうじゃないんです。釈尊が説かれたほんとうのお経を読まないから、そんなたいへんなまちがいをしてしまう。

釈尊はなんとおっしゃっておられるか、このあとが重要なのです。

『我が諸の弟子は……慢断ぜざるが故に此陰を捨て已りて与陰《よおん》相続して生ず。……』

とあります。意訳しますと、

「わたくしの弟子たちは、わたくしの教えを聞いても、そのほんとうの意味を理解せず、煩悩の我執（慢）を起こして、さとりをひらくことができない。この煩悩の我執があるために、死んだときに、この陰、つまり現世の五陰、が消滅しても、与陰が生じてその存在を受けつぐ（相続する）のである。そうしてこの与陰が、つぎの生の五陰を集める因縁となって再生してゆくのである。

それだから、セーニャよ、わたくしは、そういう弟子にたいし、死んで身心が消滅しても、この者はかのところに、こういう者となって生まれてゆく、と説くのである。したがって、わたくしの弟子の中でも、よく修行して、もろもろの煩悩を断った者は、亡くなって五陰が消滅すると、もうこれを相続し受けつぐ与陰がないから、つぎの生を引く因縁がない。だからこういう弟子には、再生するとはいわないのである」

釈尊はセーニャにたいして、こう教えておられるのです。

なるほど、釈尊は、霊魂ということばは使っていらっしゃらない。しかし、いいですか、身《しん》やぶれ命終《みょうじゅう》して現世の五陰が消滅しても、「与陰」が生じて相続するとおっしゃっておられるのです。ここは大正新脩大蔵経では、「与陰相続生」となっています。前版までは与陰が異陰となっていましたが大正新脩大蔵経によって与陰とします。

では、これはどのような意味になるでしょうか。「与」には「関与する」「あずかる」の意味がありますから、「与陰」で「関与する陰」あるいは「関わる陰」となります。なにに「関与する陰」でしょうか？　それは「慢（我執煩悩）」「余慢（残りの我執煩悩）」です。

経文には『我が諸の弟子は、我所説を聞きて悉く義を解せず、而も慢を起して、無間等は無間等に非ざるが故に慢則ち断ぜず。慢断ぜざるが故に此陰を捨て已りて与陰相続して生ず。是故に仙尼、我則ち是諸弟子の身壊れ命終りて彼彼の処に生ずと記説す。所以は何。彼れ余慢あるを以ての故なり』とあります。

つまり、弟子たちの中に智慧を得ていないために慢を断ずることができず、「余慢」がある故に「与陰」が「此陰」（の消滅）に続いて生ずる、というわけです。「与陰」は「余慢」に関連した陰なのです。

類似の阿含経を見てみると、『雑阿含経・第一義空経』には「此陰滅已。異陰相続（此の陰を滅し已りて、異陰相続す）」という記述があります。わたくしは、『仙尼経』でいう「与陰」と、この『第一義空経』にある「異陰」は同一のものだと考えています。「陰」とは〝集まり〟という意味ですから、五陰とはまた異なった集まり、つまり、つまり異次元の集まり、と解釈したらいいでしょう。それが存在を受けつぐというのです。つまり、死んでも人間は「なにかが」存在をつづけるのである。どうして、いままで、こんな重大なところを見落としてしまっていたのか？

そういうと、それでは「常見」になるではないか、という人が出てくるかも知れません。常見とは、前にのべました通り、「常住不滅」ということですね。だから、霊魂ということばは使われないにせよ、死んでも存在をつづけるというのは「常見」ではないか、そういわれるかも知れません。

そうではないのです。我執の煩悩さえなければ、与陰は生じないし、それは消滅してしまうのです。「常住不滅」ではないのです。バラモンその他が説くように、自我（アートマン）が常住不滅の〝実在〟であるならば、なにをどうしたって、その存在は消滅しません。いつまでも輪廻転生をつづけるでしょう。しかし、釈尊は、それは実在ではなく、「因縁の仮合《けごう》」だとおっしゃっておられる。因縁の仮合だから因縁が消えればすべてが消える。ではなんの因縁なのかというと、慢（我執煩悩）の因縁であるという。だから「常見」ではないわけです。

「与陰」とは霊魂

どうしてこんな重大なことをまちがえてしまっていたのか。これでは日本の仏教はすべて「断見」で、仏教ではないということになってしまう。仏教でない宗教に、どうして自分を成仏させ、他を成仏させることができるか。たいへんな問題です。

どうして、こんなことになってしまったのか？

その答は、釈尊がすでにこのお経の中に示しておられます。

よくごらんなさい。

『我が諸の弟子は、我所説を聞きて悉く義を解せず、而も慢を起して、無間等は無間等に非ざるが故に慢則ち断ぜず。慢断ぜざるが故に此陰を捨て已りて与陰相続して生ず』

と。

霊魂を否定している坊さんや仏教者たちはすべて、この、釈尊のおっしゃっておられる『我が諸の弟子』なのです。

かれらは、

「この世の中に霊魂なんてあるはずはない。そんなものは迷信だ」

最初からそう思いこんでしまっている。だから、釈尊のおことばをすなおにうけ入れることができない。仏さまのおことばより先に自分の考えを立ててしまっている。これがすなわち釈尊のおっしゃっておられる「慢」の我執煩悩なのです。

「そんなものがあるはずない！」

じつに浅薄な考えからそう断定してしまって、釈尊のおことばをすなおに聞こうとしない。これすなわち、慢にほかなりません。

霊魂とよぼうが、与陰とよぼうが、そんなことはどうでもいい。とにかく釈尊は、死後もなにかが存在をつづけると、はっきりおっしゃっておられるのです。そうしてその存在が、つぎの生を生ずるのだと明確におっしゃっておられる。その生を断ち切るのが、「成仏」ということなのです。

仏教というものは、いまさらいうまでもなく、「成仏」することを目的とする宗教です。そしてその成仏とは、死に際して与陰を生じた場合、その与陰がつぎの生を生んで、はてしなく輪廻してゆく、その輪廻を断ち切るということです。

それを、霊魂を否定することで与陰を否定してしまったら、いったい「成仏」はどうなるのか。かれらは霊魂を否定することで、釈尊のおっしゃる与陰をも否定抹殺してしまったわけです。ということは、「成仏」そのものを否定抹殺してしまったということになる。するとどうなるか？　釈尊はこのお経の中ではっきりその結果を示していらっしゃる。

かれらは『慢断ぜざるが故に此陰を捨て已りて与陰相続して生ず。是故に仙尼、我れ則ち是諸弟子の身壊《しんやぶ》れ命終《みようおわ》りて彼彼《ひひ》の処に生ずと記説す』と。

すなわち、かれらはことごとく成仏できず、輪廻転生して苦しんでいるぞとおっしゃっておられるのです。

まあ、自分たちが成仏できずに、不成仏霊となったり霊障のホトケとなったり、あるいは三悪趣に堕ちて苦の世界を輪廻転生するのも、自業自得《じごうじとく》というものですが、そういう人たちを信じて成仏できるつもりが、成仏できず、苦しんでいる信者さんたちはどうなるか。

わたくしは、阿含経に明かされている釈尊の成仏法を修行することにより、成仏力を身につけることができ、釈尊のおっしゃる「与陰」をはっきり覚知《かくち》することができるようになった。

この「与陰」こそが、かねてからわたくしがいっている「不成仏霊」であり、「霊障のホトケ」だったのです。

この存在が、どれだけ多くの人に苦しみをあたえ、どれだけ多くの家庭を不幸のどん底におとしいれているか、『守護霊を持て』『霊障を解く』(平河出版社刊)その他の本に書いた通りです。

わたくしは、あらゆる不幸・不運・災難のもとは、この与陰が原因であると確信しております。もちろん、どんな不幸・不運・災難にも、それぞれの理由がありましょう。しかし、その理由のもとをどこまでもたどってゆくと、結局は、その家、その人にかかわる不成仏霊、霊障のホトケにたどりついてしまうのです。

いま、わたくしの霊視によりますと、どこの家庭にもかかならず、二体や三体の不成仏霊がおられます。そうして、三軒に一軒は、かならず霊障のホトケをかかえている。しかもその数は急激に増加しつつある。

なぜかくも多くの成仏できぬ不成仏霊が存在するのか?

答は明白です。

いままでの日本の仏教に、成仏力が欠けていたからです。

なぜいままでの日本の仏教に成仏力が欠けていたのか?

答はすでに明白でしょう。

釈尊の成仏法によらなければ成仏は不可能であるのに、いままでの日本の仏教は、その釈尊の成仏法を知らず、まったくちがう道を歩んできたからです。

成仏とは、生者の場合、生きている間に釈尊の成仏法を修行してカルマと因縁を断ち、死に際して与陰を残すことなく、涅槃に入る。

死者の場合、釈尊の成仏法によって与陰を消滅させ、成仏への道を歩ましめる。（霊障のホトケで苦しんでいる人のがわからいえば、与陰をとりのぞく、ということになります）

この二つです。

この二つとも、釈尊の成仏法によらなければ達成することができません。そうしてその成仏法は、阿含経にしか説かれていないのです。その阿含経を、いままで日本の仏教は、小乗経典だといってけなしてきた。そのため、かれらは、釈尊が「与陰」という名で霊の存在を説いておられたことさえも知らなかったのです。

わたくしは、いま、徒《いたずら》に日本の仏教を批難しているのではないのです。

こんなにも霊障をかかえた不幸な家庭がふえつづけたら、近い将来、かならずこの社会は崩壊すると思うからです。

不成仏霊・霊障のホトケは、古い表現でいうならば、「地獄に落ちている」のです。

霊障のホトケをかかえた家庭もまた、「地獄に落ちている」のです。そうして、霊障のホトケをかかえた家庭を多く持つ社会は、かならず「地獄に落ちる」のです。

ごらんなさい。

いまの社会は、そのまま地獄の様相《ようそう》を呈しているのではありませんか。しかし、まだまだこんなものじゃあない。いまの不成仏霊増加の速度からいって、近い将来、わたくしたちは、ほんとうの地獄図の中にわが身を置くことになりましょう。

日本の仏教は、すみやかに釈尊におわびして、阿含経を奉持し、阿含経によって成仏法を学び、成仏力を身につけて、この地獄図から社会を救わねばならんのです。それをわたくしはいいたいのです。

このお経にあるではありませんか。

かれ、セーニャは『出家して道を学び、梵行を修行し、法を見て自ら証《さとり》を得たることを知り、我生已《わがしょうすで》に尽き、梵行已《すで》に立ち、所作已《しょさすで》に作《な》し、自ら後有《ごう》を受けざるを知る所以（の思惟）に住して、阿羅漢《あらかん》を得たり』と。

外道の出家セーニャも、釈尊の懇切な教えにより、法眼浄を得て、専心修行の道に入り、ついに阿羅漢果《あらかんか》を得て完全解脱したというではありませんか。

薪《たきぎ》は尽《つ》きても火は燃える

死後の存在についても、もっとわかりやすく、簡明に説かれたお経があります。あげてみましょう。

雑阿含経「身命経」

和　訳

是《かく》の如《ごと》く我《わ》れ聞《き》きぬ。一時《いちじ》、仏《ほとけ》、王舎城《おうしゃじょう》の迦蘭陀竹園《からんだちくおん》に住《ましま》しき。時に婆蹉種《ばさしゅ》出家《しゅっけ》あり。仏の所《みもと》に来詣《らいけい》し、合掌問訊《がっしょうもんじん》し、問訊《もんじん》し已《おわ》りて退《しりぞ》き、一面《いちめん》に坐《ざ》して仏《ほとけ》に白《もう》して言《もう》さく、「瞿曇《くどん》、問《と》う所《ところ》あらんと欲《ほっ》す。寧《なん》ぞ閑暇《かんか》ありて、答《こた》えて見《み》んと以《おも》うや不《いな》や」。仏《ほとけ》、婆蹉種《ばさしゅ》出家《しゅっけ》に告《つ》げたまわく、「汝《なんじ》の問《と》う所《ところ》に随《したが》いて、当《まさ》に汝《なんじ》の為《ため》に説《と》くべし」。婆蹉種《ばさしゅ》出家《しゅっけ》、仏《ほとけ》に白《もう》して言《もう》さく、「云何《いかん》が瞿曇《くどん》、命《みょう》即《すなわ》ち身なるや」。仏《ほとけ》、婆蹉種《ばさしゅ》出家《しゅっけ》に告《つ》げたまわく、「命《みょう》即《すなわ》ち身《しん》なるかは此《これ》は是《こ》れ記《き》なし」。「云何《いかん》が瞿曇《くどん》、命《みょうこと》異《な》り身《しんこと》異《な》りとなすや」。仏《ほとけ》、婆蹉種《ばさしゅ》出家《しゅっけ》に告《つ》げたまわく、「命《みょうこと》異《な》り身《しんこと》異《な》るかは此《こ》れ亦《また》記《き》なし」。婆蹉種《ばさしゅ》出家《しゅっけ》、仏《ほとけ》に白《もう》さく、「云何《いかん》が瞿曇《くどん》、命《みょう》即《すなわ》ち身《しん》なりやといわば答《こた》えて記《き》なしと言《い》い、命《みょうこと》異《な》り身《しんこと》異《な》るやといわば答《こた》えて記《き》なしと言《い》う。沙門《しゃもん》瞿曇《くどん》、何等《なんら》の奇《き》ありて弟子《でし》命《いのち》終《おわ》れば即《すなわ》ち記説《きせつ》して、某《なにがし》は彼処《かしこ》に生《うま》れ某《なにがし》は彼処《かしこ》に生《うま》れんと言《い》うや。彼《かの》諸《もろもろ》の弟子《でし》此《ここ》に於《おい》て命《いのち》終《おわ》り身《しん》を捨《す》て、即《すなわ》ち意生《いしょう》身《しん》に乗《じょう》じて余処《よしょ》に生《しょう》ずれば、当《まさ》に爾時《そのとき》に於《おい》ては命《みょうこと》異《な》り身《しんこと》異《な》ると為《な》すに非《あら》ざるべし」。仏《ほとけ》、婆蹉《ばさ》に告《つ》げたまわく、「此《これ》は有余《うよ》を説《と》きて無余《むよ》を説《と》かず」。

婆蹉《ばさ》、仏《ほとけ》に白《もう》さく、「瞿曇《くどん》、云何《いかん》が有余《うよ》を説《と》きて無余《むよ》を説《と》かざるや」。仏《ほとけ》、婆蹉《ばさ》に告《つ》げたまわく、「譬《たと》えば火《ひ》の如《ごと》き余《よ》あらば然《も》ゆることを得《え》、無余《むよ》に非《あら》ざらん」。婆蹉《ばさ》、仏《ほとけ》に白《もう》さく、「我《わ》れ火《ひ》を見《み》るに余《よ》なきものも亦然《またも》ゆ」。仏《ほとけ》、婆蹉《ばさ》に告《つ》げたまわく、「云《いか》何《ん》が火余《ひよ》なくして亦然《またも》ゆるを見《み》るや」。婆蹉《ばさ》、仏《ほとけ》に白《もう》さく、「譬《たと》えば大聚熾火《だいじゅしか》の如《ごと》し、疾風来《しっぷうきた》り吹《ふ》きて火空中《ひくうちゅう》に飛《と》ぶ、豈無余《あにむよ》の

註解

〔意生身〕 心だけの身体。死後、次の生命を受けるまでの中有《ちゅうう》身《しん》のこと。
〔有余〕 余というのは、残り、という意味で、業が残っていることをいう。有余は、心は解脱して業を消滅させているが、まだ肉体のけがれ（業）が残っている状態をいう。〝有余涅槃〞などと用いる。肉体の業も残っていない状態を〝無余涅槃〞といい、これが完全な涅槃である。

火《ひ》にあらずや」。仏《ほとけ》、婆蹉《ばさ》に告《つ》げたまわく、「風《かぜ》吹《ふ》きて火《ひ》を飛《と》ばすも、即《すなわ》ち是《こ》れ余《よ》ありて余《よ》なきにあらず」。婆蹉《ばさ》、仏《ほとけ》に白《もう》さく、「瞿曇《くどん》、空中《くうちゅう》の飛火《ひか》は云何《いかん》が余《よ》ありと名《なづ》くるや」。仏《ほとけ》、婆蹉《ばさ》に告《つ》げたまわく、「空中《くうちゅう》の飛火《ひか》は風《かぜ》に依《よ》るが故《ゆえ》に住《じゅう》し、風《かぜ》に依《よ》るが故《ゆえ》に然《も》ゆ。風《かぜ》に依《よ》るを以《もっ》ての故《ゆえ》に、故《ゆえ》に余《よ》ありと説《と》く」。婆蹉《ばさ》、仏《ほとけ》に白《もう》さく、「衆生此《しゅじょうこ》こに於《おい》て命終《いのちおわ》り、意生身《いしょうしん》に乗《じょう》じて余処《よしょ》に往生《おうじょう》するは、云何《いかん》が余《よ》ありや」。仏《ほとけ》、婆蹉《ばさ》に告《つ》げたまわく、「衆生此《しゅじょうこの》処《ところ》に於《おい》て命終《いのちおわ》り、意生身《いしょうしん》に乗《じょう》じて余処《よしょ》に生《しょう》ずるは、爾時《そのとき》に当《あた》りて愛《あい》によるが故《ゆえ》に取《しゅ》し、愛《あい》によりて住《じゅう》するが故《ゆえ》に余《よ》ありと説《と》く」。婆蹉《ばさ》、仏《ほとけ》に白《もう》さく、「衆生《しゅじょう》は愛楽《あいぎょう》を以《もっ》て余《よ》あり。染著余《ぜんじゃくよ》あり。唯世尊《ただせそん》あり。彼《か》れ余《よ》なきを得《え》て等正覚《とうしょうがく》を成《じょう》じたまう。沙門瞿曇《しゃもんくどん》、世間多縁《せけんたえん》なれば、請《こ》う辞《じ》して還《かえ》り去《さ》らむ」。仏《ほとけ》、婆蹉《ばさ》に告《つ》げたまわく、「宜《よろ》しく是《こ》れ時《とき》なるを知るべし」。婆蹉出家《ばさしゅっけ》、仏《ほとけ》の所説《しょせつ》を聞《き》きて、歓喜《かんぎ》し随喜《ずいき》し、坐《ざ》より起《た》ちて去《さ》りぬ。

大　意

このお経は、婆蹉種（Vaccha-gotta）出身の出家が、釈尊をおたずねして、死後の問題について質問した記録です。ここでも、また、前のお経とおなじように、釈尊が弟子の死後の再生について解説していることを問題にしています。してみると、当時、このことは、修道者たちの間でよほど評判になっていたものと思われますね。
大意をのべましょう。
ある日、竹林精舎におられる釈尊のみもとに、婆蹉種の出家がおとずれて、死後の問題について教えを乞うた。
婆蹉「霊魂と肉体とはおなじものでしょうか」
釈尊「そのような問題には答えない」
婆蹉「霊魂と肉体とはべつなものでしょうか」
釈尊「そのような問題にも答えない」
婆蹉「あなたは、霊魂と肉体とはおなじものかとたずねても答えないし、霊魂と肉体とはべつべつかとたずねても答えない。しかし、聞くところによりますと、あなたは、弟子たちにむかって、だれはあそこに生まれ、かれはここに生まれると解説するということです。すると、あなたは、いったいどういう根拠に立って、そのように解説するのですか。死ぬと肉体は煙になってしまいますから、もし未来の生処を定めようとするには、かならずなにかがなければならないわけで、それが霊魂でしょう。したがって、肉体のほかに霊魂があるということになるではありませんか」
釈尊「いや、かならずしもそうはならない。自分は、依るところがあるものは五道のいずれかへ生まれ、依るところがないものは、五道のいずれにも生まれないと説くのである」
婆蹉「それはどういう意味ですか？」
釈尊「たとえば、火は依るところ（薪）があるから燃えるので、依るところがなければ燃えないであろう」
婆蹉「いや、そうばかりもいえませぬ。私は依るところがなくて燃える火を見たことがあります」
釈尊「それはどういう火か」
婆蹉「大火が炎々と燃えているときに、風が吹いて火が空中に飛ぶことがある。あの飛び火は依るところのない火です」
釈尊「いやそうではない。飛び火は風に依って燃えるのである」
婆蹉「それでは火の場合はべつとして、人間は死後、なにに依って生まれるのですか」
釈尊「それは渇愛《タンハー》に依るのである。渇愛によって、五道のいずれかへ生まれるのである」

婆蹉出家は深く感じて、「世間の者はみな渇愛を滅することができないために、死後もまたこの迷いの世界に生まれて輪廻する。ひとり世尊は渇愛を滅して依るところがなく、涅槃を成《じょう》じました」と、こう申し上げて、よろこびよろこび家へ帰った。（安井廣度『大蔵経講座　阿含経講義』）

釈尊は、生命の再生を、火と薪にたとえて婆蹉に教えられたのです。

火は薪という依るところがあるゆえに燃えるので、薪が尽きれば、もはや依るところがないから消えてしまう。しかし、薪は尽きても火種《ひだね》は残るのです。その火種とは、渇愛による「与陰《よおん》」です。その残った火種は、業《カルマ》の風に吹かれて、また他のあたらしい薪を求めて燃えうつり、あたらしい炎をあげて燃えはじめるのです。そのあたらしい薪がどんな薪で、どんな炎をあげて燃えるのか、それは火種である渇愛と与陰と、業《カルマ》の風が決定するわけです。

ところで渇愛の原語 taṇhā《タンハー》は、「のどの渇《かわ》き」という意味で、釈尊はこの言葉によって、のどのかわいたものが水を求めてやまないような、はげしい欲望・執着を表現したのです。それは、概念をあらわすための術語というより、むしろ比喩的な表現といったほうがよいでしょう。それを、シナの経典翻訳者たちは、漢訳して「渇愛」とし、さらに、のち、「愛」としてしまった。

これについて増谷文雄先生は、

『――ブッダ・ゴータマは、おなじ欲望の激しいいとなみを（ラーガ）（rāga）という語をもって表現した。最初の説法での用語はさきの（渇愛）であったが、やがて彼はこの（ラーガ）

をよりおおく用いるようになる。その原意は「赤」もしくは「ほのお」であって、それによってブッダ・ゴーダマは、赤きほのおにも比すべき欲望の燃えあがるすがたを語ったのである。シナの経典翻訳者たちがそれを「貪《どん》」と訳した時には、そのことばの原意はまったく失われてしまったけれども……』(『仏教の思想』)
とのべておられますが、「タンハー」も「渇愛」と訳され、「愛」とされた時点で、釈尊が表現しようとしたものは失われてしまったのでした。
これは、漢訳の経典を読むとき、最も注意しなければならぬことだとわたくしは思うのです。
すこし余談になりますが、たとえば、さきに出た「我」「自我」「無我」という漢訳されたことばです。わたくしは、釈尊がこの語を用いられるときには、かならず、当時インド思想界の中心であったバラモンの「アートマン」を意識して、使っていたと思うのです。ですから、釈尊が「無我」という意味のことばを使われるとき、「常住不変の実在であるアートマン」などは無いのだ、「我」とは縁によってあらわれる仮《かり》の存在なのだ、という意味で使われているわけです。そういう歴史的背景を無視して、突然、漢字の「無我」ということばが飛び出してきて、(無我夢中)というような「我《われ》」を否定する意味で説明されると、多くの人はその真の意味をとらえることができず、困惑してしまうわけです。禅などで「我《われ》を放擲《ほうちやく》せよ!」などと喝破《かっぱ》され、わかったようなわからないような、そのわからないところがサトリなんだとひとり合点《がてん》してありがたがっている風景など、悲喜劇ですね。

まあ、禅はまったくシナ化した仏教から出ているのですから、それはそれでよいのでしょうが、正しい仏教経典の解釈には、釈尊がつねに当時のインドの思想を踏《ふ》まえてお説きになっているのだということを認識して、字句を解釈してゆかねば、とんだまちがいをしてしまうことになると思うのです。

日本の仏教が、漢訳された経典のみに依り、インドの歴史と思想にまったく無知のまま、独自、というより、勝手な解釈をしてきたところに、釈尊の仏教を曲げ、ゆがめてしまった大きな原因があるように思われます。

「再生」と、肉体を持たない存在

わたくしたちは、これまで、釈尊のお説きになる輪廻転生――人間の「再生」を見て来ました。

では、科学はこの問題をどう見ているでしょうか？

興味ぶかい問題ですが、霊とか輪廻というものは、これまでのところ、自然科学のあつかう領域ではありませんので、ほとんどの科学者は避けて通っております。

しかし、中にはすぐれた科学者で、この問題に興味を示す人もないではありません。英国の有名な動物行動学者で、『スーパーネイチュア』『生命潮流』など、世界的な大ベストセラーの著者、ライアル・ワトソンは、その著 *The Romeo Error*（日本語訳『人間死ぬとどうなる』）で、科学的にこの問題をとりあつかっています。非常に興味ぶかいものがありますので、二、三ご紹介しましょう。

ワトソンは、「第三部　魂」で、

『現代の深層心理学の信じるところによると、人間精神の奥深くに知恵の源泉が隠されている。ユングは、「再生は人類の根本的な証《あかし》のうちに数え入れるべき証であり」、また「これらの証を支える心霊的事件が存在するに違いない」と確信していた。プラトンの対話篇のなかの一篇で、ソクラテスは、教育はある人に誰か別の人からもたらされるものではなく、すでにその人のなかにあるものを引き出すことであると指摘している。彼の関心は、我々が催眠下で取り戻す名前やデータのようなものにでなく、「魂が永遠の旅をしながら貯えた知識の痕跡」を引き出すことにあった。霊魂再生という概念は、ヒンズー教、ジャイナ教、シーク教、仏教、道教、儒教、ゾロアスター教、ミトラ教、マニ教、アニミズム、ユダヤ教、キリスト教、回教、フリーメーソンおよび神智学の信仰にみられる。西洋哲学に限っても、それはヒューム、カント、およびショーペンハウアーの作品のなかに、再生、輪廻、輪回として現われている。ただひとつの概念がこれほど広範な文化的保証を得たことは他にはない。そのこと自体が、無意味な概念を長い間存命させてきたと主張されるかもしれない。しかし、この信仰は非常に多くの多様で文化的につながりのない源から生じているので、それに基本的な生物学的正当性がないとは信じられない。問題はその確証を得ることである』

といい、

『私は、テレパシーあるいは無意識の記憶の可能性を取り消すような種類の証拠を、死後の生の証拠として受け入れる用意がある。もし、現在生きている人が今日生きている他の誰ももっていない前時代の情報あるいは能力をもっていると疑いなく示されるなら、それは当時から生き続けてきた存在から得られたに違いない。これはむろん、生まれ変わりと霊による取りつかれのどちらの証拠にもなりえよう』

といって、つぎのような例をあげています。

それは、ローズマリーという少女で、彼女は、一九二七年に、自然にある外国語を使いはじめたのです。その外国語というのは、古代エジプトの言葉で、ローズマリーのいうところでは、

『その言葉はある婦人から伝えられたもので、その婦人はアメンホテプ三世治下の第十八王朝時代のエジプトに住んでいた。アメンホテプ三世の時代は、紀元前一四六〇年から一三七

七年である。その霊は自分を王のバビロニア人の妻、テリカベンティウだといい、次のような説明をした。その婦人がローズマリーと古語で話ができるのは、少女自身かつてシリア人の奴隷であって、神殿の踊り子として仕えていたとき王女に助けられて王女の小間使いとなったからであり、また二人は神官体制からの仇讐を逃れる途中、ともにナイル川で溺死したのだった』
この少女にふかい関心を持つブラックプールの医師フレドリック・ウッドは、少女の語る五千の句と短文を発音通りに書き写して、それらをエジプト学者ハワード・ハルムのところへ持ちこみ、翻訳を依頼するのです。その結果について、ワトソンはつぎのように記しています。
『彼は次のように述べている。「純粋に技術的でいちばん確信をもたらす特色、たとえば終止符の特徴、古語の残存、文法的正確さ、独特な一般用語、通常の省略、および言葉のあやなど……を明らかにして説明するのはむずかしいが、……それらはまさしく証拠と認められる」彼は確信をもっていた。
他のエジプト語の文法とシンタックスの一流専門家たちも意見を求められ、彼ら全員が、その伝達文は今は失われた象形文字の言語に基づいていること、およびそれを表記されたかたちでしか知らない彼らにはよくわからない付加物を含んでいることを認めた。ローズマリーが象形文字を研究して、彼女自身の母音を発明した可能性もあるという疑問がもち上がったが、これは、彼女が任意の質問に対して明らかに意味のある答えの文章を発音できるスピードによって、否定されるようだ。現在生きている人は、誰も古代エジプト語を話せず、専門家でさえじかに読もうとするときは、いつもまるで暗号文のようなひとつひとつの単語を骨の折れる試行錯誤を経ながら解くのである。にもかかわらず、ハルムが二十時間かけて準備した古代エジプト語の十二個からなる一連の質問に答えて、ローズマリーはたった九十分座っている間に、同じ古代エジプト語で六十六個の正確な句をハルムにあたえることができたのである』
ワトソンはこの文章につづいて、こう結論しています。
『シリア人の奴隷少女とバビロニア人の王女の実在はなお疑問である。アメンホテプ三世時代のどんな古代パピルスも彼女たちについて触れていないのは確かであり、「明らかに現存する人がかつて死んだことがある」ことを立証する方法は他にない。しかし、ある意味でそれは重要ではない。なぜならこの事例で我々は、関連する実際のメカニズムにかかわりなく、死後の生の非常に有効な証拠を得たように思えるからである。私の証拠基準は、現在生きている人が今生きている他の誰ももっていない昔の能力を示したことで満たされている』

死後の生の証拠

再生について、ワトソンは、もう一例、バージニア大学の精神病学者イアン・スティーブンソンの論文をあげています。

スティーブンソンは、先駆的心理学者ウィリアム・ジェームズをたたえる論文競争に、「生まれかわりを主張する記憶からみた死後の生の証拠」と題する論文を提出して優勝したのですが、この論文の中で、かれは、

『生まれかわりだとされるおよそ千個の事例を非常に注意深く分析して、それらのなかからさらに調査する価値があると考えられる二十件を選り出した。彼は自らインドの七事例、セイロンの三事例、ブラジルの二事例、アラスカの七事例、およびレバノンの一事例を徹底的に追求した。それらのすべてのなかで、私はレバノンの少年に関する事例がもっとも興味深いと思う。というのも、スティーブンソン自身がそれを発見したのであり、その子供が前生を送ったらしい村へ初めて連れてゆかれたとき、スティーブンソンがその子供に同行できたのであるから』

とワトソンはのべて、イマド・エラワルというその少年に関するスティーブンソンの調査経過をくわしく記しています。

そして、スティーブンソンの出した結論、〝この少年がテレパシー能力を持っているか、あるいは死者の霊にとりつかれているか、またじっさいにイブラヒムという男の生まれかわりか、そのいずれかにまちがいない〟というのに対し、

『死者の霊による取りつかれと生まれかわりとの間にスティーブンソンが置く区別は、私には重要でないように思える。生まれかわりは要するに永久的な取りつかれであり、もしも複数のパーソナリティと複合的な取りつかれが可能ならば、一つ以上の魂が同時に同じ肉体のなかに体現しないという論理的理由はないと思う。このことはまさに二つの可能性を残す。イマドにテレパシー能力があるのか、あるいはイブラヒムが生まれ変わったのかである』

と断定しています。

また、ワトソンは、「幽霊」という肉体を持たない生存についても、いくつか例をあげています。

『一七七四年九月二十一日の朝、アルフォンゾ・デ・リグォリはアレッツォの牢獄でミサの準備をしていて、突然深い眠りに陥った。二時間後に彼は正気に戻り、自分はローマから帰ってきたばかりであり、ローマでは教皇クレメンス十四世の死去に立ち会ったのだと言っ

た。最初のうちそれは夢だと思われていたが、四日後になって教皇の死の知らせが伝わると、事実と符合することがわかった。その後、教皇の臨終の枕元に列していたすべての人たちが、彼らを死の祈りに導いたアルフォンゾの姿を見たばかりでなく、彼に話しかけたこともわかった。
一九二一年、ノースカロライナ州のジェームズ・チャフィンは、四人息子のうちの一人に全財産を残して死んだが、その息子も遺言を残さず一年後に死んだ。ところが一九二五年、次男のもとへ、死んだ父親が黒いオーバーを着て、訪れこう言った。「私のオーバーのポケットに遺言がある」オーバーを調べると、巻き紙が裏地に縫い込まれており、家族の聖書の創世記二十七章を読むよう指示されていた。該当するページを開いてみると、先のより後に作成された遺言証書が折り込まれてあり、それは財産を四人の息子に平等に分けていた』
ワトソンは、〝他の動物たちの、人間とは異なる領域にまでひろがる感覚は、それらの動物に幽霊をずっと容易に認めさせるかも知れない〟といって、つぎのような例をあげています。
『デューク大学のロバート・モリスは、ケンタッキー州の幽霊の出るといわれる家の調査を、イヌ、ネコ、ネズミおよびガラガラヘビという生きた探知器集団とともに開始した。これらの動物たちは一匹ずつ、その所有者によって、かつて殺人の起こった部屋へ連れて行かれた。イヌは二フィートだけ部屋の中へ入り、それから突然その所有者に向かってうなり、後ずさりしてドアの外へ出た。「いくら甘言を使っても、イヌが部屋の中へ入ろうとせず、外へ出ようともがくのを止めることはできなかった」ネコはその所有者の腕に抱かれてその部屋へ運ばれ、同じ位置までくると、彼女の肩の上に跳びあがって防禦姿勢を示し、ついで床へ跳び下り、空いた椅子のほうへ向いた。「ネコはついに他へ移されてしまうまで、数分間にわたり部屋の角の誰も座っていない椅子に向ってうなり、つばを吹き、にらみつけていた」ネズミはまったく何もしなかったが、ガラガラヘビは「同じ椅子に向かってただちに攻撃姿勢をとった」反応を示した三匹の動物のいずれも、その家の他のどの部屋でも、それに比較できる反応を見せなかった』
このへんでわれわれはふたたび釈尊の世界にもどり、釈尊のお説きになる「再生」をみてみよう。

バラモンの神通力

増一阿含経・声聞品

和訳

是《かく》の如《ごと》く我《わ》れ聞《き》きぬ。一時《いちじ》、仏《ほとけ》、羅閲城《らえつじょう》の耆闍崛山中《ぎしゃくつせんちゅう》に在《ましま》し、大比丘衆《だいびくしゅ》五百人と倶《とも》なりき。爾時《そのとき》、世尊《せそん》、静室《じょうしつ》より起《た》ちて霊鷲《りょうじゅ》山《せん》を下《くだ》り、及《およ》び鹿頭梵志《ろくずぼんじ》を将《ひき》いて、漸《ようや》く遊行《ゆぎょう》して大畏塚間《だいいちょうけん》に到《いた》りたまう。爾時《そのとき》、世尊《せそん》、死人《しにん》の髑髏《どくろ》を取《と》り、梵志《ぼんじ》に授与《じゅよ》して是説《このせつ》を作《な》したまわく、「汝《なんじ》、今梵志《いまぼんじ》、星宿《しょうしゅく》を明《あき》らかにし、又医薬《またいやく》を兼《か》ねて能《よ》く衆病《しゅびょう》を療治《りょうじ》し、皆諸趣《みなしょしゅ》を解《げ》し、亦復《またまた》能《よ》く人《ひと》の死《し》の因縁《いんねん》を知《し》る。我今汝《われいまなんじ》に問《と》わん。此《これ》は是《こ》れ何人《なにびと》の髑髏《どくろ》なるや。是《こ》れ男《なん》と為《な》すや、是《こ》れ女《にょ》と為《な》すや、復何《またなん》の病《やまい》に由《よ》って命終《みょうじゅう》を取《と》りしや」と。是時《このとき》、梵志《ぼんじ》、即《すなわ》ち髑髏《どくろ》を取《と》りて反覆観察《はんぷくかんさつ》し、又復《またまた》手《て》を以《もっ》て取《と》

註解

〔羅閲城〕王舎城、すなわちラージャガハと同じ。

〔耆闍崛山〕霊鷲山に同じ。

〔梵志〕バラモンのこと。

〔大畏塚間〕墓地。

〔髑髏〕頭蓋骨《ずがいこつ》のこと。

〔諸趣〕人間は死ぬといずれかに趣《おもむ》くが、種々の趣くところをいう。地獄・餓鬼・畜生(三悪趣)・人間・天上(善趣又は二趣という)の五種に分つ。

りて之《これ》を撃《う》ち、世尊《せそん》に白《もう》して曰《もう》さく、「此《これ》は是《こ》れ男子《なんし》の髑髏《どくろ》にして女人《にょにん》に非《あら》ざるなり」。世尊《せそん》告《つ》げて曰《のたま》わく、「是《かく》の如《ごと》し、梵志《ぼんじ》、汝《なんじ》の言《い》う所《ところ》の如《ごと》く、此《これ》は是《こ》れ男子《なんし》にして女人《にょにん》に非《あら》ざるなり」。世《せ》尊問《そんと》うて曰《のたま》わく、「何《なに》に由《よ》って命終《みょうじゅう》せしや」と。梵志《ぼんじ》復手《またて》で捉《とら》えて之《これ》を撃《う》ち、世尊《せそん》に白《もう》して言《もう》さく、「此《これ》は衆病《しゅびょう》集湊《しゅうそう》し、百節酸《ひゃくせっさん》疼《とう》せしが故《ゆえ》に命終《みょうじゅう》を致《いた》せり」と。世尊《せそん》告《つ》げて曰《のたま》わく、「当《まさ》に何《なん》の方《ほう》を以《もっ》て之《これ》を治《じ》すべきや」と。鹿頭梵志仏《ろくずぼんじほとけ》に白《もう》して言《もう》さく、「当《まさ》に訶利勒果《かりろくか》を取《と》り、併《あわ》せて蜜《みつ》を取《と》って和《わ》し、然《しか》る後《のち》に之《これ》を服《の》まば、此病《このやまい》は愈《い》ゆることを得《う》べし」と。世尊《せそん》告《つ》げて曰《のたま》わく、「善《よ》き哉《かな》、汝《なんじ》の言《い》う所《ところ》の如《ごと》し、設《も》し此人此薬《このひとこのくすり》を得《え》ば亦命終《またみょうじゅう》せざりしならん。此人今日命終《このひとこんにちいのちおわ》りて何処《いずこ》に生《うま》れしと為《な》すや」と。時《とき》に梵志《ぼんじ》聞《き》き已《おわ》って復髑髏《またどくろ》を捉《とら》えて之《これ》を撃《う》ち、世尊《せそん》に白《もう》して言《もう》さく、「此《この》人命終《ひとみょうじゅう》して三悪趣《さんあくしゅ》に生《うま》れて、善処《ぜんしょ》に生《うま》れず」と。世尊《せそん》告《つ》げて曰《のたま》わく、「是《かく》の如《ごと》し、梵志《ぼんじ》、汝《なんじ》の言《い》う所《ところ》の如《ごと》く、三悪趣《さんあくしゅ》に生《うま》れて善処《ぜんしょ》に生《うま》れず」と。

是時《このとき》、世尊《せそん》、復更《またさら》に一《いっ》の髑髏《どくろ》を捉《とら》えて梵志《ぼんじ》に授与《じゅよ》し、梵志《ぼんじ》に問《と》

〔訶利勒果〕シクンシ科の喬木カリロクの果実のこと。

うて曰《のたま》わく、「此《これ》は是《こ》れ何人《なんびと》ぞや、男《なん》なるや、女《にょ》なるや」と。是《この》時《とき》、梵志《ぼんじ》、復手《またて》を以《もっ》て之《これ》を撃《う》ち、世尊《せそん》に白《もう》して言《もう》さく、「此髑髏《このどくろ》は女人《にょにん》の身《しん》なり」と。世尊《せそん》、告《つ》げて曰《のたま》わく、「何《なん》の疹病《しんびょう》に由《よ》って此命《このみょう》 終《じゅう》を致《いた》せしや」と。是時《このとき》、鹿頭梵志《ろくずぼんじ》、復手《またて》を以《もっ》て之《これ》を撃《う》ち、世尊《せそん》に白《もう》して言《もう》さく、「此女人《このにょにん》は懐妊《かいにん》の故《ゆえ》に命《みょう》 終《じゅう》を致《いた》せり」と。世尊《せそん》、告《つ》げて曰《のたま》わく、「此女人《このにょにん》は何《なに》に由《よ》って命《みょう》 終《じゅう》せしや」と。梵志《ぼんじ》、仏に白《もう》さく、「此女人《このにょにん》は産月《さんげつ》未《いま》だ満《み》たずして、復児《またこ》を産《う》みしを以《もっ》ての故《ゆえ》に命《みょう》 終《じゅう》を致《いた》せり」と。世尊告《せそんつ》げて曰《のたま》わく、「善《よ》き哉善《かなよ》き哉《かな》、梵志《ぼんじ》、汝《なんじ》の言《い》う所《ところ》の如《ごと》し。又彼懐妊《またかのかいにん》は何《なん》の方《ほう》を以《もっ》て治《じ》するや」と。梵志《ぼんじ》、仏に白《もう》さく、「此病《このやまい》の如きは当《まさ》に好酥醍醐《こうそだいご》を須《もち》いて之《これ》を服《ふく》せば則《すなわ》ち差《い》ゆべし」と。世尊告《せそんつ》げて曰《のたま》わく、「是《かく》の如《ごと》し是《かく》の如《ごと》し、汝《なんじ》の言《い》う所《ところ》の如《ごと》し。今此女人命《いまこのにょにんみょう》 終《じゅう》を取《と》りて、何処《いずこ》に生《しょう》ぜしと為《な》すや」と。梵志《ぼんじ》、仏に白《もう》さく、「此女人《このにょにん》は命《みょう》終《じゅう》を取《と》りて畜生《ちくしょう》の中《なか》に生《しょう》ぜり」と。世尊告《せそんつ》げて曰《のたま》わく、「善《よ》き哉《かな》善《よ》き哉《かな》、梵志《ぼんじ》、汝《なんじ》の言《い》う所《ところ》の如《ごと》し」と。

是時《このとき》、世尊《せそん》、復更《まささら》に一《いち》の髑髏《どくろ》を捉《とら》えて梵志《ぼんじ》に授与《じゅよ》し、梵志《ぼんじ》に問《と》いて曰《のたま》わく、「男《なん》なるや、女《によ》なるや」と。是時《このとき》、梵志《ぼんじ》復手《またて》を以《もっ》て之《これ》を撃《う》ち、世尊《せそん》に白《もう》して言《もう》さく、「此髑髏《このどくろ》は男子《なんし》の身《しん》なり」と。世尊《せそん》告《つ》げて曰《のたま》わく、「善《よ》き哉《かな》、善《よ》き哉《かな》、汝《なんじ》の言《い》う所《ところ》の如《ごと》し。何《なん》の疹病《しんびょう》に由《よ》って此命《このみょう》終《じゅう》を致《いた》せしや」と。梵志《ぼんじ》、復手《またて》を以《もっ》て之《これ》を撃《う》ち、世尊《せそん》に白《もう》して言《もう》さく、「此人《このひと》の命《みょう》終《じゅう》は飲食《おんじき》の過差《かしゃ》なり。又暴《またぼう》下《げ》に遇《あ》うたが故《ゆえ》に命《みょう》終《じゅう》を致《いた》せり」と。世尊《せそん》告《つ》げて曰《のたま》わく、「此《この》病《やまい》は何《なん》の方《ほう》を以《もっ》て治《じ》するや」と。梵志《ぼんじ》、仏《ほとけ》に白《もう》さく、「三日《さんにち》の中《うち》、糧《りょう》を絶《ぜっ》して食《じき》せずば、便《すなわ》ち除愈《じょゆ》を得《え》ん」と。世尊《せそん》告《つ》げて曰《のたま》わく、「善《よ》き哉《かな》、善《よ》き哉《かな》、汝《なんじ》の言《い》う所《ところ》の如《ごと》し。此人命《このひとみょう》終《じゅう》して何処《いずこ》に生《しょう》ぜしと為《な》すや」と。是時《このとき》、梵志《ぼんじ》、復手《またて》を以《もっ》て之《これ》を撃《う》ち、世尊《せそん》に白《もう》して言《もう》さく、「此人命《このひとみょう》終《じゅう》して、餓鬼《がき》の中《なか》に生《しょう》ぜり。然《しか》る所以《ゆえん》は、意想水《いそうみず》に著《じゃく》するが故《ゆえ》に」と。世尊《せそん》告《つ》げて曰《のたま》わく、「善《よ》き哉《かな》、善《よ》き哉《かな》、汝《なんじ》の言《い》う所《ところ》の如《ごと》し」と。
爾時《そのとき》、世尊《せそん》、復更《またさら》に一髑髏《いちどくろ》を捉《とら》えて梵志《ぼんじ》に授与し、梵志《ぼんじ》に問《と》うて曰《のたま》わく、「男《なん》なるや、女《によ》なるや」と。是時《このとき》、梵志《ぼんじ》、復手《またて》を以《もっ》て之《これ》を撃《う》ち、世尊《せそん》に白《もう》して言《もう》さく、「此髑髏《このどくろ》は女人《によにん》の身《しん》なり」と。

〔**暴下**〕下痢。

世尊《せそん》告《つ》げて曰《のたま》わく、「善《よ》き哉《かな》、善《よ》き哉《かな》、汝《なんじ》の言《い》う所《ところ》の如《ごと》し。此人《このひと》の命終《みようじゆう》は何《なん》の疹病《しんびよう》に由《よ》りしや」と。梵志復手《ぼんじまたて》を以《もっ》て之《これ》を撃《う》ち、世尊《せそん》に白《もう》して言《もう》さく、「産《さん》の時《とき》に当《あた》り、以《もっ》て命終《みようじゆう》を取《と》れり」と。世尊《せそん》告《つ》げて曰《のたま》わく、「云何《いかん》が産《さん》の時《とき》に当《あた》り、以《もっ》て命終《みようじゆう》を取《と》りしや」と。梵志復手《ぼんじまたて》を以《もっ》て之《これ》を撃《う》ち、世尊《せそん》に白《もう》して言《もう》さく、「此女人《このによにん》の身《しん》は気力虚竭《きりよくこかつ》し、又復飢餓《またまたきが》し以《もっ》て命終《みようじゆう》を致《いた》せり」と。世尊《せそん》告《つ》げて曰《のたま》わく、「此人命終《このひとみようじゆう》して何処《いずこ》に生《しよう》ぜりと為《な》すや」と。是時《このとき》、梵志復手《ぼんじまたて》を以《もっ》て之《これ》を撃《う》ち、世尊《せそん》に白《もう》して言《もう》さく、「此人命終《このひとみよう》して人道《にんどう》に生《しよう》ぜり」と。世尊《せそん》告《つ》げて曰《のたま》わく、「夫《そ》れ餓死《がし》の人《ひと》、善処《ぜんしよ》に生《しよう》ぜんと欲《ほっ》せば、此事然《このことしか》らず、三悪趣《さんあくしゆ》に生《うま》れば此理有《このことわりあ》るべし」と。是時《このとき》、梵志復手《ぼんじまたて》を以《もっ》て之《これ》を撃《う》ち、世尊《せそん》に白《もう》して言《もう》さく、「此女人《このによにん》は持戒完具《じかいかんぐ》して命終《みようじゆう》を取《と》れり」と。世尊《せそん》告《つ》げて曰《のたま》わく、「善《よ》き哉《かな》善《よ》き哉《かな》、汝《なんじ》の言《い》う所《ところ》の如《ごと》し。彼女人《かのによにん》の身《しん》は持戒完具《じかいかんぐ》して此命終《このみようじゆう》を致《いた》せり。然《しか》る所以《ゆえん》は、夫《そ》れ男子女人《なんしによにん》有《あ》りて、禁戒《ごんかい》完具《かんぐ》する者《もの》は、設《も》し命終《みようじゆう》の時《とき》には、当《まさ》に二趣若《にしゆもし》くは天上人中《てんじようにんちゆう》に堕《だ》すべし」と。

爾時《そのとき》、世尊《せそん》、復一髑髏《またいちどくろ》を捉《とら》えて梵志《ぼんじ》に授与《じゅよ》し、問《と》うて曰《のたま》わく、「男《なん》なるや、女《にょ》なるや」と。是時《このとき》、梵志《ぼんじ》復手《またて》を以《もっ》て之《これ》を撃《う》ち、世尊《せそん》に白《もう》して言《もう》さく、「此髑髏《このどくろ》は男子《なんし》の身《しん》なり」と。世尊《せそん》告《つ》げて曰《のたま》わく、「善《よ》き哉《かな》、善《よ》き哉《かな》、汝《なんじ》の言《い》う所《ところ》の如《ごと》し。此人何《このひとなん》の疹病《しんびょう》に由《よ》つて此命 終《このみょうじゅう》を致《いた》せしや」と。梵志復手《ぼんじまたて》を以《もっ》て之《これ》を撃《う》ち、世尊《せそん》に白《もう》して言《もう》さく、「此人病無《このひとやまいな》く人《ひと》の為《ため》に害《がい》せられしが故《ゆえ》に命 終《みょうじゅう》を致《いた》せり」と。世尊《せそん》告《つ》げて曰《のたま》わく、「善《よ》き哉《かな》、善《よ》き哉《かな》、汝《なんじ》の言《い》う所《ところ》の如《ごと》く、人《ひと》の為《ため》に害《がい》せられしが故《ゆえ》に命 終《みょうじゅう》を致《いた》せり」と。世尊告《せそんつ》げて曰《のたま》わく、「此人命 終《このひとみょうじゅう》して何処《いずこ》に生《しょう》ぜしと為《な》すや」と。是時《このとき》、梵志《ぼんじ》、復手《またて》を以《もっ》て之《これ》を撃《う》ち、世尊《せそん》に白《もう》して言《もう》さく、「此人命 終《このひとみょうじゅう》して善処天 上《ぜんしょてんじょう》に生《しょう》ぜり」と。世尊告《せそんつ》げて曰《のたま》わく、「汝《なんじ》の言《い》う所《ところ》の如《ごと》きは、前《さき》の論《ろん》と後《のち》の論《ろん》とは相応《そうおう》せず」と。梵志《ぼんじ》、仏《ほとけ》に白《もう》さく、「何《なん》の縁本《えんぽん》を以《もっ》て相応《そうおう》せざるや」と。世尊告《せそんつ》げて曰《のたま》わく、「諸有《しょう》の男女《なんにょ》の類《るい》、人《ひと》の為《ため》に害《がい》せられて命 終《みょうじゅう》を取《と》りしものは尽《ことごと》く三悪趣《さんあくしゅ》に生《しょう》ずるに、汝《なんじ》、云何《いかん》がして善処天 上《ぜんしょてんじょう》に生《しょう》ぜりと言《い》うや」と。梵志復手《ぼんじまたて》を以《もっ》て之《これ》を撃《う》ち、世尊《せそん》に白《もう》して言《もう》さく、「此人五戒《このひとごかい》を奉《ぶ》

〔**善処天上**〕善処はよいところの意。天上は、天上界の略、天界《てんがい》ともいう。天上なるよき世界。神なる世界。すぐれた楽を受けるが、なお苦しみと輪廻をまぬかれ得ない生存の境地。
〔**縁本**〕因縁のこと。

持《じ》し、兼《か》ねて十善《じゅうぜん》を行《おこな》いしが故《ゆえ》に命終《みょうじゅう》を致《いた》して、善処天上《ぜんしょてんじょう》に生《うま》る」と。世尊《せそん》告《つ》げて曰《のたま》わく、「善《よ》き哉《かな》、善《よ》き哉《かな》、汝《なんじ》の言《い》う所《ところ》の如《ごと》く、持戒《じかい》の人《ひと》は触犯《そくぼん》せらるることなければ、善処天上《ぜんしょてんじょう》に生《うま》る」と。世尊《せそん》、復重《またかさ》ねて告《つ》げて曰《のたま》わく、「此人《このひと》幾戒《いくかい》を持《たも》ちて命終《みょうじゅう》を取《と》れりと為《な》すや」と。是時《このとき》、梵志《ぼんじ》、復専精《またせんしょう》一意《いちい》にして、他《た》の意想《いそう》なく、手《て》を以《もっ》て之《これ》を撃《う》ち、世尊《せそん》に白《もう》して言《もう》さく、「一戒《かい》を持《たも》つや、非《ひ》なるや、二・三・四・五なるや、非《ひ》なるや。然《しか》るに此人《このひと》八関斎《はちかんさい》の法《ほう》を持《たも》ちて命終《みょうじゅう》を取《と》れり」と。世尊《せそん》告《つ》げて曰《のたま》わく、「善《よ》き哉《かな》、善《よ》き哉《かな》、汝《なんじ》の言《い》う所《ところ》の如《ごと》く、八関斎《はちかんさい》を持《たも》ちて命終《みょうじゅう》を取《と》れり」と。

爾時《そのとき》、東方《とうほう》の境界《きょうがい》普香山《ふこうせん》の南《みなみ》に優陀延比丘《うだえんびく》あり。無余涅槃界《むよねはんがい》に於《おい》て般涅槃《はつねはん》を取《と》れり。爾時《そのとき》、世尊《せそん》、臂《ひじ》を屈伸《くっしん》する頃《あいだ》に、往《ゆ》きて彼髑髏《かのどくろ》を取《と》り来《きた》って梵志《ぼんじ》に授与《じゅよ》し、梵志《ぼんじ》に問《と》うて曰《のたま》わく、「男《なん》なるや、女《にょ》なるや」と。是時《このとき》、梵志《ぼんじ》、復手《またて》を以《もっ》て之《これ》を撃《う》ち、世尊《せそん》に白《もう》して言《もう》さく、「我《われ》此の髑髏《どくろ》を観《かん》ずるに、元本《もと》亦復男《またまたなん》に非《あら》ず、亦《また》復女《またにょ》に非《あら》ず。然《しか》る所以《ゆえん》は、我此髑髏《われこのどくろ》を観《かん》ずるに、亦生《またしょう》を見《み》ず、亦断《まただん》を見《み》ず、亦周旋往来《またしゅうせんおうらい》を見《み》ず、然《しか》る所以《ゆえん》は、八方上下《はっぽうじょうげ》を観《かん》ず

〔八関斎〕八斎戒ともいう。出家の戒を在家に受けさせ、一カ月のうちに何回か、一日一夜これを守らせるのである。不殺生戒・不倫盗戒・不淫戒・不妄語戒・不飲酒戒の五戒に、香油塗身戒・歌舞観聴戒・高広大床戒に非時食戒を加えたもの。

るに、都《すべ》て音嚮《おんごう》なし。我今《われいま》、世尊《せそん》、未《いま》だ此人《このひと》は是《こ》れ誰《だれ》の髑髏《どくろ》なるかを審《つまびらか》にせず」と。世尊《せそん》、告《つ》げて曰《のたま》わく、「止《や》みね、止《や》みね、梵志《ぼんじ》、汝竟《なんじつい》に是《こ》れ誰《た》れの髑髏《どくろ》なるかを識《し》らず。汝当《なんじまさ》に之《これ》を知《し》るべし。此《これ》の髑髏《どくろ》は終《おわ》り無《な》く、始《はじ》め無《な》く、亦死生無《またししょうな》し。亦八方上下《またはっぽうじょうげ》に適《ゆ》くべき所《ところ》の処無《ところな》し。此《これ》は是《こ》れ、東方境界《とうほうきょうがい》の普香山《ふこうせん》の南《みなみ》にて、優陀延比丘《うだえんびく》、無余涅槃界《むよねはんがい》に於《おい》て般涅槃《はつねはん》を取《と》れり。是《こ》れ阿羅漢《あらかん》の髑髏《どくろ》なり」と。爾時梵志《そのときぼんじ》、此語《このご》を聞《き》き已《おわ》りて、未曾有《みぞう》なりと歎《たん》じ、即《すなわ》ち仏《ほとけ》に白《もう》して言《もう》さく、「我今此蟻子《われいまこのぎし》の虫《むし》を観《かん》ずるに、従来《じゅうらい》する所《ところ》の処皆 悉《ところみなことごと》く之《これ》を知《し》る。鳥 獣《ちょうじゅう》の音嚮即《おんごうすなわ》ち能《よ》く別《わか》ち知《し》る。此《これ》は是《こ》れ雄《ゆう》、此《これ》は是《こ》れ雌《し》と。然《しか》るに我此阿羅漢《われこのあらかん》を観《かん》ずるに、永《なが》く見《み》る所無《ところな》く、亦来《またきた》る処《ところ》を見《み》ず、亦去《またさ》る処《ところ》を見《み》ず、如来《にょらい》の正法《しょうほう》は甚《はなは》だ奇特《きとく》と為《な》す。然《しか》る所以《ゆえん》は、諸法《しょほう》の本《もと》は如来《にょらい》の神口《じんく》より出《い》づ。然《しか》して阿羅漢《あらかん》は経法《きょうほう》の本《もと》より出《い》づ」と。世尊《せそん》、告《つ》げて曰《のたま》わく、「是《かく》の如《ごと》し、梵志《ぼんじ》、汝《なんじ》の言《い》う所《ところ》の如《ごと》し。諸法《しょほう》の本《もと》は如来《にょらい》の口《くち》より出《い》づ。正使《たとい》諸天《しょてん》世人《せにん》魔若《まもしく》は魔天《まてん》も、終《つい》に羅漢《らかん》の所趣《しょしゅ》を知《し》ること能《あた》わず」と。爾時《そのとき》、梵志頭面《ぼんじづめん》に足《みあし》を礼《らい》し、世尊《せそん》に白《もう》して言《もう》さく、

〔終り無く、始め無く（無終無始）〕 如来・阿羅漢は絶対の境に在るから、生と死（断）、往と来、始と終、上と下、東西南北、といった相対的な範疇に入れられない、というのである。

「我《われ》能《よ》く尽《ことごと》く九十六種《くじゅうろくしゅ》の道《どう》の趣《おもむ》き向《むか》う所《ところ》の者《もの》を知《し》り、皆《みな》悉《ことごと》く之《これ》を知《し》るも如来《にょらい》の法《ほう》の趣《おもむ》き向《むか》う所《ところ》は分別《ぶんべつ》すること能《あた》わず、唯願《ただねがわ》くば世尊《せそん》、道次《どうじ》に在《あ》ることを得《え》ん」と。世尊《せそん》、告《つ》げて曰《のたま》わく、「善《よ》き哉《かな》、梵志《ぼんじ》、快《よ》く梵行《ぼんぎょう》を修《おさ》むるも、亦人汝《またにんなんじ》の趣《おもむ》き向《むか》う所《ところ》の処《ところ》を知《し》ること有《あ》ること無《な》し」と。爾時《そのとき》、梵志即《ぼんじすなわ》ち出家《しゅっけ》して道《どう》を学《まな》ぶことを得《え》たり。（後略）

〔九十六種道〕外道の派に九十六種あったという。
〔道次に在ることを得ん（得在道次）〕出家して道を得たいということ。

大意

鹿頭《ろくず》梵志《ぼんじ》、梵志というのはバラモンのことですが、この鹿頭という人は、コーサラ国のミガシラ（Migasira）といい、ちょっとした神通力を持っていました。

その神通力というのは、バラモンの「髑髏呪《どくろじゅ》」を誦《じゅ》して人間の頭蓋骨をみると、その人の死後の行方《ゆくえ》がわかるというものです。併せて、経文中、釈尊がおっしゃっておられますように、〝星宿を明らかにし〟というのですから、天文および運命学などに通じていたのでしょう。兼ねて能く衆病を療治し〟というのですから、医師でもあったわけです。〝諸趣を解し、亦復能〝医薬を知る〟というのが、頭蓋骨をみて、その人の死後の運命がわかるということでしょう。いずれにしても、釈尊からこれだけのことをおっしゃっていただけるのですから、かなりの力を持っていたのですね。

ところが、この梵志はその力に慢じて、釈尊と術くらべをしようとしてやってきたのです。結局、この経文にありますように、仏道修行によって涅槃に入った人の行方を知ることができず降《こう》参《さん》して、釈尊の術を学びたいと考え、お弟子になるわけです。のち、さとりを得て、そのときの告白をします。その告白のひとつがテーラガーター（Theragāthā 長老の詩）、一八一―一八二の偈です。その偈というのはつぎのようなものです。

一八一　わたしは、完全にさとりを開いた人（ブッダ）の教えにおいて出家し、解脱しつつ、上に昇った。わたしは欲望の領域（欲界）をのり超えた。
一八二　梵天が見つめていたあとで、わたしの心は解脱した。一切の束縛が消滅したのであるから、わたしの解脱は不動である、と（わたしは知っている）。
「ミガシラ長老」（中村元訳『仏弟子の告白』岩波文庫）

「テーラガーター」の「テーラ」は長老、「ガーター」は「詩句」の意。中村元先生はこれを「仏弟子の告白」とされています。すべてで一二七九詩あり、みな男性である修行僧の詩です。

最初わたくしは、このお経を、後世つくられた創作経典ではないかと思っていたのですが、調べているうちに、「テーラガーター」の一八一、一八二の詩をつくった〝ミガシラ長老〟というのが、この鹿頭梵志であることを知っておどろいたのです。阿含経を研究しているかたでも、この鹿頭梵志がミガシラ長老であることを知っているかたはあまりいないのではないでしょうか。この長老も、釈尊のお弟子になる前は、バラモンの髑髏咒をとなえて頭蓋骨をたたき、その死者の行方を告げたり、天文(占星術)を案じて人の運命を予言したり、病人を治療しながら各地を遍歴していたわけで、かなりの信者もあったようです。自分の神通力に慢じて、釈尊に術くらべを申しこむなど、どこかほほえましく思えますね。

さて、鹿頭バラモンから術くらべを申しこまれた釈尊は、バラモンをつれて山をくだり、大きな墓地に行きました。

まず一つの頭蓋骨をとりあげてかれに渡し、これは男か女か、どういう病気で死んだのか、いまはどこへ生まれているか、とおたずねになります。

バラモンは、〝手を以て取りて之を撃ち〟というのは、お得意の髑髏咒をとなえたのでしょう。そして、「これは男です。多くの病にむしばまれ、五体不自由となって長いあいだ寝たまま、苦しんで亡くなりました」と答えます。

「この病人はどういう薬をあたえて治療すればよかったのか」

「カリロクの実を蜜で練った丸薬をあたえればなおります」

「その通りである。この者は、その薬をあたえればなおったのである。いま、どこに生まれているか?」

「この人は地獄・餓鬼・畜生の三悪道の境界に生まれて苦しんでおります」

「その通りである」

つぎは早産のために亡くなった女性です。これにはヨーグルトやバター、チーズといったよい乳製品を与えればよかったのですが、そういうものを食べられず命終し、畜生界に堕ちたということでした。

釈尊はこれも、その通りであると肯定されました。

つぎは男性で、飲食の過多によるひどい暴下(下痢)で亡くなったというのです。非常にのどがかわき、水を欲しがったのですが、病気の性質上あたえられず、水につよい執着を持ったまま死んだので、餓鬼界の境界に生まれて、現世で苦しい人生を送っているということです。

これも、釈尊はその通りであると肯定《こうてい》されました。

つぎも産厄で亡くなった女性です。

この女性は、「気力虚竭し、また飢餓して亡くなった」というのですから、食事が十分とれず、衰弱して亡くなったのでしょう。どこに生まれたかというと、鹿頭バラモンは「人間界に生まれております」という。そこで、釈尊が、

「それはおかしい。食を絶して死んだものは、餓死したものとして餓鬼界か畜生界、地獄界に落ちて再生するはずであるのに、どうしてこの女性は人間界に生まれたのか」

とおたずねになります。

「それは、この女性が、在家としての戒律を守っていたので、三悪道に堕ちず、人間界に生まれたのでございます」

と鹿頭バラモンが申し上げ、釈尊も、

「その通りである」

とうなずかれました。在家としての戒律をきちんと守っているものは、悪い因縁で苦しんで亡くなっても、三悪道に堕ちず、人間界に生まれて、人間界の苦楽をうけるということになるわけです。

つぎは、人に殺されるという「横変死の因縁」で亡くなった男性でした。

「では、この者はどこに生まれたか？」

と釈尊がおたずねになりますと、鹿頭バラモンは、また髑髏咒をとなえて頭蓋骨を撃ち、「この者は天界に生まれております」と答えます。

すると釈尊は、

「おまえのいうことは、前後、矛盾《むじゅん》しておるぞ」

とおとがめになります。

「どういうところが矛盾しておりますか」

「この世界に住むものは男女を問わず、人に害せられて命を落すとき、かならず、地獄・餓鬼・畜生の境界に生まれて苦しむことになっている。それはおまえも知っているはずだ。にもかかわらず、人手にかかって死んだこの者が、天界に生まれたというのはどういうわけか。理に合わないではないか」

「はい、その通りでありますが、この者は、生前、五戒をたもち、あわせて十の善事をおこなっておりましたので、その功徳により、死後、天界に生まれたのでございます」

釈尊は、ふかくうなずかれ、

「よし、よし、たしかにその通りである。しからば、この者は、どのような戒をたもって命終をむかえたのか?」

鹿頭バラモンは一心不乱に髑髏咒をとなえて、

「この者は、八関斎の法をたもって、命終をむかえました」

「よろしい。たしかにその通りである」

釈尊のおことばに、鹿頭バラモンは、得意顔に鼻をうごめかしています。

これをごらんになった釈尊は、大神通力をもって、一瞬のあいだに、一つの頭蓋骨をとりよせました。この頭蓋骨というのは、はるか東方の普香山というところで亡くなり、涅槃《ニルヴァーナ》に入った優陀延（Udena）という出家のものでした。

これを鹿頭バラモンにわたされた釈尊は、

「男性であるか、女性であるか」

鹿頭バラモンは一心に髑髏咒をとなえ、こころを専一に集中しますが、今度ばかりは、なんにもわかりません。とうとう閉口《へいこう》しまして、

「この髑髏は、男でもなく、女でもありません。生を見ず、死を見ず、いくら一生けんめい見ても、まったく手がかりがありません。いったいこれは、どういう髑髏でありましょうか」

「止めよ、止めよ、バラモン、おまえがどんなに精魂《せいこん》つくしても、おまえの力ではとても知ることはできない。この髑髏には始めもなく終りもなく、生もなく死もない。そういった相対的な境界はすべて超越してしまっているのだ。涅槃という絶対の境界に入ってしまっているので、次元のちがうおまえには目がとどかないのだ。これは、普香山の南で完全解脱（無余涅槃）した優陀延という阿羅漢の髑髏である」

そう釈尊にさとされて、鹿頭バラモンは仏法の偉大なる力にふかく感銘し、仏弟子になることをお願いして許され、修行にはげむことになったのである――。

以上がこのお経の大意です。

あまりによくできすぎた感のあるお経ですが、バラモンをはじめ、当時九十六派あったという、あらゆる外道の教法と、釈尊の教法との隔絶した差をよくあらわしたお経であると思われます。

もう一つ、釈尊の生死観をよくあらわしたお経があります。

「死後の生処をよく見よ」

パーリ五部の『長部経典・大般涅槃経』（『長阿含経・遊行経』に対応）というお経に説かれているはなしです。

釈尊が諸所を遊行して、ナーディカ村の公堂に入られたときのことです。つい先ごろ、おそらくこの村に悪疫《あくえき》が流行したのだと思われますが、おびただしい死人が出て、大さわぎだったことがあります。侍者のアーナンダが、村のうわさを聞いてその詳細を釈尊のお耳に入れ、こう申し上げました。

「世尊よ、サーラ比丘がなくなりました。ナンダー比丘尼もなくなりました。いま、どこへ生まれているでしょうか。また、在家の弟子のスダッタもなくなりました。あの信心ぶかい貴婦人のスジャーターもなくなりました。それから、在家の弟子カクダ、カーリンガ、ニカタ、カティッサバ、トゥッタ、サントゥッタ、バッダ、スバッダもなくなりました。かなしいことでありまいす。みんなどうなっているのでしょうか、いまどこへ生まれていることでしょうか」

するとと、釈尊はこうおっしゃったのです。

「アーナンダよ。サーラ比丘は、すでにいっさいの煩悩を断じて、この世で阿羅漢を得ていた。だから完全なる涅槃に入っている。また、ナンダー比丘尼は欲界（欲望によって成り立っている世界、つまりわれわれが生きているこの世界である）に生まれるべき五つの煩悩を断ち切っていたから、天界に生まれて、そこで涅槃を得るから、もうこの世界には還らない。また、スダッタは、三つの煩悩を断じて、その上、貪《とん》・瞋《じん》のこころが薄らいでいたから、聖者としてもう一度この世に生まれ、この世で涅槃を得るであろう。

また、スジャーターは三つの煩悩を断じ、菩提のこころを持っていたから、この世に生まれてももはや苦しい境界に入らず、早晩、阿羅漢のさとりに近づいてゆくにちがいない。

また、信心ぶかいカクダ等の八人をはじめ、ナーディカ村で死んだ五十人余の在家の弟子は、欲界に生まれるべき五つの煩悩を断じていたから、天界に生まれ、そこで涅槃を得てもうこの欲界へは還らない。

それから、ナーディカ村で死んだ九十人余の在家の弟子は、三つの煩悩を断じ、その上、貪・

瞋のこころが薄らいでいたから、もう一度この世に生まれて、涅槃を得るであろう。また、五百人余の在家の弟子たちは、三つの煩悩を断じ、菩提のこころを持っていたから、もはやこの世界の苦しい境界には生まれることなく、近い将来、阿羅漢のさとりをひらく。

アーナンダよ。生あるものの死するのは、なにも珍しいことではない、俗世間の人たちのように、いちいちそういうことを尋くというのはどういうことか。わずらわしく、かつ、むだなことである。そんなことよりも、なおいっそう修行にはげんで、死後の生処をよく見るようにせよ」

このことばは、見かたによってはずいぶん非情に聞こえるかも知れません。何百人という自分の弟子が亡くなったのです。ふつうだったら悲歎のなみだにかきくれるところでしょう。しかし、釈尊には、これらの弟子たちがすべて善処《よきところ》へいっているのが見えているのです。釈尊にとってはかえって満足なのかも知れません。むしろ、百歳、二百歳という長寿の弟子たちに大勢かこまれても、それらの弟子たちがすべて、この世の人生を送ったあと、与陰《よおん》を生じて苦しみ、さらに三悪道に生まれてゆくのであるとしたら、それこそ悲歎のなみだにくれるのではないでしょうか。それはちょうど、今日しあわせな愛する家族たちにかこまれている家長が、明日その愛する家族たちがみな、不幸な苦しい生活に落ちてゆくのだとわかっているときの気持ちにたとえることができましょう。そこに、アーナンダにたいするお叱りのことばが出てくるのであり、このお叱りのことばはそのままわれわれにたいするお叱りのことばであるとうけとるべきでしょう。

「死」にたいする釈尊のお考えは、わたくしたちとまったくちがうのです。釈尊は、死を、決して、悲しいものとも、苦しいものともうけとっていません。

むしろ、それは、高い次元へ飛躍し昇華《しょうか》してゆく跳躍台《スプリングボード》であるとお考えなのです。

なぜならば、現世に在るわれわれは、輪廻の輪の中にあってどうしても越えられない過去世からの因縁にしばられています。もちろん、それは、「成仏法」の修行によってすべて断ち切ることができるのですが、しかし、その解脱にも段階があります。あらゆる因縁を断ち切って業の束縛から解脱した有余涅槃の境界にまで入る人もいますし、須陀洹《しゅだおん》（後で出ます）に入って聖者の流れに入ったばかりの人もいます。業によっては、どうしてもいくつかの因縁の残る人がある。これはどうしてもやむを得ないことです。ナーディカ村の人たちがそうでしょう。阿羅漢や阿那《あな》含《ごん》（後で出ます）にまで到達していても、前世の業により、伝染病で亡くなるという死をむかえねばならなかった。しかし、かれらは、それで過去の業が切れたので、心身ともに安らかな大往生をとげ、さらにその死を契機としてあるいは涅槃に、あるいは天上の境界にと、高次元の世界へ飛翔《ひしょう》していったのです。死こそ、かれらにとって、現在の苦界の輪廻の渦から脱出する絶対のチャンスだったわけです。

釈尊が、死を悲しいものとも、苦しいものともうけとらない理由が、おわかりになったでしょう。

死後、「与陰」を生じて、またこの世の苦しい境界に「再生」するという悲惨な状態をくりかえし、いつまでも、暗く低い次元の生存をつづけるか、死を転機として限りなく高く透明な次元に飛躍・昇華してゆくか、釈尊が、アーナンダに、またわれわれに、

「死後の生処を見ることこそが大切だ」

とおっしゃったのは、じつにこのことなのです。

しかし、ここで誤解してはならないのは、だからといって、釈尊が、死後の運命、来世の生存のことだけを問題にしているのではないということです。

釈尊の「成仏法」は、決して「死」をテーマにしているのではないのです。「生」をテーマにしているのです。

死後の運命を変えるということは、生きているいまから運命を変えていくということです。明日の運命を変えるためには、今日《こんにち》ただいまから変わっていかなければならない。成仏法の修行をはじめたその瞬間から、その人の運命は変わっていくのです。輪廻の輪はそのときから解けはじめるのです。

では、その成仏法へすすみましょう。

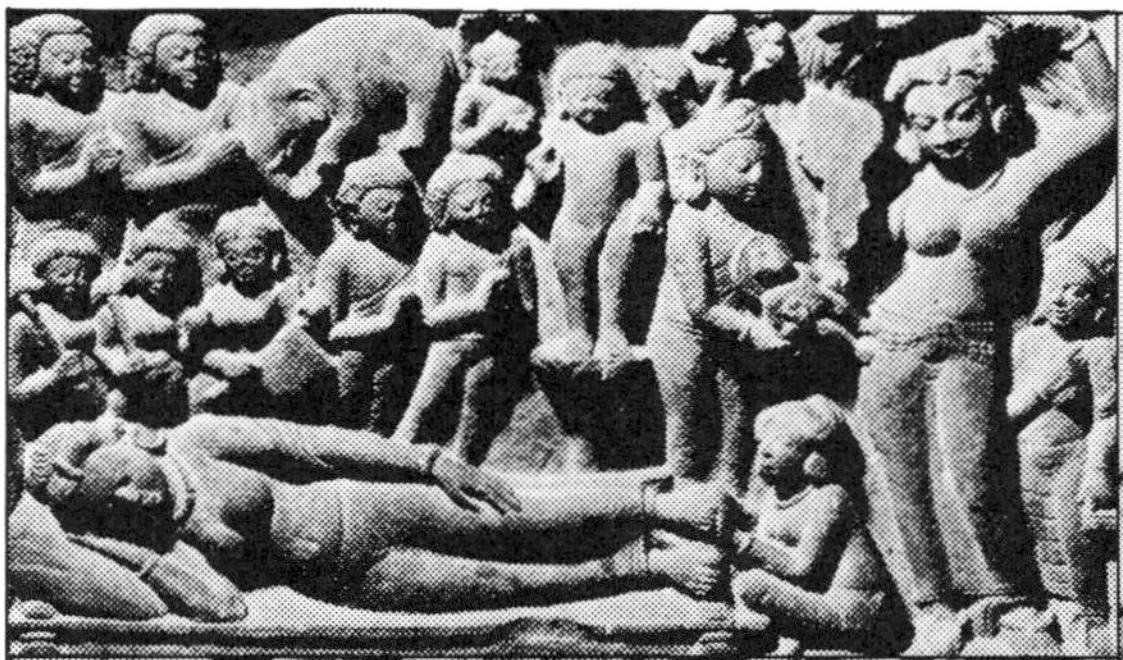

第四章

解脱へのテーマ

成仏法とは七科三十七道品

雑阿含経「無知経」

和訳

是《かく》の如《ごと》く我《わ》れ聞《き》きぬ。一時《いちじ》、仏《ほとけ》、舎衛国《しゃえこく》の祇樹給孤独園《ぎじゅぎっこどくおん》に住《とど》まりたまえり。爾《そ》の時に、仏、諸比丘《しょびく》に告《つ》げたまわく、「無始《むし》の生《しょう》死《じ》に於《おい》て無明《むみょう》に蓋《おお》われ愛結《あいけつ》に繫《けい》せられ、長夜《じょうや》に輪廻《りんね》して苦の本際《ほんざい》を知《し》らず。時ありて長久《ちょうきゅう》に雨《あめふ》らず、地の所生《しょしょう》の百穀草木《ひゃっこくそうもく》皆《みな》ことごとく枯乾《こけん》するも、諸比丘、若し無明《むみょう》に蓋《おお》われ、愛結《あいけつ》に繫《けい》せらるる衆生《しゅじょう》は、生死《しょうじ》に輪廻《りんね》して愛結断《あいけつだん》ぜず、苦辺《くへん》を尽くさざらん。諸比丘、時ありて長夜《じょうや》に雨《あめふ》らず、大海の水悉《ことごと》く皆枯竭《こかつ》するとも、諸比丘、無明《むみょう》に蓋《おお》われ、愛結《あいけつ》に繫《けい》せらるる衆生《しゅじょう》は、生死《しょうじ》に輪廻《りんね》して愛結断《あいけつだん》ぜず、苦辺《くへん》を尽《つ》くさざらん。諸比丘、時ありて長夜《じょうや》に

註解

〔舎衛国〕 コーサラ国の首都サーヴァッティー（シュラーヴァスティー）。
〔祇樹給孤独園〕 祇園精舎のこと。
〔無明〕 無知のこと。われわれの存在の根底にある根本的な無知。過去世から無限につづいている無知。これが煩悩のもととなり、すべての業をもたらす原因となる。

須弥山王《しゅみせんのう》皆《みな》悉《ことごと》く崩落《ほうらく》すとも、無明《むみょう》に蓋《おお》われ、愛結に繫せらるる衆生は、長夜に生死に輪廻《りんね》して愛結断《あいけつだん》ぜず、苦辺《くへん》を尽《つ》くさざらん。諸《もろもろ》の比丘《びく》、時ありて長夜《じょうや》に此《こ》の大地《だいち》悉《ことごと》く皆敗壊《みなはいえ》するとも、而して衆生無明《しゅじょうむみょう》に蓋《おお》われ、愛結《あいけつ》に繫《けい》せらるれば、衆生《しゅじょう》は長夜《じょうや》に生死《しょうじ》に輪廻《りんね》して愛結断《あいけつだん》ぜず、苦辺《くへん》を尽《つ》くさざらん。比丘《びく》、譬《たと》えば、狗子《くし》を柱《はしら》に繫《つな》ぐが如《ごと》し。彼《か》の繫断《つなだん》ぜざれば長夜《じょうや》に柱《はしら》を繞《めぐ》り輪《りん》廻《ね》して転《てん》ぜん。是《かく》の如《ごと》く比丘《びく》、愚夫《ぐふ》の衆生《しゅじょう》は如実《にょじつ》に色《しき》、色《しき》の集《じゅう》、色《しき》の滅《めつ》、色《しき》の味《み》、色《しき》の患《げん》、色《しき》の離《り》を知《し》らざれば長夜《じょうや》に輪廻《りんね》し、色《しき》に順《したが》いて転《てん》ず。是の如く、如実に受《じゅ》・想《そう》・行《ぎょう》・識《しき》、識《しき》の集《じゅう》、識《しき》の滅《めつ》、識《しき》の味《み》、識《しき》の患《げん》、識《しき》の離《り》を知らざれば、長夜《じょうや》に輪廻《りんね》し、識《しき》に順って転ず。諸比丘《しょびく》、色《しき》に随《したが》いて転《てん》じ、受《じゅ》に随《したが》いて転《てん》じ、想《そう》に随《したが》いて転《てん》じ、行《ぎょう》に随《したが》いて転《てん》じ、識《しき》に随《したが》いて転《てん》ず。色《しき》に随《したが》いて転《てん》ずるが故《ゆえ》に色《しき》より脱《だつ》せず、受《じゅ》・想《そう》・行《ぎょう》・識《しき》に随《したが》いて転《てん》ずるが故《ゆえ》に識《しき》より脱《だつ》せず。脱《だつ》せざるを以《もっ》ての故《ゆえ》に、生老病死《しょうろうびょうし》憂悲悩苦《うひのうく》より脱《だつ》せざるなり。多聞《たもん》の聖弟子《しょうでし》は、如実《にょじつ》に色《しき》・色《しき》の集《じゅう》、色《しき》の滅《めつ》、色《しき》の味《み》、色《しき》の患《げん》、色《しき》の離《り》を知《し》り、如実《にょじつ》に受《じゅ》・想《そう》・行《ぎょう》・識《しき》、識《しき》の集《じゅう》・

〔愛結〕 煩悩に束縛されること。〝愛〟は、貪愛《とんあい》といって貪りの煩悩のことをいう。ここでは煩悩一般をさす。
〔長夜〕 永久に。
〔本際〕 真理の根本。
〔須弥山〕 須弥は、サンスクリットの Sumeru《スメール》 の音写で妙高山と漢訳する。仏教の宇宙観による世界の中心に高くそびえる山。大海の中にあって、金輪《こんりん》の上にあり、その高さは水面から八万ヨージャナ（由旬《ゆじゅん》）あって、九山八海がとりまいている。
〔苦辺を尽くす〕 苦の根源である煩悩・因縁を解脱して成仏すること。
〔色〕 物質的存在。万象のこと。

識《しき》の滅《めつ》・識《しき》の味《み》・識《しき》の患《げん》・識《しき》の離《り》を知《し》るが故《ゆえ》に、識《しき》に随《したが》いて転《てん》ぜず。随転《ずいてん》せざるが故に色《しき》より脱《だつ》し、受《じゅ》・想《そう》・行《ぎょう》・識《しき》より脱《だつ》す。我《わ》れ生老病死憂悲悩苦《しょうろうびょうしうひのうく》より脱《だつ》す、と説《と》く」と。仏、此の経《きょう》を説《と》き已《おわ》りたまうに、時に諸《もろもろ》の比丘《びく》、仏の説《と》かせたまう所《ところ》を聞《き》きて、歓喜《かんぎ》して奉行《ぶぎょう》しき。

雑阿含経「応説経」

和訳

是《かく》の如《ごと》く我《われ》聞《き》きぬ。一時《いちじ》、仏、拘留国《くるこく》の雑色牧牛聚落《ぞうしきぼくぎゅうじゅらく》に住《とど》まりたまえり。爾《そ》の時《とき》、仏、諸比丘《しょびく》に告《つ》げたまわく、「我《わ》れ知見《ちけん》を以《もっ》ての故に諸漏《しょろ》を尽《つ》すことを得《え》たり。不知見《ふちけん》に非《あら》ざるなり。云何《いかん》が知見《ちけん》を以《もっ》ての故《ゆえ》に諸漏《しょろ》を尽《つ》すことを得《え》、不知見《ふちけん》に非《あら》ざるや。謂《いわ》ゆる此《こ》れは色《しき》なり、此《こ》れは色《しき》の集《じゅう》なり、此《こ》れは色《しき》の滅《めつ》なり、此《こ》れは受《じゅ》・想《そう》・行《ぎょう》・識《しき》なり、此《こ》れは識の集なり、此れは識《しき》の滅《めつ》なりと。（若《も》し）方便《ほうべん》を修《しゅう》し随順《ずいじゅん》し成就《じょうじゅ》せずして而《しか》も心を用《もちい》て、我《われ》をして諸漏《しょろ》尽《つ》き、心解脱《しんげだつ》するを得《え》せしめんと求《もと》むるも当《ま》さに知《し》るべ

〔集〕集めること。苦しみの起こる原因。
〔滅〕消え失せること。
〔知見〕まことの智慧によってみること。
〔漏〕漏《も》れ出るもの。心の中に知らず知らず漏れ出てくるもの。煩悩の異名。

し、彼《か》の比丘《びく》は終《つい》に漏尽解脱《ろじんげだつ》を得《う》ること能《あた》わず。所以《ゆえん》は何《いか》ん。修《しゅ》習《じゅう》せざるが故《ゆえ》なり。何等《なんら》か修習《しゅじゅう》せざる。謂《いわ》ゆる念処《ねんじょ》・正勤《しょうごん》・如《にょ》意足《いそく》・根《こん》・力《りき》・覚《かく》・道《どう》を修習《しゅじゅう》せざるなり。譬《たと》えば伏鶏《ふくけい》の生《う》める子衆多《こしゅた》にして、随時《ずいじ》に蔭餾《おんりゅう》消息冷暖《しょうそくれいだん》すること能《あた》わずして、而《しか》も子《こ》をして觜《し》を以《もっ》て、爪《つめ》を以《もっ》て卵《らん》を啄《つつ》き自《みずか》ら生《うま》れ安隠《あんのん》に轂《かく》を出《い》でしめんと欲《ほっ》するも、当《ま》さに知《し》るべし、彼《か》の子自力《こじりき》も能《よ》く方便《ほうべん》して觜《し》を以《もっ》て爪《つめ》を以《もっ》て安隠《あんのん》に轂《かく》を出《い》づるに堪《た》ゆること有《あ》ること無《な》き。所《ゆえ》以《ん》は何《いか》ん。彼《か》の鶏母《けいも》随時《ずいじ》に蔭餾冷暖《おんりゅうれいだん》して子《こ》を長養《ちょうよう》すること能《あた》わざるを以《もっ》ての故《ゆえ》なり。是《か》の如《ごと》く比丘《びく》、勤《つと》めて修習《しゅじゅう》し随順《ずいじゅん》し成就《じょうじゅ》せずして而《しか》も漏尽解脱《ろじんげだつ》を得《え》せしめんと欲《ほっ》するも是《こ》の処《ことわり》有《あ》ること無《な》し。所以《ゆえん》は何《いか》ん。修習《しゅじゅう》せざるが故《ゆえ》なり。何等《なんら》をか修《しゅう》せざる。謂《いわ》ゆる念処《ねんじょ》・正勤《しょうごん》・如意足《にょいそく》・根《こん》・力《りき》・覚《かく》・道《どう》を修《しゅう》せざるなり。若《も》し比丘《びく》、修習《しゅじゅう》し随順《ずいじゅん》し成就《じょうじゅ》する者《もの》は漏尽解脱《ろじんげだつ》せしめんと欲《ほっ》せずと雖《いえど》も而《しか》も彼《か》の比丘《びく》、自然《じねん》に漏尽《ろじん》し心解脱《しんげだつ》を得《え》ん。所以《ゆえん》は何《いか》ん。修習《しゅじゅう》するを以《もっ》ての故《ゆえ》なり。何《なに》をか修習《しゅじゅう》する所《ところ》なる。謂《いわ》ゆる念処《ねんじょ》・正勤《しょうごん》・如意足《にょいそく》・根《こん》・力《りき》・覚《かく》・道《どう》を修《しゅう》すること、彼《か》の伏鶏《ふくけい》

〔念処・正勤・如意足・根・力・覚・道〕 釈尊が教授する成仏法、七科三十七道品のこと。

の善《よ》く其《そ》の子《こ》を養い、随時《ずいじ》に蔭餾冷暖所《おんりゅうれいだんところ》を得《え》、正《まさ》しく復《ま》た子《こ》をして方便《ほうべん》して自《みずか》ら卵《らん》を啄《つ》きて出《い》でしめんと欲《ほっ》せざるも、然《しか》も其《そ》の諸《もろもろ》の子自《こみずか》ら能《よ》く方便《ほうべん》して安隠《あんのん》に觳《かく》を出づるが如し。所以《ゆえん》は何《いか》ん。彼の伏鶏随時《ふくけいずいじ》に蔭餾冷暖所《おんりゅうれいだんところ》を得《う》るを以ての故なり。是《かく》の如《ごと》く比丘《びく》、善《よ》く方便《ほうべん》を修《しゅう》すれば正《まさ》しく復《ま》た漏尽解脱《ろじんげだつ》を欲《ほっ》せざるも而《しか》も彼《か》の比丘《びく》、自然《じねん》に漏尽《ろじん》し心解脱《しんげだつ》を得《え》ん。所以《ゆえん》は何《いか》ん。勤《つと》めて修《しゅ》習《じゅう》するを以ての故なり。何をか修習する所なる。謂《いわ》ゆる念処《ねんじょ》・正勤《しょうごん》・如意足《にょいそく》・根《こん》・力《りき》・覚《かく》・道《どう》を修《しゅう》するなり。(中略)譬《たと》えば大《だい》船《せん》の海辺《かいへん》に在《あ》り夏《なつ》六月を経《へ》て風飄日《ふうひょうひ》に暴《あば》れなば藤綴《とうてつ》漸《ようや》く断《だん》ずるが如く、是《かく》の如く比丘、精勤《しょうごん》して修習《しゅじゅう》し、随順《ずいじゅん》し成就《じょうじゅ》せば一切《いっさい》の結縛《けつばく》・使《し》・煩悩《ぼんのう》・纏《てん》より漸《ようや》く解脱《げだつ》することを得《え》ん。所以《ゆえん》は何《いか》ん。善《よ》く修習《しゅじゅう》するが故《ゆえ》なり。何《なに》をか修習《しゅじゅう》する所なる。謂《いわ》ゆる念《ねん》処《じょ》・正勤《しょうごん》・如意足《にょいそく》・根《こん》・力《りき》・覚《かく》・道《どう》を修習《しゅじゅう》するなり」と。是《こ》の法を説《と》きたまえる時《とき》、六十の比丘《びく》、諸漏《しょろ》を起《おこ》さず心解脱《しんげだつ》を得《え》たり。仏、此の経を説《と》き已《おわ》り給《たま》えるに諸《もろもろ》の比丘、仏の説《と》かせ給える所を聞きて、歓喜《かんぎ》し奉行《ぶぎょう》しき。

〔結縛・使・煩悩・纏〕いずれも煩悩の異名。

大意

この二つのお経は、釈尊の成仏法の修行によって業を断ち、因縁を解脱せぬかぎり、この世界が壊滅してすべての生物がことごとく死滅するようなことになっても、人びとの苦界の輪は止《や》まないのであり、そしてその成仏法とは、四念処・四正勤・四如意足・五根・五力・七覚支・八正道の七科三十七道品であることを明かし、この成仏法を修習せぬかぎり、いかなる比丘といえども、ぜったいに成仏できないのである、とお説きになったものです。

かの比丘は終に漏尽解脱を得ること能わず

祇園精舎

釈尊が、サーヴァッティーの、祇樹給孤独園《ぎじゅぎっこどくおん》においで法をお説きになっておられたときのことです。

この祇樹給孤独園というのは、有名な「祇園精舎」のことです。あの平家物語の「祇園精舎の鐘《かね》の声、諸行無常の響きあり。娑羅双樹《さらそうじゅ》の花の色、盛者必衰《じょうしゃひっすい》の理《ことわり》をあらわす」で名高い祇園精舎です。

この祇樹給孤独園、祇園精舎について、有名なおはなしがありますね。

この「舎衛城祇樹給孤独園」を正確にいいますと、「サーヴァッティーの郊外のジェータヴァナ（祇陀林）なるアナータピンディカ（給孤独）の園の精舎」です。

この精舎は、サーヴァッティーに住む一人の長者（資産家《ガハパティ》）が寄進したものです。この人の名をスダッタ（須達多）といいます。この長者は、元来、慈善の心に富んだ人でした。スダッタとは「よく施した人」という意味です。

かれはまた、孤独なる人びと、つまり、親なき子、子なき老人など、あわれな人びとに衣食を支給する慈善家として有名でした。そこで「孤独なる人びとに食を給する人」Anāthapiṇḍika《アナータピンディカ》ともよばれ、漢訳仏典では「給孤独長者」と意訳されております。かれは、商用で、あるとき王舎城へ旅行したとき、釈尊を指導者とする仏教教団の、修行僧たちの崇高なすがたに打たれて、帰依し、熱心な信者になりました。

かれは、自分の国の人びとにも釈尊の教えを聞かせたいと思い、その旨を釈尊におねがいし、幸いにご承諾を得たのでした。

よろこび勇んでサーヴァッティーに帰ったスダッタは、さっそく郊外を見てまわり、精舎を建てるべき土地を物色しました。なかなか思わしい土地が見あたりませんでしたが、静かで、かつ、町から遠くない便利なところ、という条件をみたす土地として、かれがえらび出したのは、ジェータ（祇陀）とよぶこの国の王子の所有する山林でした。さっそく王子をたずねて、ゆずってくれるようたのんだスダッタに、王子は売ることを拒絶したのです。何度たのんでも、がんとして、首をたてにふりません。

「王子よ、ほかのことに用いるのではないのです。仏陀の僧園を建てる用地なのです。ぜひとも売っていただきたい」

「長者よ、なんといおうと、売ることはできない。たとえ、あなたが黄金をもってかの土地に敷きつめようと、ゆずることはできぬ」

王子は、スダッタ長者に、なにか感情的に含むところがあったのかも知れません。ぜったいにウンといわないのです。さりとて長者も、この土地しか仏陀の僧園を建てる土地はないと思いこんでおりますから、一歩もあとにひきません。

二人は、ゆずれ、ゆずらぬといい争い、いいつのったあげく、ついに事の裁きをこの国の大臣のところに持ちこみました。二人のはなしをくわしく聞いた大臣は、最後に裁断をくだして、こういいました。

「すべて取引をなす者は、価をいった上は、売らなければならぬ。しかるに王子はすでに価をいわれた。黄金をもってかの土地に敷きつめるといった。しからば、その価をもって、王子はかの土地を売らなければならぬ」

ただちに引きかえしたスダッタは、黄金を車に積んで運ばせ、それをもってジェータ王子の林に敷きつめさせはじめました。だが、最初に運んだ黄金で敷きつめた土地の広さでは、かれには満足できず、かれは命令しました。

「もっと黄金を運んでこい。わたしは、この土地全部に敷きつめるのだ」

そして、黄金を積んだ車が、あとからあとからつづきました。そのさまを見たジェータ王子はさすがにおどろき、胸うたれたのです。

「長者よ、どうか一部分の土地を私のために残しておいていただきたい。わたしもまた、あなたがかくも尊ばれるかたに布施したいと思う」

その申し出をスダッタはこころよく受け、やがて、林の中に、精舎が建ち、講堂が建ち、厨《くり》屋《や》、浴室、厠屋《かわや》、阿屋《あずまや》が建ち、経行堂が建ったとき、王子により立派な門と花園がつくられました。その規模と景観とは、今世紀になって発掘された遺跡により、しのぶことができます。わたくしのインド巡拝の記録映画「おお、サヘト・マヘト聖なる地」がそれです。ごらんください。

かくて出来あがった仏陀の僧園を、時の人びとは「祇陀林なる給孤独の園の精舎」とよび、漢訳では「祇陀園」などと記し、略して「祇園」というわけです。

輪廻の根本原因

さて、その祇園精舎で、あるとき、釈尊はもろもろの修行僧を集めて、こうおっしゃられたのです。

『無始の生死に於て無明に蓋われ愛結に繫せられ、長夜に輪廻して苦の本際を知らず』

つまり、「無始の生死」という。無始とは、いつはじまったのかわからない、ということです。はじめがない、ということ。仏教では「無始無終」ということばをよく使います。始めなく終わりなし。というのは、よく、「この世の中はいつはじまったのですか」とか、また、「いつどのようにしてこの世界というものははじまったのですか、またいつどのようにして終わるのですか」などということを、いろいろ詮索する人がいます。

地球はいつはじまったものですか、人間はいつから人間になったのですか、サルから人間は進化したというけれども、いつからサルが人間になったのでしょうか、それはいつごろからでしょうか、といろいろなことを聞く人があります。

そういったことにたいして、仏教では、そんなことを知っても、そんなことを考えても、意味がないことではないか、この世の中がいつはじまろうが、いつ終わろうが、そんなことは人間の認識能力でわかるはずがないのだし、またそれがわかったからといってどうということはないではないか。そんなことは、因縁因果の法則によって、いつのときからかはじまったのだ、と考えればよいのだ。一番大切なことは、現在ただいまのことなのだ、というわけです。ですから「無始無終」という。

その無始の、はるかはるか以前、人間の認識能力ではとうていつかめぬはるかむかしから、生き死に、生き死にをくりかえしつつ、人間は生きつづけてきた。これからもそうである。輪廻転生をくりかえして、人間は苦の世界を生きつづけてゆく。まことにしんどいことではないか、ということです。

その原因は、というと、『無明に蓋われ愛結に繫せられる』。無明というのは〝まよい〟というように考えたらよいでしょう。仏教では、無明から煩悩が生ずると考えている。無明とはなにか。文字通り、明《あか》りが無いということです。明りがなければ真《ま》っ暗《くら》でしょう。だから、真っ暗ヤミの中を、手さぐり足さぐりで、ソロソロ歩いているようなものだ、というのです。

そこで、まよいが生ずるわけです。こっちに行ったらいいのか、あっちに行ったらいいのか、いったいどうしたらいいのか。無明というのは、真っ暗ヤミの中におかれた状態です。それが、ただたんに、人間が真っ暗ヤミの中におかれているというだけではなく、あれをしたい、これをしたい、あれが欲しい、これも欲しい、という、欲望でいっぱいの気持ちで動きまわっている。あぶなっかしくてしようがない。そこで、あれやこれや疑惑が生じ、いよいよまよいが募《つの》り、というように、悪循環《あくじゅんかん》して煩悩が強まってゆく。

無明ということをくわしく説明してゆくと、一冊の本ができるくらいです。だから、要するに、まよい、と思ったらよいでしょう。そのまよいから疑惑《まよい》が生じ、煩悩が募ってゆく。そう考えたらよろしい。

で、無始のむかしからまよいにおおわれて、『愛結に繋せられ』——愛結の愛というのは、渇《タン》愛《ハー》のことです。根本煩悩のことです。「結」というのは、「十結」の結です。これも煩悩のことで、またあとで出てきますが、渇愛《タンハー》が「根本煩悩」で、それに付随《ふずい》して十の煩悩が出てくる。これを、根本煩悩にたいして「随煩悩」という。その十の随煩悩を「十結」というのです。この十結を「成仏法」の修行によって断ずると、涅槃《ニルヴァーナ》に入る。これを「成仏」というのだというのが、釈尊の教えです。

この渇愛の愛と、十結の結とをむすんで、愛結といっている。だから、これは根本煩悩と十の随煩悩をいっているわけです。

それで、この愛結・煩悩に繋せられ、この繋《けい》というのは、繋縛《けばく》の繋で、しばりつけられる、つながれる、という意味ですね。

『長夜に輪廻して』長夜というのは、長い夜ということではない。「永久に」ということです。愛結の煩悩にしばりつけられ、つながれて、永久に輪廻して、苦を味わいつくす。

『苦の本際』というのは、苦の根本原因、ということです。

だいたい、この凡夫のわれわれが生きている世界を、苦の世界という。娑婆《しゃば》（sahā の音訳）といいますね。娑婆というのは、苦しいのを我慢し耐えなければ、一刻も生きていかれない世界なのです。だからこれを「忍土《にんど》・忍界」と漢訳しています。忍ばなければ、我慢しなければ一刻も生きてゆけない世界です。

あなたがたにしても、いま、わたくしの法話を聞きながら、なにかしら我慢しているでしょう？　シビレがきれてきたとか、オシッコに行きたいとか、水を飲みたいんだがなあ、とか、おなかが空いたとか、家のことが心配でしょうがない、主人が帰ってきてごはんのしたくができていないので怒っているんじゃないか、どうしようか、しかしいま起《た》つと管長ににらまれるかもしれないし（笑）、まあ、しようがない、度胸をすえて聞くだけ聞こう。なんて、ひらき直ってしまったりして（笑）、まあ、なにかしら我慢しているでしょう。

わたくしにしてもそうです。こうして一生けんめいおはなしをしながら、我慢しているのですよ。のどがかわいたり、足が痛くなったりするのを、我慢しながら、しかし我慢し甲斐があるから、一生けんめい我慢をしておはなしをしている。

あなたがたも、我慢のし甲斐があるから、こうして聞いていて下さるわけでしょう。とにかく、つねになにかしら我慢しなくては生きていかれないのです。この世界は。時に何かいいことがあったとしても、すぐに何かしら我慢しなければならんようなことが起きてくる。そういう世界、それが娑婆世界です。そういう世界を永久に生きつづけ、生きつづけ、生きつづけしているわけです。死んで生まれて、死んで生まれて、永久に輪廻している。

では、どうしてそういう状態となり、そういう状態からぬけ出せないのかというと、その本際、根本原因を知らないからだ、またその根本原因を知ろうともしないからだ。そのために、この苦の世界を、ぐるぐるぐるぐる生まれかわり死にかわりして苦しんでいるのだ。それは、

『時ありて長久に雨らず。地の所生の百穀草木皆ことごとく枯乾するも、諸比丘、若し無明に蓋われ、愛結に繋せらるる衆生は、生死に輪廻して愛結断ぜず』

この世界が壊滅するようなことになっても、変わりなくつづくぞ、というのです。

何年も何年も一滴の雨も降らないというようなことが起きて、日照りがつづいたら、地上のありとあらゆる植物はみな枯れはててしまう。そうすれば動物もまた生きていられない。これはもう死の世界です。

百穀草木みな枯れるというのですから、米も麦も野菜も、草木樹林、ことごとく枯れはててしまう。そうしたら人間もまた生きていられない。動物も生きていられない。もう死の世界でしょ

う。

そうなっても、輪廻転生をくりかえしている人間は、それで輪廻転生が止むということはないのだ。生きかわり死にかわり、輪廻をつづけるのだ、というのです。これはもうたいへんな確信の上に立っての断言ですね。

輪廻宇宙論

しかし、ここで一つ、反問が出ると思います。

この世界がもう死の世界と化して、生きとし生けるものことごとく死滅してしまっているのに、そこへ人間がどうやって転生してゆくのか、そういう反問です。

それはね、転生してゆく先はいくらでもありますよ。また、転生する先がなかったら、みんな与陰のまま、不成仏霊になって、地球上をウロウロ、霊障かなにかを起こしてうろつきまわるんじゃないですか（笑）。

そういう状態、みんなが霊障を起こしてうろつきまわっているのだったら、生きているのとおなじじゃないですか。いま、われわれは生きてこうしているでしょう？　しかしこれは案外、霊世界かも知れないのですよ。ね。みんな生きているつもりなんです。しかしほんとうは霊障を起こして、不成仏霊になっているのかも知れない。べつな世界からみたら、あいつらはみんな亡者だ、かわいそうに（笑）。

次元というものはふしぎなものですから、この地球が何年も何年も日照りで、全部、死の世界になっても、それでも生命というものは霊界というべつな次元で生きつづけて、ウロウロ、ウロウロ、生の苦しみを味わっているという状態が、ないとはいえないのですよ。

それからまた、生命のある世界は、地球だけではないわけです。天文学的にいうならば、この宇宙に十億の太陽があるというのです。その十億の太陽には、百億の惑星と衛星があるという。そのたいへんな数の星の中には、地球とおなじような環境のものが、どれほどあるかわからないのだと学者はいっています。するとそこには、地球とおなじ生命体の存在する可能性が多分にある。案外、そういうところに生まれていって、またおなじようなことをつづけていく、そういうことも考えられます。

また、生命の形態というものを、われわれはいまある概念で考えておりますけれども、われわれの概念では考えられないような生命形態というものもあるわけです。釈尊がおっしゃる与陰というのもひとつの生命形態ですし、そういうものではなく、生物学的な立場からもいえるわけです。

この頃は、天文学のほうでも「振動宇宙」「輪廻宇宙」という考えが出てきておるそうです。

全宇宙が、現在、たえまなく膨張をつづけているという証拠を、いまから五十年ほど前、アメリカの天文学者が発見しました。かれらの観測によると、宇宙のすべての銀河は、非常な高速で、われわれから、そしておたがいから遠ざかっている。もっとも遠い銀河の場合は、時速数億キロという、とてつもないスピードで後退している。そこでこの膨張している銀河の運動を時間的に逆にたどるとすれば、最初の頃の銀河は、いまよりもずうっと密集していたはずである。もっと以前にはもっと密集しており、さらに時間をさかのぼれば、宇宙の全銀河が超高圧、超高温、超高密度の小さな（比較的ですが）塊《かたまり》であったということになる。そういうとてつもない高温、高密の物質が、信じられないくらいの破壊力でこの高圧に反発して爆発したのにちがいない。この大爆発（ビッグ・バン）の瞬間こそが、宇宙の誕生であり、宇宙はその爆発の余波がいまなおつづいて膨張しているのだという結論に達したのです。しかし、その爆発がはたして最初の宇宙の誕生であるかどうかは疑問であって、いま宇宙はそうして膨張しているが、ある時点で今度はおなじ速度で収縮をはじめるのではないか。それが十分考えられるというのです。

というのは、爆発の前には極度に宇宙は圧縮されていたのであり、その圧縮はやはり非常な高速でおこなわれていたのにちがいないというのです。その非常な高速の収縮がなぜおこなわれたのかという原因はまったく不明であり、おそらく永久に不明でしょうが、その収縮をはじめる以前は膨張をつづけていたのではないか、と考えられるわけです。膨張、収縮をくりかえす宇宙、という考えで、これを「振り子宇宙論」(時計の振り子のようにくりかえす)あるいはズバリ「輪廻宇宙論」とよぶわけです。

わたくしは、この考えがマトを射ていると直感的に思っております。天文学者は、この「ビッグ・バン」が宇宙の始まりだと考えていますが、そうなると、そのビッグ・バンを生ずる超高圧、超高温、超密度の塊《かたまり》である宇宙を容れている空間はいったい何なのか、ということになりますね。それは「宇宙」ではないのか。そういう(宇宙の)塊はどこにあるのかというと、巨大な空間にあるわけでしょう。するとその空間はなんとよぶのか、ということになる。こういう疑問を提出した天文学者はまだないようで、ことによるとわたくしの頭のほうが変なのかも知れませんが(笑)。

英国の有名な天文学者、E・A・ミルンは、

『われわれは宇宙がその始まりにおいて、どんな状態にあったのかについては、提案すらできない。〝創造〟という〝神の行為〟において、神は姿を見せないのであるから』

と書いていますが、天文学の世界的権威すら、神に逃げているわけです。

わたくしは、宇宙もまた輪廻をくりかえしていると思うのです。そして、生命は、一部の学者がいうようにいろいろな物質が化学的に合成されて発生したのではなく(その一例、ソ連のA・

L・オパーリンの〝コアセルヴェート〟)、宇宙そのものの中にエネルギーとして内在しているものだと思うのです。そのエネルギーが、物質を集めて、いまわれわれが見るような生命形態へとつくりあげていったとわたくしは感ずるのです。物質が生命を生んだのではなく、最初から生命があって、それがいまこの世界に見られるような生命形態をつくったのだと思うのです。そういえば、この宇宙が膨張、収縮をくりかえすのもひとつの生命形態であり、釈尊がおっしゃるように、輪廻をくりかえしているのだと考えられるんじゃないですか?

だから、どこへでもわれわれが転生していく先はある。地球が、原爆、水爆で壊滅してしまって、生物が一体も存在しない、そうなっても、渇愛《タンハー》があるかぎり、与陰相続して人間は存在するぞ、という。

須弥山《しゅみせん》がことごとく崩れ落ちるようなことがあっても、それは変わらない。

須弥山というのは、仏教の宇宙観で、世界の中心に、八万ヨージャナ(漢訳では八万由旬《ゆじゅん》という)という高さの山がそびえているという。これをスメール山といい、この山の周囲に九つの山と八つの海がとりまいている。「九山八海これをとりまく」といって、仏教の世界観です。この山が崩落するというのは、全世界が崩落するということです。それでも人間の輪廻転生は止まぬという。

『時ありて長夜に此の大地悉く皆敗壊するとも(衆生の輪廻は止まないぞ)』

そういうこともあり得ますね。核戦争がはじまったら、もうこの大地皆ことごとく敗壊するでしょう。そして生物という生物すべて死にたえてしまう。それでも人間の生死の輪廻はやまないぞ。「与陰相続」という状態になって、まだ生存をつづけるぞ。それは、たとえば、

『狗子《くし》を柱に繋ぐが如し』

である。

また、べつなたとえを出されたわけです。

内閣総理大臣も狗子だ

釈尊というおかたは、じつにたとえの上手なおかたですね。「狗子《くし》」というのは、犬のことです。

たとえば犬を柱につないだようなものだ、と、またガラッとかわったたとえを出しておられます。大きな柱がここにあって、そこへロープで犬がつながれている。(図を画く) わたくしは絵が下手ですから、これを犬だと思って下さい(笑)。この犬が一生けんめい、自分の好きなところへ行こう、欲しいものを得ようと、全力をあげて走っている。しかし、グルグルまわるだけで、

ロープの長さから先へはどこへも行けないわけです。これが人間のすがただとおっしゃるわけです。

人によって、その人の因縁によって、ロープの長い人もあれば、これっぽっちしかない人もありましょう。金があって、権力があって、地位がある。そういう人は、ロープが長いということです。才能もなく、貧しくて、ろくなことしていないという因縁のわるい人は、このくらい(とロープを短く)しかないわけです(笑)。おれはエライぞ、日本一エライ内閣総理大臣だなんていばっても、せいぜいロープがこれくらい長くなるだけだ。ほかの者より多少大きい円を画いてグルグルまわっているだけだ。

それがこの一生だけではなくて、死に、生き、死に、生きして、永久にグルグルまわっている。凡夫とは柱につながれた犬っころみたいなもので、永久に柱のまわりを走りつづけているのだぞ、そう釈尊はおっしゃっておられるわけです。

金がほしい、権力がほしい、地位がほしいと、死にもの狂いで走りまわって、結局、他人《ひと》より少しロープが長くなるだけだ。そう聞くと、われわれも、自分の生きかたを考えてみなければならないなあ、と思いませんか?

では、なぜそうなるのか、といいますと、渇愛、煩悩に身をしばられているからだ、こう釈尊はおっしゃるのです。そこから出てくる因縁に、がんじがらめに身をしばられているからだ、そうおっしゃる。つまり、ロープとは、ほかならぬ因縁の鎖《くさり》なんです。この因縁の鎖をぷっつり切るとどうなるか。犬はどこへでも好きなところへ飛んで行けます。自由です。どこへでも好きなところへ飛んで行ける。この、わが身をしばっている鎖を、ぷっつり切ってしまうということが「成仏」ということなんだ。そう釈尊はおっしゃるわけです。

わたくしは、法話の中で、よく、「人間というものは、因縁の糸にしばられ、因縁の糸のままに動くアヤツリ人形のようなものだ」と申しますが、釈尊は、ロープで柱にしばりつけられた犬のようなものだとおっしゃる。頭がいいとか、金があるとか、地位、権力があるとか、いくらいったって、ただ他人《ひと》よりロープがわずかに長いというだけのことであって、永久に柱をまわって輪廻転生をくりかえすのだ。じつにあわれなものではないか。早くこのロープを切って自由自在になれ、成仏せよ、こう釈尊はおっしゃるわけです。

『彼の繫断ぜざれば長夜に柱を繞り輪廻して転ぜん。是の如く比丘、愚夫の衆生は如実に色、色の集、色の滅、色の味、色の患、色の離を知らざれば——』

以下、色・受・想・行・識の五陰観法による因縁解脱の心がまえを説かれているのです。

なぜわれわれが、永久にロープにつながれるようなことになったのか？　そのもとはなにか？

それは「執着」だ、というわけです。

すべてのものには、味（rasa）と患（ādīnava）と離（niḥsaraṇa）との三つの面があります。まず

「味」というのは、味わいで、これにより、人はものに対して喜楽のこころを起こします。だれだって美味《おい》しいもの、美しいもの、快《こころよ》いものは喜び楽しみます。そうした喜楽のこころがあるから、それに触《ふ》れ、それに染《し》み、それを貪り、執着するようになる。そしてそれが思うようにならぬと、苦しみ、悩む。苦しみの本《もと》は、主観的にいえばこの「味」である。

つぎに、「患」とは、災患《さいかん》という意味で、ものそのものが固有する災患《わざわい》です。すべて、ものには〝無常〟（変化する）という災患がありますから、それに脅《おび》え、怖《おそ》れ、苦しむのです。老《おい》の悩み、病の苦しさ、死の悲しみ、その他いろいろな変化無常の相は、つねにわれわれのこころをかき乱します。親子、兄弟、妻子、友人その他の人間関係、財産、財物等の物質関係、等々、すべてのものは、みな、老ゆるもの、病むもの、死ぬもの、離合集散、常なく、みな苦しいもので、ことごとく苦の種、苦の本《もと》でないものはない。われわれはつねにこうした災患にあって悩むのです。ですから、苦しみの本は、客観的にみれば、ものそのものに固有する災患にあるともみれるのです。つまり、前の「味」は主観的でわれわれ自身に内在するもの、災患は客観的なもので、ものそのものが持っている、とこうなる。釈尊のお考えは非常に知的であって、苦の本《もと》を、われわれ自身の持つ「味」に帰すると同時に、ものそのものにもその「患」をみておられるのです。

諸法の災患は「無常」であるというところにあるわけですが、その無常に、一期《いちご》の無常と刹那の無常があります。

一期の無常、というのは、すべてのものはできたものであるから、できた初《はじ》めと、持続し変化する中間と、なくなる終わりとがある。これを、生（初）住（持続）異（変化）滅（終）の四相といい、人間にあてはめると、「生・老・病・死」ということになります。すべてのものはかならずこの四相をもって存在する。これを一期の無常というのです。

つぎに刹那の無常というのは、時々刻々《じじこくこく》にものの変化することをいうので、さきの一期の無常を、圧縮してみるわけです。生物でも無生物でも、いかなる事物でも事件でも、この法則に漏《も》れるものは一つもない。このように諸法《もの》は無常で、われわれをして愁《うれ》い悩み苦しませる性質を持っているわけです。

つぎに「離」とは、出離《しゅつり》、遠離《おんり》、脱出するということです。いま申しましたように、諸法《もの》は無常でわれわれを苦しめますが、その諸法とわれわれとの関係は、決してぜったいに分離できないというものではない。ただ「味」が諸法《もの》とわれわれを結びつけるために、われわれは、がんじがらめに縛られてしまうので、一念自覚してこの味を断つとき、われわれは諸法の災患を離脱して、自由自在の境界になるのである。味がすなわちロープなんだ、ということです。この味こそが、渇愛《タンハー》のもとなので、味が執着を起こし渇愛《タンハー》を生ずる、この味を離れ滅尽することが、「さとり」なんだ、というわけです。

釈尊は、ここのところで、色（物質）の味・患・離、受・想・行・識、識の集・識の滅・識の味・恚・離について説かれたわけで、諸比丘はふかい感銘を受け、それを体得するための修行に入った、というのが、この「無知経」の大意です。

この無知経に説くところの釈尊の教えは、まさにその通りで、その通りでなどとわたくしごときが申しますのはまことに無礼至極なことですが、まさにその通りなんだが、それで問題は万事解決というわけにはいきませんね。

この釈尊の説かれる教えは、万人《ばんにん》、だれでもすぐに理解できると思うんです。だれでもすぐにわかると思う。すぐにわかるんだが——、しかし、どうにもならない、というのが実際なのじゃないですか？

頭でわかっても、しかし実際はどうにもならない。わかっていてどうにもならない。これが「業《ごう》」なんです。わかったからといってそれをそのまますぐに実行できるんだったらだれも悩みも苦しみもしない。それができないから、悩み苦しむわけです。わかっていながら、その通りできない。そこに「業」があるんです。この「業」を断ち切らなければ、いくら頭でわかっても、どうにもならない。頭でわかるだけ、かえって悩み苦しみが深いのです。だから、頭のいいやつほど、迷い、悩み、苦しんでいる。

じゃあ、いったい、どうやってこの「業」というやつを断ち切るのか？　いったい「業」というものが切れるものなのかどうなのか。

切れるんだね。ただし、この業を断つためには、そういう頭だけの「教え」ではだめなんで、全身全霊でこの「業」というやつにぶつかっていって、これを叩きつぶさなければいけない。

じゃあ、全身全霊でぶつかっていけば、業はたたきつぶせるんですか？

そうはいかない。ただ全身全霊でぶつかっていきさえすればいいというものじゃあない。ものにはすべて「法」というものがある。その法にしたがわなければ効果がない。効果がないだけではなく、逆効果を生ずることさえある。

じゃあ、どうすればいいんですか。

「こうせよ、こうすればかならず業を消滅させ、因縁を解脱して、自由自在の境界になることができるぞ」

と教えられた釈尊の「法」がある。

これを「成仏法」という。

その「成仏法」について説かれたのが、あとの「応説経」です。その「応説経」にうつりましょう。

彼の比丘とは日本中の坊さん

これは、釈尊が、拘留《くる》国の雑色牧牛聚落（Kammāsadamma）というところにご滞在になっていたときのことです。

諸比丘を集めて、こうお告げになりました。

『わたしは、諸法の実相を如実に見ることのできる智慧を得て、すべての煩悩の根を断ち切り、カルマの束縛から脱出することができたのである。この智慧を持たぬかぎり、カルマの束縛から解脱することはできないのである』

そうおっしゃって、「無知経」でのべられた五陰の実相をさとる教えを説かれた上で、じつに大変なことをお口にされたのです。

もっとも、大変なこと、といっても、釈尊や、お弟子の比丘たちにとっては、べつにあたりまえのことなんですが、これをはじめて目にしたわたくしは、じつにこれは大変なことだぞ、と心の底からびっくりしたのです。

それを聞いたら、あなたがたもびっくりするでしょう。いや、日本中の人びとがびっくりするでしょう。中で一番びっくりするのが、坊さんたちでしょうね。

それはどういうことか？

「成仏法」についてです。

釈尊はここで成仏法について明かされ、説かれているのですが、それについて、じつにおどろくべきことをおっしゃったのです。

どういうことか？

まず、成仏法から申しましょう。

成仏法とはいったいなにか？

いつもいつもわたくしがおはなししている「七科三十七道品《どうぼん》」「三十七菩提分法《ぼだいぶんぽう》」ともいう修行法です。

釈尊は、この七科三十七道品という成仏法の修行によらなければ、ぜったいに成仏できないぞ、とおっしゃっている。かねてからわたくしは、ずうっとそのように本でも書き、あるいは諸君におはなしをしてきた。お釈迦さまの成仏法でなければぜったいに成仏できない。その成仏法というのは七科三十七道品という修行法なんだ。この成仏法によって修行しないかぎり、ぜったいに成仏できない。お釈迦さまがおっしゃっているように、永久に苦の世界を輪廻転生する。この地球が、メチャメチャに破壊されて、なにひとつ生物がなくなっても、それでも人間の生死の輪廻はやまないぞ。そうお釈迦さまがおっしゃっている。その通り、わたくしは説いてきた。それを、釈尊ご自身、ここではっきりおっしゃっているのです。

いままで、あなたがたは、ほとんどわたくしのことばでしかそれを聞かなかった。だから、あるいは、「管長のいっていることは本当なんだろうか」と、半信半疑でいた人もいたかも知れない。今度はじめて、お釈迦さまがはっきりといい切っているこのお経を目にして、あなたがたもなっとくしたんじゃないですか。

『謂ゆる念処・正勤・如意足・根・力・覚・道』

と釈尊がここでおっしゃっておられるのが、七科三十七道品の「七科」なんです。

これをくわしくのべると、
㈠、念処＝四念処法という修行法である。四つの法から成り立つ。四念住ともいう。

㈡、正勤＝四正勤法という修行法で、四つの法から成り立つ。四正断ともいう。

㈢、如意足＝四如意足法といい、四つの法から成り立つ。四神足ともいう。

㈣、根＝五根法のこと。五つの法から成り立つ。

㈤、力＝五力法といい、五つの法から成り立つ。

㈥、覚＝七覚支法という修行法で、七つの修行法から成り立つ。

㈦、道＝八正道といい、八つの実践科目から成り立つ。

以上の七科目、それぞれの法の数を合わせると、三十七になりますね。それでこれを、七科三十七道品という。いうならば、成仏するための三十七のカリキュラムです。

わたくしが勝手に我田引水でいっているのではない。この成仏法でなければ、どうしても成仏しないぞ、と釈尊ご自身が、何回も何回もおっしゃっておられる。この短いお経でも何回おっしゃっておられるか。じつに、口をすっぱくするほどおっしゃっておられる。それは、この「応説経」だけではない。かずある阿含経の何十何百というお経でくりかえし、くりかえし説かれていることなのです。

そうして、このお経のなかで、さっきわたくしがいった、じつにおどろくべきことをおっしゃっておられる。いまでいうと、まさに「爆弾宣言《ばくだんせんげん》」というべきものでしょう。

なんとおっしゃっておられるか？

『彼の比丘は終に漏尽解脱を得ること能わず』

彼の比丘、とはどの比丘か？

比丘とは、いうまでもなく僧、坊さんのことです。どの坊さんでしょうか？

いちばん最初、ここのところを読んだわたくしは、一瞬、わからなかった。どの比丘のことをいっておられるのか？　一瞬わからなかったのです。が、つぎの文を読んですぐにわかった。

この七科三十七道品の成仏法を修行しない比丘全部、だ、とすぐにわかった。読んでみましょうか。

『わたくし（釈尊のこと）にたいして諸漏尽き心解脱する成仏を求めても「彼《か》の比丘は終に漏尽解脱（成仏のこと）を得ること能わず。所以は何《いか》ん。修習せざるが故なり。何等か修習せざる。謂ゆる念処・正勤・如意足・根・力・覚・道を修習せざるなり」』

いいですか？

自分ゴータマにたいして、いくら成仏を求めても、その比丘はどうしても成仏は得られないのである。『所以は何ん』なぜか？　修行しないからである。『何等か修習せざる』なにを修行しないというか。いわゆる四念処・四正勤・四如意足・五根・五力・七覚支・八正道を修行しないからだ。こうはっきりいい切っておられるわけです。

これは諸君、じつに大変なことじゃないですか？

弘法大師と道元禅師は別

わたくしは、ときどき、内輪《うちわ》の法話で、

「むかしから今にいたるまで、日本の坊さんで一人でも成仏した人はいない」

ということを、半分冗談《じょうだん》のように、半分真剣でいうでしょう。あなたがたは、おそらく、管長ずいぶん思い切ったことをいうなあ、興奮のあまりオーバーにいってしまうんだろうが、そんな放言、というより、暴言をはいていいんだろうか、と思う人もあるかも知れない。しかし、それはわたくしが勝手にいっているんではないんだ、ということです。お釈迦さまがここでおっしゃっておられるのです。わたくしはただそれを、おとりつぎしているだけにすぎない。

『彼の比丘は終に漏尽解脱を得ること能わず』

彼の比丘——、
いままでの日本のあらゆる宗旨の坊さんたちは、すべて、この七科三十七道品の成仏法をやった人は一人もいらっしゃらない。なぜならば、そういうかたたちが勉強しておられるのは「大乗仏教」です。大乗仏教では、阿含経を小乗経典だとけなして、いままで世間から抹殺しつづけてきた。ところが、その阿含経にしか、七科三十七道品の成仏法は説かれていないのです。その阿含経を小乗経典として抹殺し、手にもとらないのだから、そこにしか書かれていない七科三十七道品を、修行できるわけがない。

お釈迦さまはそれをちゃんと見通されて、おっしゃっておられる。

「彼の比丘は、ついに成仏することができないぞ」

と。

彼の比丘は、というこの五文字は大変なものですね。彼の比丘は、という五文字の中に、日本中の大乗仏教の坊さんが全部はいってしまっている。

いまから千数百年前に、日本に仏教が入ってきた。そして日本の各宗旨ができた。以来、千数百年の間ですから、何十万というお坊さんが日本に出現されたことでしょう。それらのかたたちほとんどが、この七科三十七道品を修行していないのです。

ただし、わたくしが考えるのに、真言宗の弘法大師空海さまと、禅宗の道元禅師さまだけは、これを知っておられたと思うのです。

というのは、まず空海さまは、かれの書いた代表的論文である『弁顕密二教論』の中に、『法宝とは謂く戒定智慧の諸の妙功徳なり。いわゆる三十七菩提分法なり』と書いてある。ただ一行、それだけ書いてある。わたくしは、手に入るかぎり、目にふれるかぎりの経典・論書のたぐいは、全部、目を通しております。真言宗の坊さんがたも、これを見て知っておられるかどうか。これについて書いた人、ものをいった人は、寡聞《かぶん》にしてわたくし、いまだ一人も知らない。

いまから四年まえ、昭和五十三年に書いた『阿含密教いま』でわたくしはそれをのべたのですが、それ以前に、これを指摘されたかたはおられなかった。『弁顕密二教論』というのは、空海さまの代表的な論文です。その第三章、広釈段に、たった一行の「三十七菩提分法は法宝である」と書いてある。

わたくしはそれを目にした瞬間、「あ、空海さんはこれを知っていたんだなあ」と思った。しかし、それしか、あとどこにも書いてない。だから、弟子たちはこれを知らないのでしょうね。どなたもこれについて書いたおかたがいない。

だから、これをご存知だった空海さまお一人は、あるいはこの成仏法をひそかに修して、かれ一人だけは成仏しているのかも知れないけれど、阿含経をけなしてきた日本の坊さんは、みな、『彼の比丘』ということになり、だれも成仏していないということになる。

また、道元禅師さまは、その著書『正法眼蔵』の第六十（七十五巻本の第六十巻。九十五巻本では第七十三巻）で「三十七品菩提分法」として、「四念住」「四正断」「四神足」「五根」「五力」「七等覚支」「八正道」についてくわしく説き、

『この三十七品菩提分法、すなわち仏祖の眼睛鼻孔、皮肉骨髄、手足面目なり。仏祖一枚、これを三十七品菩提分法と参学しきたれり』

とこの成仏法を讃嘆しておられます。

しかるに、わが国禅宗中興の祖と仰がれる白隠禅師は、

『……阿含は低き経なれば……』

と説き、

『安心ほこりたたき（安心法興利多々記）』に、『是れではいかぬと分別仕替て。阿含と名づけ

し安もの売かけ』

と、阿含を最も低いといっています。

すると白隠禅師は、この三十七品菩提分法が、釈尊直説の阿含経のみに記されているという事実をご存じなかったのか。

わたくしは、禅宗の名僧の中では白隠禅師を最も尊敬しているのですが、白隠禅師ほどのかたが、智顗の五時教判そのまま、阿含経を低劣な経典としているようなことで、はたして禅宗のかたがたがこの成仏法を、どこまで理解されておられるのか、はなはだ疑問に思わざるを得ない。

これはじつに大変なことですよ。比丘というのは坊さんのことですから、坊さんが成仏しなかったら、その弟子や檀家、信者はどうなる。みなことごとく不成仏霊となり、与陰を生じて苦しみ悶えることになる。不幸は本人だけではない。不成仏霊や霊障のホトケをかかえた家庭や社会がどうなるか、あなたがたみなご存知のはずだ。

『彼の比丘は終に漏尽解脱を得ること能わず。所以は何ん。修習せざるが故なり。何等か修習せざる。謂ゆる念処・正勤・如意足・根・力・覚・道を修習せざるなり』

じつにこの二、三行の経文は、日本の仏教にとって致命的なことを釈尊はおっしゃっておられる。あなたがたはそう思いませんか。わたくしは何年も前にここのところを読んで、興奮して何日もねむれなかった。——このことを知っているのはわたくしだけなんだ。仏教伝来以来、一千数百年の歴史の中で、これをただしく読みとったのは桐山靖雄ただ一人なんだ。そうすると、日本の仏教は全部、壊滅ではないか。成仏しない仏教を弘めて、それを信じている人たちはどういうことになるか。成仏できると思えばこそ、その宗旨で一生けんめい信仰にはげんでいるのでしょう。それを、釈尊の説いておられることと、まるっきりちがうことを押しつけている。この欺《ぎ》瞞《まん》というものはどうしたことだ。いや、そんなことよりもなによりも、これではだれ一人救われるものはないじゃないか。

わたくしはそれを考えたとき、興奮して何日もねむれなかった。いまでもそうです。だから睡眠不足のときには阿含経を考えないようにしている（笑）。

じつに、この一句で、わたくしは阿含宗を立宗する決意をかためたのです。

このことをどうしても人びとに知らせなければいけない。一千数百年のむかしから今日にいたる日本の坊主の中で、わたくしただ一人だけしか知らないこんな大変なことを、このまま黙って死んでいったら、わたくしは未来永劫《みらいえいごう》、地獄に落ちるだろう。このまま黙って一生を過ごしたら、わたくしの生涯は平穏無事だろうが、死にぎわにわたくしはかならず後悔するだろう。その後悔ゆえにわたくしは、成仏できず、未来永劫にわたって地獄を転々とするだろう。そうわたくしは考えた。

「知った者の不幸だ」

そうわたくしは何度もつぶやきました。

わたくしだって、何を好んで日本の仏教を批判し、坊さんがたの反感を買いたいものか。個人的には尊敬している坊さんも何人《なんにん》かいる。日本の坊さんはだれもわたくしを相手にしなくなるでしょう。相手にしないどころか、反感と敵意をそそいでくるでしょう。なにもそんなことまでしなくても、わたくしの人生は軌道に乗りつつあった。あとは、八方に敵をつくらず、ニコニコ円満、ドクにもクスリにもならないかわり、「ああ、あの人はいい人だよ」といわれて、人畜無害、安穏に世を送る。

それができないのが身の不肖だね。

どんなひどい目にあおうが、いわなければならんと思ったことはいう。しなければならんと思ったことはする。人間、死ぬときの念《おも》いがなによりも大切で、死にぎわに少しでも後悔して念が遺るようなことをやってはいけない。まっとうな人間だったら、死に際して、かならず、損得をはなれてあのことだけはしておかなければならなかったな、このことだけはしなければよかったな、と思う瞬間があるものです。それにひっかかると成仏できない。

あなたがたもわたくしと一蓮托生《いちれんたくしょう》だ。こうして日本仏教のこの大変な間違いと欺瞞を知ったからには、わたくしと手をつないで、この間違いをただすために立ちあがらなければならんでしょう。それをやらんと地獄に落ちるよ。(笑)

それはとにかく、釈尊が、この短いお経の中で、どれだけくりかえしくりかえし、この成仏法をやらなければいけないんだと、一生けんめい説いておられるか。涙が出るほどじゃありませんか。

釈尊は『伏鶏《ふくけい》の譬《たと》え』と『大船《だいせん》の譬《たと》え』という二つのたとえを以て、懇々《こんこん》と説いておられます。

成仏をねがわなくても成仏してしまう

『伏鶏の譬え』、というのは、産んだ卵がかず多いため、母鶏《ははどり》が十分にめんどうをみてやることができない。母鶏は、卵の中の子が、努力して自分のクチバシ、ツメで卵のカラを破って、安穏にヒナにかえってほしいと願っているが、ヒナは、自分の力だけではどう努力しても、カラを破って生まれ出ることができない。やはり、母鶏の手助けがなくてはならないのである。それとおなじことで、修行者がいくら成仏を願って一心に努力しても、自力だけでは不可能なのである。卵の中のヒナが母鶏のねんごろな手助けが必要なように、如来の成仏法なくしては達成できないのである、というものです。

ここで、釈尊は非常におもしろいことをいわれております。

「この成仏法を修習するものは、成仏したいと特に願わなくとも、自然に成仏してしまうのである。そういうすばらしい力をこの成仏法は持っているのである」

『漏尽解脱を欲せざるも而も彼の比丘、自然に漏尽し心解脱を得ん』

おもしろい言葉ですね。

『大船の譬え』というのは、大きな船が、強靱《きょうじん》な藤蔓《ふじつる》でもって結ばれ建造されている。めったなことでこの藤蔓は切れるようなことがないのであるが、台風の季節になって、何日も何日も海で波にもまれると、最後にはさしも強靱な藤蔓もバラバラに切断されてしまう。それと同じように、比丘よ、この成仏法をもって日に日に修行するならば、いかなる強い煩悩も因縁もカルマも、かならず断ち切って成仏できるのだ、という意味です。懇切叮寧に、あるいは狗子のたとえ、あるいは伏鶏、大船のたとえ、というように、一生けんめい修行者に説いて聞かせる釈尊の情熱が、惻々《そくそく》と胸につたわってくるではありませんか。それはちょうど、多くのヒナが無事安穏にかえってくれるよう、ひたすら願う母鶏の愛情にたとえることができましょう。

これだけ一生けんめいお説きになった成仏法を、日本の仏教は、阿含経を小乗とそしることによって、抹殺してしまったのです。それは、釈尊を抹殺してしまったことと同様である、とわたくしは思うのです。そのシワよせが、いま、来ている。わたくしは、この日本が、いまこんなにも悪い状態になってきたのは、正しい信仰、カルマを断つという釈尊の仏法を、千数百年の間、日本人が信仰しなかったというところにあると思います。

わたくしたちは、釈尊がここで何度もくりかえしくりかえしお説きになっておられるように、この成仏法を修得し、そうしてまた、この成仏法を修得する人を一人でも多く集めて、この日本列島を覆う霊障のカルマ、破滅のカルマを断ち切るよりほか、日本を救う道はないと考えます。

それを知っているのは、ここにいる阿含宗の、ごくわずか、ほんとうにすくないわれわれしかいないわけです。しかし、どんな真理運動でも、宗教活動でも、最初はほんとうにごく小数な目ざめた人によってはじめられているのです。さいごには世界的な大集団となった思想でも運動でも、最初の声をあげたのは一人か二人です。キリストにしても、仏陀にしても、最初に真理を叫んだのは一人なんです。その一人を中心に二人、三人、五人、十人、百人というように同志がふえ、ついには世界を動かす大きな力となった。

それを考えると、わが教団はいま、決して小さな動きではない。巨大教団にくらべて人数はすくないけれども、ほんとうの仏陀の教法をもって、どうしてもこの世界を救わねばならないんだという燃えあがるようなエネルギーであふれている。このエネルギーで世界を覆《おお》うんだ、このエネルギーで世界を覆っている破滅のカルマを消滅させるんだ、それができるのは阿含宗徒のわれわれだけなんだ、それを考えるとき、もう、一分一秒もうかうかしていられないぞ。そういう思いにわたくしはかりたてられるのです。

諸君も、この阿含経のテキストをお持ち帰りになって、ようく読み直してください。釈尊がどんなに大変なことをわたくしたちに呼びかけているか、どんなにたいせつなことをわたくしたちに説いているか、何度も何度もくりかえし読んでいただきたい。

わたくしが、いままで、なんの根拠もなしに日本の仏教を批判していたんではないということが、よくおわかりいただけたことと思います。気の弱いわたくしが(笑)日本の仏教ぜんたいにたいし、いうならばケンカを売っているようなこんなはげしい言葉でもって説法しているのは、ただただ、ここにある釈尊のお言葉ゆえです。それと、日に日に感ずる危機意識です。このままでは、日本は、世界は、二十一世紀を無事にむかえることができない。釈尊がこのお経でおっしゃっているように、「須弥山が崩落するような」全地球的破滅がかならず起きる、そう感じるからです。

お釈迦さまがいまいらっしゃったならば、わたくしなどの何百倍、何千倍という大きな力で社会に訴え、社会を動かしていくでありましょうけれども、わたくしは不徳であり、不才であって力もない。だからこの程度しかできませんけれども、しかし、わたくしは全身全霊をもって世の中によびかける。阿含経を読んだならば、だれだってそうせざるを得なくなるでしょう。

みなさんも、このテキストを持ってお帰りになり、くりかえし読まれて、釈尊のお言葉に耳をかたむけていただきたいと思います。

奇なるかな成仏法の威力

雑阿含経「出家経」

和　訳

是《かく》の如《ごと》く我《わ》れ聞《き》きぬ。一時《いちじ》、仏《ほとけ》、王舎城《おうしゃじょう》の迦蘭陀竹園《からんだちくおん》に住《とど》まりたまえり。時《とき》に婆蹉種《ばさしゅ》出家あり。仏の所に来詣《らいけい》し、世尊《せそん》と面《まのあた》り相慰労《あいいろう》し已《おわ》り、退きて一面に坐し仏に白《もう》して言さく、「瞿曇《くどん》、問う所あらんと欲《ほっ》す。寧《むし》ろ閑暇《かんげ》ありて解説《げせつ》を為《な》したまうや不《いな》や」。

爾時《そのとき》、世尊、黙然《もくねん》として住《じゅう》したまえり。婆蹉種《ばさしゅ》出家は第二第三問《と》い、仏も亦第二第三黙然《もくねん》として住《じゅう》したまえり。時に婆蹉種《ばさしゅ》出家は仏に白して言さく、「我《わ》れ瞿曇《くどん》と共に相随順《あいずいじゅん》す。今問う所あるに何故《なにゆえ》に黙然《もくねん》としたまうや」。爾時《そのとき》、世尊、是《こ》の念《ねん》を作《な》したまわく、「此の婆蹉種《ばさしゅ》出家は長夜《じょうや》質直《しちじき》にして諂《へつら》わず偽《いつわ》らず、時に問う所あるは皆知らざるを以ての故にして故《ことさ》らに悩乱《のうらん》するに非《あら》ざれば、我今当に阿毘曇《あびどん》と律《りつ》を以て彼を納受《のうじゅ》さすべし」と。是念《このねん》を作《な》し已《おわ》りて、婆蹉《ばさ》種出家《しゅしゅっけ》に告《つ》げたまわく、「汝の問う所に随《したが》いて、当《まさ》に解《げ》説《せつ》をなすべし」。（中略）
婆蹉、仏に白《もう》さく、「頗《も》し一比丘《いちびく》の此法律《このほうりつ》に於《おい》て、有漏《うろ》を尽《つく》して漏《ろ》なく、心解脱《しんげだつ》して乃至後有《ないしごう》を受《う》けざるを得るものありや」。仏、婆蹉に告《つ》げたまわく、「但若《ただもし》は一若《もし》は二若《もし》は三乃至《ないし》五百のみならず、衆多《しゅた》の比丘《びく》ありて、此法律《このほうりつ》に於《おい》て諸《もろもろ》の有漏《うろ》を尽《つく》して乃《ない》至後有《しごう》を受《う》けざるなり」。婆蹉、仏に白さく、「且《しばら》く比丘《びく》を置《お》いて、一比丘尼《いちびくに》の此法律《このほうりつ》に於《おい》て諸《もろもろ》の有漏《うろ》を尽《つく》して乃至後有《ないしごう》を受けざるものありや不《いな》や」。仏、婆蹉に告げたまわく、「但《ただ》一二三の比丘尼《びくに》乃至《ないし》五百のみならず、衆多《しゅた》の比丘尼《びくに》ありて此法律《このほうりつ》に於《おい》て、諸《もろもろ》の有漏《うろ》を尽《つく》して乃至後有《ないしごう》を受けざるなり」。婆蹉、仏に白さく、「比丘尼《びくに》を置《お》いて、一優婆塞《いちうばそく》の諸《もろもろ》の梵行《ぼんぎょう》を修《しゅう》し、此法律《このほうりつ》に於《おい》て狐疑《こぎ》を度《わた》るものありや不《いな》や」。仏、婆蹉に告《つ》げたまわく、「但《ただ》一二三乃至《ないし》五百の優婆塞《うばそく》のみならず、乃《すなわ》ち衆多《しゅた》の優婆塞《うばそく》あり

註解

〔阿毘曇〕論。教法の要義を分類、整理し解説したもの。
〔律〕戒律のこと。
〔有漏〕心の中に漏れ出るもの。煩悩の異名。
〔後有〕未来世における生存。後の世の身心。
〔優婆塞〕upāsaka《ウパーサカ》の音写。男性の在家信者。

て諸《もろもろ》の梵行《ぼんぎょう》を修《しゅう》し、此法律《このほうりつ》に於《おい》て五《ご》の下分結《げぶんけつ》を断《だん》じ、阿那含《あなごん》を成《じょう》ずることを得《え》て復還《またかえ》りて此《ここ》に生《しょう》ぜざるなり」。婆蹉、仏に白《もう》さく、「復優婆塞《またうばそく》を置《お》いて、頗《も》し一優婆夷《うばい》の此法律《このほうりつ》に於《おい》て梵行《ぼんぎょう》を修《しゅ》持《じ》し、此法律《このほうりつ》に於《おい》て狐疑《こぎ》を度《わた》るものありや不《いな》や」。仏、婆蹉に告《つ》げたまわく、「但《ただ》一二三の優婆夷《うばい》乃至《ないし》五百のみならず、乃《すなわ》ち衆多《しゅた》の優婆夷《うばい》ありて此法律《このほうりつ》に於《おい》て五の下分結《げぶんけつ》を断《だん》じ、彼《かしこ》に於《おい》て化生《けしょう》し、阿那含《あなごん》を得《え》て復還《またかえ》りて此《ここ》に生《うま》れざるなり」。婆蹉、仏に白《もう》さく、「比丘《びく》、比丘尼《びくに》、優婆塞《うばそく》、優婆夷《うばい》にして梵行《ぼんぎょう》を修《しゅう》する者を置《お》いて、頗《も》し優婆塞《うばそく》の五欲《よく》を受《う》けて而《しか》も此法律に於《おい》て狐疑《こぎ》を度《わた》るものありや不《いな》や」。仏、婆蹉に告げたまわく、「但《ただ》一二三乃至《ないし》五百のみならず、乃《すなわ》ち衆多《しゅた》の優婆塞《うばそく》の、居家妻子《こけさいし》、香華厳飾《こうげごんじき》、奴婢《ぬひ》を畜養《ちくよう》せるありて、此法律《このほうりつ》に於《おい》て三結《さんけつ》を断《だん》じ、貪恚癡《とんいち》薄《うす》らぎて斯陀《しだ》含《ごん》を得《え》、一往一来《いちおういちらい》して苦辺《くへん》を究竟《くきょう》するなり」。婆蹉、仏に白さく、「復優婆塞《またうばそく》を置《お》いて、頗《も》し一優婆夷《いちうばい》の五欲《よく》を受習《じゅしゅう》し、此法律《このほうりつ》に於《おい》て狐疑《こぎ》を度《わた》るを得るものありや不《いな》や」。仏、婆蹉に告げたまわく、「但《ただ》一二三乃至《ないし》五百のみならず、乃《すなわ》ち衆多《しゅた》の優婆夷《うばい》ありて、居家《こけ》

〔梵行〕 この義に二つあり。一は出家者の梵行で、男女の欲を禁じ、肉食を断ち非時に食事をせぬ等のきびしい行を守る出家の梵行。二は在家者の梵行で、財物を寄進し、或いは仏の教法をひろめんがために身心をささげる在家の梵行。
〔五の下分結〕 下分とは欲界のこと。三界のうち最下の欲界に衆生を結びつけ、束縛している五種の煩悩をいう。これがあるかぎり、人間は欲界に生をうける。
〔阿那含〕 anāgāmin の音写、不還《ふげん》と漢訳する。もう迷いの世界にもどって来ないの意で、五の下分結を断じつくした聖者。

に在《あ》りて男女《なんにょ》を畜養《ちくよう》し五欲《よく》を服習《ぶくじゅう》し華香厳飾《けこうごんじき》し、此法律《このほうりつ》に於《おい》て三結尽《さんけつつ》きて須陀洹《しゅだおん》を得《え》、悪趣《あくしゅ》に堕《だ》せず、決定《けつじょう》して正《まさ》しく三菩提《さんぼだい》に向《むか》い、七《なな》たび天人《てんにん》の往生《おうじょう》ありて苦辺《くへん》を究竟《くきょう》するなり」。

婆蹉《ばさ》、仏に白して言さく、「瞿曇《くどん》、若《も》し沙門瞿曇《しゃもんくどん》のみ等正覚《とうしょうがく》を成《じょう》じて、若《も》し比丘《びく》、比丘尼《びくに》、優婆塞《うばそく》、優婆夷《うばい》の梵行《ぼんぎょう》を修《しゅう》する者、及び、優婆塞、優婆夷の五欲を服習《ぶくじゅう》するもの、是《かく》の如《ごと》きの功徳《くどく》を得《え》ざれば、則《すなわ》ち満足《まんぞく》せず。沙門瞿曇等正覚《しゃもんくどんとうしょうがく》を成じ、比丘、比丘尼、優婆塞、優婆夷の諸の梵行を修するもの、及び、優婆塞、優婆夷の五欲を服習するもの、而《しか》も爾所《そこばく》の功徳《くどく》を成就《じょうじゅ》するを以ての故に、則ち満足と為す。瞿曇《くどん》、今当《いままさ》に譬《たとえ》を説《と》くべし」。仏、婆蹉に告げたまわく、「意《こころ》に随《したが》いて説《と》かれよ」。婆蹉、仏に白さく、「天大《てんおお》いに雨《あめふ》りて水流《すいる》随《したが》いて下《くだ》るが如く、瞿曇《くどん》の法律も亦復《またまた》是《かく》の如し。比丘、比丘尼、優婆塞、優婆夷、若《も》し男《なん》、若《も》し女《にょ》、悉《ことごと》く皆《みな》随《したが》い流《なが》れて涅槃《ねはん》に向い涅槃《ねはん》に湊《さら》え輸《はこ》ぶ。甚《はなは》だ奇《き》なり。仏《ぶつ》・法《ぼう》・僧《そう》の平等法律《びょうどうほうりつ》なることや」。（後略）

〔優婆夷〕 upāsikā《ウパーシカー》 の音写。女性の在家信者。
〔五欲〕 五つの欲、眼・耳・鼻・舌・身の五官の悦楽。
〔斯陀含〕 sakṛd-āgāmin の音写、一来と漢訳する。もう一度だけ生まれかわってさとる者。五の下分結のうち、三結を断じ、二結薄らいだ境界。天か人かの世界にもう一度だけ生まれかわってさとり、以後もう生を受けない。このように、かならず一度、天界と人界を一往来するゆえに、一往来果ともいう。
〔須陀洹〕 srota-āpanna の音写、入流、預流と漢訳。五の下分結のうちの三結を断じて、聖者の位に入った者。

大　意

釈尊が、婆蹉種出家の質問にたいし、弟子たちの解脱にすすむ段階について、お答えした記録です。

解脱成仏といっても、いっぺんに涅槃に到達するのではなく、さきのお経で、釈尊がナーディカ村の人たちについておっしゃられたように段階があります。その段階についてお示しになったものです。

講　説

この通り、わたくしは聞きました。あるとき、釈尊がラージャガハのカランダカ竹林園の精舎にましましたとき、婆蹉種出家がまいりまして、釈尊に、「少しおたずねしたいことがありますが、お時間を割《さ》いていただけますか」と申しました。しかし、釈尊は、『黙然として住したまえり』、なんにもおっしゃらず、無言のまま座っておられます。婆蹉種出家は、二度、三度、くりかえして申し上げますが、やはり釈尊は無言のままです。

このへんは面白いですね。

「またうるさいやつが来て、くどくどつまらんことを聞くのか」

と仏さまはうんざりされたんじゃないでしょうか。黙って瞑想されていたのかも知れませんね。

すると婆蹉は、二度、三度くりかえし申し上げても返事がいただけないものだから、とうとう、うらみがましいことをいうわけです。

これ、漢文ですから、そういうユーモラスな雰囲気は感じにくいのですけれども、うらみがましいことをいうわけです。このあたり、人間味《にんげんみ》が出ていて、わたくしは非常にほほえましく思います。

『我れ瞿曇と共に相随順す』、わたくしはいつも仏さまのあとにつき従って、お供をしているではありませんか。それだのに、いまおたずね申し上げているのに、なにもおっしゃらないのはひどいではありませんか。

そこで、釈尊のお思いになるのに、この婆蹉種出家は、心がまっすぐである。『質直』である。心が質朴《しつぼく》であって曲がったところがない。へつらいもしないしウソもつかない。ほんとうに真っ正直である。ときどきおかしなことやつまらないことを質問するけれども、それはものを知らないからであって、べつに邪心があるのではない。よしよし、今日もまた、阿毘曇（論）と教法と律を以て、かれの質問に答えてやろう。そこで、婆蹉に、

『汝の問う所に随いて、当に解説をなすべし』

「なんでも聞くがよい。答えてあげよう」

釈尊はご親切ですね。そうおっしゃってくださったものですから、

『頗し一比丘の此法律に於て、有漏を尽して漏なく、心解脱して乃至後有を受けざるを得るものありや』

一比丘、つまり出家、坊さんです。釈尊のお弟子の出家が一人でも、『有漏を尽して漏なく』、漏というのは、漏《も》るということで、有漏というのは、漏るものがあるということです。ではなにが漏るのか、心の中に、いろいろと漏って流れ出てくるものがある。「煩悩」です。どこから漏ってくるかというと、「五官」からです。どんなに漏れ出てこないようにとつとめても、どうしても出てくる。

五官というのは、眼・耳・鼻・舌・身です。これに意がくわわると、六官になり、六根になるわけですが、五官、五つの感覚器官です。この五つの感覚器官から漏れ出てくるものがある。というのは、眼からは美しいものに執着する欲望が流れ出てきますし、耳からはよいこと、自分の気に入るようなことを聞きたい欲望が漏れ出てきますし、舌からはおいしいもの、好きなものに執着する欲望が流れ出て、からだによくないと知りながら、酒をのみたがり、タバコを吸いたがる――これみな、五官の欲望から出る執着であり、煩悩です。そういうものがいっさい無くなると「無漏」です。無漏はもうすべての煩悩がなくなってしまって、迷いも惑《まど》いもない。そういったものからすべて解脱し超越してしまっている。

釈尊のお弟子の中で、だれか一人でもそういう解脱の境界にまで達して、もう『後有を受けざるを得るものありや』

後有というのは、のちの生のこと、未来の生です。後有を滅したもの、というのは、もう因縁解脱し、カルマを断ってニルヴァーナに入り、転生しなくなったもの、ということです。完全解脱して涅槃に入ってしまった比丘が一人でもおりますか、と聞いたわけです。すると、釈尊は、

『婆蹉に告げたまわく、「但若は一若は二若は三乃至五百のみならず、衆多の比丘ありて、此法律に於て諸の有漏を尽して乃至後有を受けざるなり」』

一人や二人や三人や、そんなものではない。五百人を越えた多数の出家が、この仏陀の教法と律により、完全解脱してもう輪廻が止み、つぎの生をうけなくなってしまっている、とこうお答えになった。

すると婆蹉は、

「わかりました。男性の出家のことはわかりました。それでは、比丘尼のほうはいかがでしょうか」

女性の出家、尼さんのほうはどうですか、とおたずねしたわけです。

すると釈尊は、この質問にたいしても、

『一二三の比丘尼乃至五百のみならず、衆多の比丘尼ありて此法律に於て、諸の有漏を尽し

て乃至後有を受けざるなり』

それは尼さんのほうも、一人や二人や三人ではない、五百人以上のたくさんの女性の出家者が、完全解脱して涅槃に入ってしまっている。こうお答えになられた。

そこで、婆蹉は、では『比丘尼を置いて』おもしろいですね、「わかりました、じゃあ比丘尼はそっちへおいておいて」

『一優婆塞の諸の梵行を修し、此法律に於て狐疑を度《わた》るものありや不や』

今度は在家の修行者になったわけです。

出家の坊さんと尼さんは、たくさん完全解脱して涅槃に入っていると聞いたものですから、在家の男性の修行者はどうだろうか、そう思って質問したわけです。狐疑を度るというのは、解脱してさとりをひらく、ということです。優婆塞で、梵行を修すると同時に、この教法を修行して、おなじように、解脱したものはおるでしょうか、そうおたずねしたわけです。

『仏、婆蹉に告げたまわく、「但一二三乃至五百の優婆塞のみならず、乃ち衆多の優婆塞ありて諸の梵行を修し、此法律に於て五の下分結を断じ、阿那含を成ずることを得て復還りて此に生ぜざるなり」』

さあ、ちょっとむずかしくなりましたね。ここはすこしくわしく解説しないと、わからんでしょう。

「それは一人や二人や三人ではない。五百人以上の男性の在家の修行者、優婆塞が」

『諸の梵行を修し』

註解にありますように、梵行には、出家の梵行と在家の梵行の二つがあります。出家の梵行は当然のことであり、むしろ「戒律」のほうに属するものですから、特にいいません。このお経でも、出家のほうは『此の法律に於て』とのみいって教法が主になっていて、梵行ということばは出てきておりません。在家のほうになってはじめて梵行が出てきています。それは、梵行はかならず在家の者の実践しなければならぬものだからです。梵行には、出家の梵行と在家の梵行がありますが、在家者でも出家者と同じ梵行をする者もあります。ここでは、『諸の』とありますから、在家の梵行と出家の梵行とを併せ修している熱心な在家の修行者です。

『五の下分結を断じ、阿那含を成ずることを得て復還りて此に生ぜざるなり』

五の下分結とはどういうことか。

この「五下分結」がわからないと、釈尊のお説きになる仏教はわかりません。ということはつまり「仏教」を知らない、ということになりますね。そういう意味で、仏教信者だといっておりながら、仏教をまったく知らない人たちがあまりにも多いようです。

五下分結についてすこしくわしくおはなししましょう。

五の下分結とは

さきの講義で、因縁解脱して完全成仏するためには、渇愛《タンハー》を断滅しなければならないのだと、おはなしいたしました。

また、渇愛が与陰のもとであるとおはなしいたしました。

では、渇愛とはなにかというと、根本煩悩です。この根本煩悩から十種類の随煩悩が漏れ出てくる。これを「十随煩悩」あるいは「十結」と申します。なぜ「結」というかというと、これが人間のこころと体と魂をかたく結束し、束縛して自由にさせない。柱に結びつけられた「狗子」のごとく自由を奪ってしまう。そこで「結」とこういう。

この十の結を、全部断ち切ってしまうのが、釈尊の成仏法なのです。

十の結をのべますとつぎの通りです。

㈠、身見《しんけん》　㈡、疑惑《ぎわく》　㈢、戒取《かいしゅ》　㈣、欲貪《よくとん》　㈤、瞋恚《しんに》　㈥、色貪《しきとん》　㈦、無色貪《むしきとん》　㈧、慢《まん》
㈨、掉悔《じょうけ》　㈩、無明《むみょう》

です。
この十結を、上、下に分かちます。

五下分結——一、身見　二、疑惑　三、戒取　四、欲貪　五、瞋恚
五上分結——六、色貪　七、無色貪　八、慢　九、掉悔　十、無明

となります。
この十結は、一、二、三、四、というように、切れやすい順になっています。そして、一から五までを「下分結」というのは、〝一番下位の世界に結びつけている結〟という意をあらわしています。迷いの世界は、欲界《よくかい》・色界《しきかい》・無色界《むしきかい》の「三界」に分けられます。むかしの俗諺《ぞくげん》に「女は三界に家なし」などというのがありましたが、あれはこれをいっているわけです。この三界のうち、欲界というのは、「欲望によって成り立つ世界、あるいは、食欲・婬欲・睡眠欲のある世界」で、まあ、わたくしたちの住むこの娑婆世界です。三界のうちでは一番下位の世界です。五下分結とは、この下位の世界に結びつける五つの煩悩、ということで、この五つの煩悩があるかぎり、わたくしたちは死後、何度でもこの世界に生まれて来なければならないわけです。

『――五の下分結を断じ、阿那含を成ずることを得て復還りて此に生ぜざるなり』

と釈尊がおっしゃったのは、成仏法によって、この五下分結を断ち切りますと、『阿那含』という境界になります。「アナゴン」ですよ、ママゴンではありません（笑）。

そして『復還りて此に生ぜざるなり』で、もうこの欲界、娑婆世界には還って来ない。もう再生しないのです。だから、阿那含のことを「不還《ふげん》」といいます。還《げん》という字は、かえる、ということで、不還ですから、もう還らない。還らないでどこへ行ったのかというと、最上階の霊界へ行ってしまう。

そういう在家の修行者が、三人や五人ではない。五百人以上の多数もおるぞ、と釈尊はお答えになったわけです。

そこで、婆蹉は、また、「それでは優婆塞のほうは置いて、優婆夷、女性の在家の修行者のほうはいかがですか」とおたずねします。

『頗し一優婆夷の此法律に於て梵行を修持し、此法律に於て狐疑を度るものありや不や』

この質問にたいし、釈尊は、優婆塞とおなじように、五百人以上、あまたの優婆夷が五下分結を断じて阿那含を成じ、もうこの世に再生しない不還の境界に達している、とお答えになります。そこで、また、婆蹉は、

『比丘、比丘尼、優婆塞、優婆夷にして梵行を修する者を置いて、頗し優婆塞の五欲を受け

て而も此法律に於て狐疑を度るものありや不や』

おもしろいですね。比丘、比丘尼と、それから在家の男女の修行者で出家者の梵行と在家者の梵行と両方を併せおさめつつ成仏法を修している者のことはわかりました。それはそちらに置いておいて、それでは、

『優婆塞の五欲を受けて而も此法律に於て』

というのは、今度は、優婆塞で出家者の梵行はせずに在家者の梵行をおさめながら、『此法律』つまり成仏法を修行している者はどうですか、とおたずねしたわけです。

というのは、『五欲を受けて』といっています。五欲というのは、前にのべました五官すなわち眼・耳・鼻・舌・身の欲です。この五官の欲を受けて、というのは、在家者としてふつうの生活をしながら、という意味です。肉食妻帯、ということでしょう。これは、出家者のほうの梵行はしていないということです。出家者の梵行は、男女の欲を断つ、肉食と非時の食を断つ、というものですから、五欲を断っているわけです。『五欲を受けて』、つまりふつうの在家者の生活をしながら、在家の梵行と成仏法とを修行しているものは、いかがですか、と質問したわけです。

すると、釈尊は、こうお答えになりました。

『但一二三乃至五百のみならず、乃ち衆多の優婆塞の、居家妻子、香華厳飾、奴婢を畜養せ

るありて、此法律に於て三結を断じ、貪恚癡薄らぎて斯陀含を得、一往一来して苦辺を究竟するなり』

居家妻子というのは、在家で家庭や妻子を持っている、商売をしている、という意味もありましょう。香華厳飾、香水や香木、華で身を飾り、宝石なども身につけている。また、男女の使用人などもかず多く使っている、まあ、かなり贅沢《ぜいたく》な暮らしをしている人ですね。これが三結を断じて、その上、貪恚《とんい》の愚癡《ぐち》が薄らいで斯陀含《しだごん》を得ている、とこうおっしゃった。

三結を断じてというのは、五下分結のうち、身見、疑惑、戒取、この三つを断滅してしまった、ということです。

貪恚うすらぎ、というのは、㈣と㈤の、欲貪、瞋恚の二つの煩悩です。この二つはまだ断滅していないが、もうかなり薄らいできている。この境界を、斯陀含というのです。

斯陀含のまたの名を、「一来《いちらい》」と申します。一度《ひとたび》は来る。というのは、斯陀含の位に入った人は、この世で亡くなったときに、天となって天界に再生するのです。それからもう一度、この娑婆世界に人間として生まれて来る、それで亡くなると、今度は霊界へ生まれていって、もうこの世には還って来ない。そこで、「一往一来」というわけです。

阿那含はもう還って来ないから「不還」。これは一度は還ってくるから「一来」。

天（deva）というのは、神、のことです。天と漢訳したのは、シナ的な表現です。仏教では、神は仏よりずっと低い境界で、一つの神通力を持ち、仏法を守護する存在、とされています。たとえば、大黒天、ビシャモン天、弁財天、というように、みな、一つの神通力を持って、仏教信者を助けるはたらきをしています。この天となって天界に生じる。そこでまた修行をつづけ、寿尽きるともう一度この娑婆世界に還ってくる。還って来るときには、最上、最高の人間として生まれてくるわけです。ひとたび神となった人ですから、欲界に死んで欲界に生まれたふつうの人間とはちがう。ひとたび天となって神通力を持った人ですから、なにか人なみすぐれた才能、能力を持っていて、この世で仏道修行をしながら多くの人の為めになり、あるいは多くの人を救って、多くの人に尊敬され、惜しまれながら、この世を去ると、今度は仏界へ行ってしまって、二度と還って来ない。

そういう斯陀含の境界に入った優婆塞が、五百人以上もいる、と釈尊はお答えになった。

そこで婆蹉は、

「わかりました。それでは、今度は、女性の在家の修行者で、ふつうの在家の梵行と成仏法のみの修行をしているものはいかがでしょうか。それでさとりをひらいているものはおりますか」

とおたずねします。釈尊は、それにたいし、五百人以上の在家の女性修行者が、ふつうの家庭生活を送りながら、

『此法律に於て三結尽きて須陀洹を得、悪趣に堕せず、決定して正《まさ》しく三菩提に向い、七た

び天人の往生ありて苦辺を究竟するなり』
とお答えになりました。
五下分結のうち、㈠の身見、㈡の疑惑、㈢の戒取、この三結を断滅した人を、須陀洹といいます。
須陀洹というのは、別名「預流《よる》」と申します。流れに預る、流れに入る、という意味です。なんの流れに入るのかというと、聖者の流れに入る、聖者の末席に加わるということで、須陀洹になると、もう聖者です。聖者の仲間入りをする。
須陀洹になりますと、三悪趣に堕《お》ちない。三悪趣というのは、つぎの三種の境界です。
地獄界、横変死の因縁
刑獄の因縁
肉親血縁相剋の因縁をともなうつよい家運衰退の因縁
餓鬼界、ガンの因縁
つよい家運衰退の因縁、中途挫折の因縁により貧困に苦しむ。（無財餓鬼）
財物を持つが、その財のためにかえっていろいろ苦しむ。（有財餓鬼）
畜生界、つよい肉体障害の因縁
つよい脳障害の因縁

こういう因縁で苦しむ境界です。これを「三悪趣」あるいは「三悪道」といって、この三つの境界の因縁で亡くなると、かならず霊障のホトケとなります。たんなる不成仏霊ではなく、霊障を生ずるのです。そうして、また、来世に再生するときには、この三悪趣に生まれてきて、苦しむわけです。

この『悪趣に堕せず』という句には二つの意味があるのです。

一つは、現世でこれらの因縁を断ち切ってしまって、三悪趣の境界から脱出してしまう、という意と、もう一つは、過去の業によりたとえこれらの因縁で亡くなっても、不成仏霊とならず、天へ往生する、という意の、この二つです。はやく自分の因縁に気がつき、成仏法を修してカルマを断てば、現生においてこれら三悪趣の因縁を解脱し、安楽円満な人生を送ることができます。

仏道に入ることがおくれ、カルマが十分に断てない場合でも、寿尽きてのち、天界に往生して、二度と悪趣に堕ちることがない、という二つの意を持っております。

『決定して正しく三菩提に向い』とあるのは、この須陀洹になりますと、信心が決定《けつじょう》して、不《ふ》退転《たいてん》の境界に入る。聖者の流れに入ってしまっていますから、仏道修行からもう落伍することがない。ただ前へ前へと進むばかりである。そして、七たび、天界と人間界のあいだを往来して、さいごに仏界に入るというのです。斯陀含は一往一来、須陀洹は、七たび往来する。ただし、七たびというのは、かならず、というのではなく、数回、という意味ですから、二来、三来で仏界に行ってしまうという須陀洹もあるわけです。

そこで、婆蹉は申しました。

「世尊よ、この如来の教法において、あなたお一人だけが完全解脱して涅槃に入り、他の者たち、比丘、比丘尼、優婆塞、優婆夷の梵行を修する者、修せぬ者など、ほかの者は解脱できないというのであれば、如来の成仏法は、完全なものと申せません。

しかしながら、いまおうかがいしたところによって、すべての弟子たちが、それぞれに、それなりの功徳を成就し、さいごにはかならず涅槃に到達するということを知り、これこそ、成仏法として完成された完全な教法であると存じます。そこで、いま、わたくしは、如来の成仏法をたたえて、たとえを申し上げたいと思います」

「よろしい。いってごらん」

と釈尊はうなずかれました。婆蹉は、

「この如来の成仏法は、まさしく洪水のときの奔流のようなものです。どうっとすさまじい勢いで流れる奔流は、すべてのものを押し流してしまいます。如来の成仏法もそのように、比丘、比丘尼、梵行をあわせ修する優婆塞、優婆夷、梵行をあわせ修さぬ優婆塞、優婆夷、みなことごとく奔流のなかにまきこんで、すべて涅槃にむかって運んでしまう。これはほんとうに偉大なことです。仏・法・僧の三つの力が、すべて修行者に平等に及んで、賢も愚も、浄も不浄も、なんの差別もわけへだてもなく、ことごとく涅槃に運んでくださる。まことにありがたくも不思議な教法であります」

とこのように、釈尊とその教法をほめたたえたということであります。

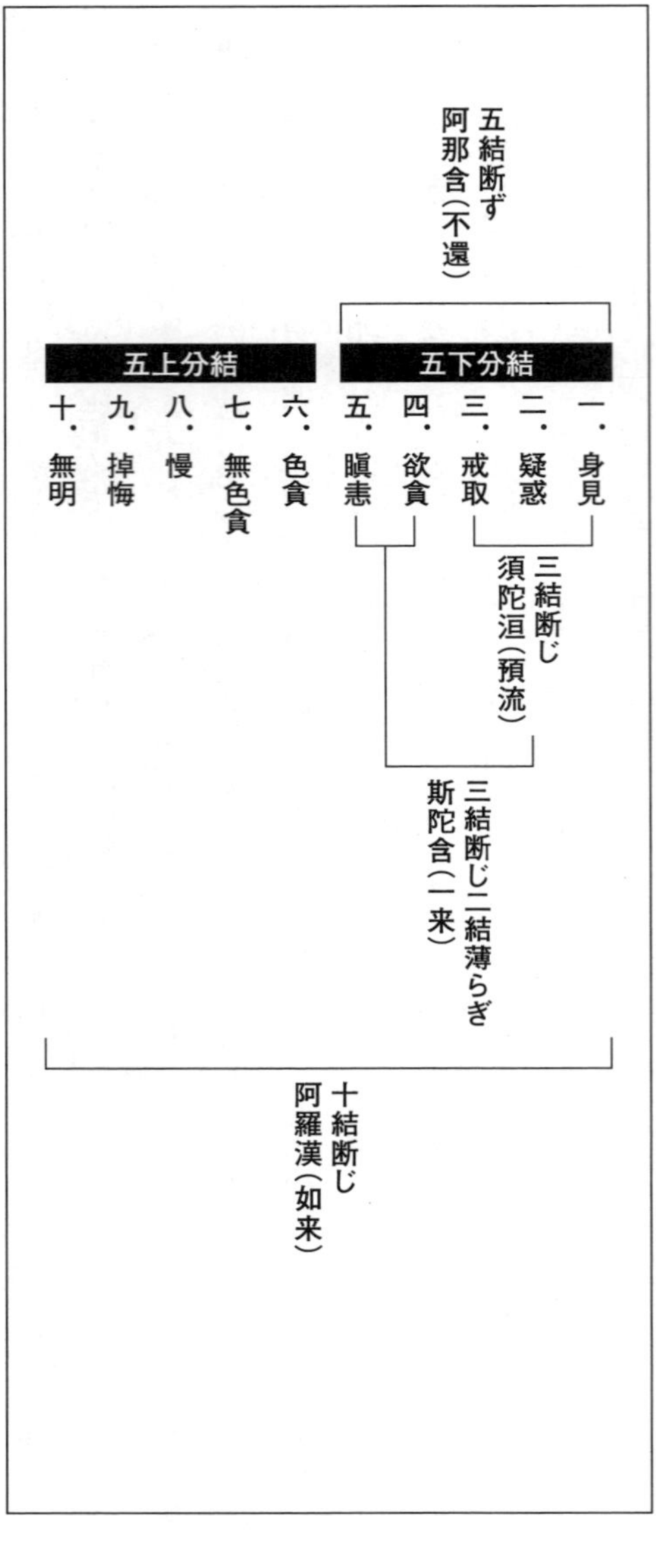

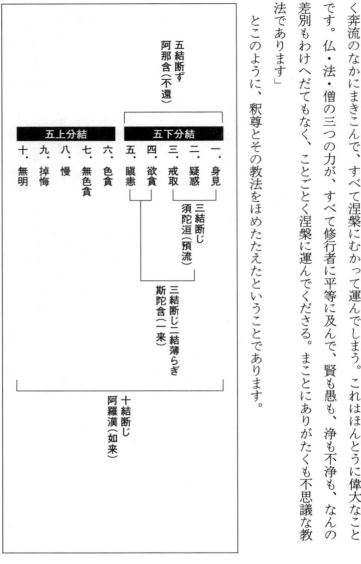

以上がこのお経の大意ですが、わかりよいように、十結とその修行結果を表にしてみました。

なお、五上分結というのは、五下分結に対し、上方の境界に結びつける煩悩であるからこうよびます。上方とは、三界（欲界・色界・無色界）のうち、欲界が下方、色界・無色界が上方で、この色界・無色界に結びつける煩悩が五上分結です。

五下分結、五上分結あわせて十結を断滅したのが、「阿羅漢《あらかん》」（arhat）です。阿羅漢についてはまたあとでのべます。

十結煩悩

では、十結煩悩がどういうものか、その内容について、ざっとおはなしいたしましょう。前にも申しましたように、これがわからないと、ほんとうの釈尊の仏教がわからないということになります。よく勉強して下さい。

一、身見（**我見ともいう**）

これには、二つの意義があります。

一つは、さきのアートマンのところでおはなしいたしましたように、「我」というものが、常住の実在であると考える考えかた、これが身見です。これはまちがいで、「我」は、五陰が因縁によって仮合したものであるとする仏教の考えかたが正しいのです。まず、この身見を断滅するということ。

つぎにもう一つは、「我執」「我慢」という意味の身見です。これは、我が身を主に、我が身を中心にすべてを考え、行動する自己中心の考えです。

「二人のために、世界はあるの」という歌がありまして、結婚式に出るとよくこの歌を聞かされますが、それが、二人のために、ではなくて、自分のために、世界はまわっているというような考えかた、この自己中心の考えかたをまず捨てることが、仏道修行の第一歩です。

よく、我《が》がつよい、と申します。我がつよくて、おれが、おれが、というこころが先にたちますと、どんなによいことを聞いても、学んでも、身につかない。こころを謙虚《けんきょ》に、すなおに聞くという態度が一番たいせつです。わたくしは、昔から、我《が》とは因縁のあらわれであり、因縁は我《が》にあらわれる、その人がどんな性癖《くせ》を持っているか、それをみればその人の因縁がすぐわかる、と申しておりますが、その性癖の中で、おれが、おれが、と自分をハナにかける性癖が一番よくない。この性癖をとるところから、仏道修行がはじまるのです。

それは、あながち仏道修行だけではない。なんの道でも、くせをとるところからはじまる。スポーツでも芸道でも、みなそうです。

小松原三夫さんという、ゴルフのコーチの名人がいます。このかたはまさに、ゴルフのコーチでは名人ですが、このかたのところに、ある人が入門した。小松原先生が、

「ゴルフをはじめて、どのくらいになります？」

そうたずねた。

「二年ほどになります」

と答えると、

「ははあ、四年ほど損しましたな」

といわれたという。

つまり、二年間、我流《がりゅう》のゴルフをやっていたから、その我流の性癖《くせ》をとるのに、四年かかるという意味です。わたくしは、このはなしを聞いてたいへん感銘をうけたので、これを応用しようかと思っています。修行したいという人がきたら、

「あなたおいくつですか？」

「わたくし、五十歳です」

「ははあ、百年損しましたな」（笑）

とにかく、くせという因縁を切るためには、我を捨てなければいけない。自分というものは五

陰の仮合したものであるから、どのようにでも変わることができる。手におえない悪党でも仏に変わることができる。それにはまず、（悪党の）我を捨てなければいけない。

二、疑　惑

疑い惑《まど》う、ということです。なににたいして、疑い惑うのか。仏陀の正しい教法《おしえ》にたいして、です。

世の中には、ずいぶん疑いっぽい人がいまして、なんにでも疑ってかかる人がいる。しかし、この十結の中の疑惑というのは、なんでも疑うという疑惑ではなく、釈尊の正法にたいして、疑い惑うことをいうのです。釈尊の正しい教法にたいして、いっさいの疑惑を捨て、心の底から信じてこれを仰ぐ。これが、第二の、疑惑を断つ、ということです。

三、戒　取

この戒取というのは、仏陀の正しい教法を理解せず、あるいは理解しようとせず、それ以外の教え、たとえば道徳とか、仏教以外の宗教、そういったものを「ぜったい正しい」と信じて固執することです。これを「戒取」という。

因縁因果の道理と、業報の真理の上に立ち、これを解脱して涅槃に至るという釈尊の教法にまさる宗教は、ほかにぜったいないのです。それを知らず、また知ろうとせず、低級な宗教や信仰、また、霊に関することは一切解決できない道徳の教えなどに固執して、「これが最高だ」としている頑冥不霊《がんめいふれい》な態度、これが戒取です。そこにはまったく救いがありません。

以上が三結です。

この三結を断じますと、さきに申しました須陀洹で、すでに聖者の流れに入っている。まあ、天となったり、人間となったり、数回くり返さなければならないが、涅槃に入ることはもう時間の問題とされる。なによりもすばらしいことは、もはや二度と悪趣に堕ちない、ということですね。

さて、そこで、一つの問題が出てきます。

「三結」さえ断じていない名僧たち

以前、わたくし、ある霊能者に会って、こういう質問をうけたことがあります。その霊能者というのは、まだ若く、その道では多少知られておりましたが、有名というほどではありませんでした。その質問というのは、

「日本の仏教の宗祖、あるいは有名な高僧たちが、地獄に落ちて苦しんでいるすがたを霊視するんですが、これはどういうわけでしょうか？」

というのです。わたくしは一笑に付《ふ》して、

「それはあなたの見まちがいだろう。ほかの霊視については、あなたの力をみとめるが、このことだけはおかしい。そんなことがあるはずはない。あなたの見まちがいだ」

「そうですかなあ、わたしはぜったいにまちがいないと思っているんだが——、あなたにお聞きしたらわかると思っていたんだが——」

と、不満そうでした。

かれは、かなりの霊視能力を持っており、わたくしの感心するような霊視もしてみせましたが、これだけは同調できませんでした。かれは、高僧たちが如実に苦しんでいるすがたを見、声も聞いた、と真剣でしたが、わたくしは一笑に付したのでした。

しかし、これは、いまにして思えば、かれのことばに、もう少し真剣に耳をかたむけるべきではなかったかと思うのです。

というのは、かれの霊視に、その可能性がないとはいえないのです。

十結の第二、になんとありますか。疑惑ですね。これは、仏陀の正しい教法に疑い惑《まど》うこと、とあります。日本の仏教の宗祖や、高僧たちは、釈尊の正しい教法を、疑い惑うどころか、これを小乗として抹殺してしまった。疑い惑う以上、何倍もの謗法《ほうぼう》の罪をおかしているわけです。そうして、たくさんの人たちに、釈尊のほんとうの教法にたいし、疑惑を持たせるようなことをした。これはたいへんなあやまりです。

それが、凡僧ならばたいしたことはない。影響力がないですからね。しかし、高僧になるほど、信念がつよく、行動力がある。影響も大きい。高僧、名僧になるほど、地獄に落ちる可能性が高いということになるのじゃありませんか?

もちろん、こういうかたがたは、人格高潔、才能ゆたかで、とにかく仏教を弘めたという大功績が一方にありますから、ぜったいに地獄になぞ落ちるということはあり得ないでしょうが、しかし、見かたによると、三結すら断じていないということになる。というのは、第三の、戒取にもひっかかるおそれがあるからです。すると、これらのかたがたは、聖者にもなっていないということになる。それだけではない。須陀洹になれなければ、悪趣に堕ちる恐れがあるのです。経文になんとありますか。「三結尽きて須陀洹を得、悪趣に堕せず」とあります。三結を断じてはじめて悪趣に堕ちないようになるのだから、三結を断じて須陀洹になれなければ、悪趣(地獄・餓鬼・畜生)に堕ちる恐れがあるわけです。これはたいへんなことですね。

まあ、これは、釈尊のお説きになった阿含の立場からいうとそうなる、ということで、あまりムキになられては困りますが、阿含宗の成仏法、準胝尊千座行法をやっている諸君は安心ですね。一生けんめいやっている連中は、疑惑も戒取もほとんど断じている。

ただ、どうも、第一の身見が残っている人たちが多い。我のつよい人がすくなくない。

これは、他の宗教の人たちと、ちょっと逆になっているところがある。よその宗教の人たちは、「我をなくせ」「我をなくせ」といわれて、修養するから、我のなくなった、すなおな人がじつに多い。修養の積んだりっぱな人をよく見かけます。

そのかわり、第二、第三でみな、聖者になれない。わが宗では、第二、第三はほとんど断じている。ただ、第一の身見の断じかたが足りない。我がつよいところがまだ少し残っている。これが断じられたら、みな、須陀洹だ。みんな預流《よる》で、聖者の流れに入る。ここにいる諸君みな聖者です。これだけの人がみんないっせいに歩きはじめたら大行進ですね。ひとつわが教団のテーマ音楽を「聖者の行進」にしましょうか(笑)。

つぎにまいりましょう。

阿羅漢を小乗としたカラクリ

四、欲貪

これは本能的な欲望のむさぼりです。婬欲・食欲・睡眠欲（怠惰）等、いやしい低級な本能にもとづくところの、欲のむさぼりです。要するに、五欲をもとにした、欲望のむさぼりです。

五、瞋恚

いかりです。

しかしこれは、ただたんに腹を立てる、というような感情的なものだけではなくて、自分の思う通りにならないことにたいしすべていかりを発する愚癡《ぐち》のこころです。愚癡というのは、因縁因果の道理のわからないことで、ほんとうに因縁因果の道理がわかったら、そうむやみに腹を立て、いかりを発することはできません。

ひどい目にあわされた、といって相手のことを一方的にわるくいう。はなしを聞いてみると、自分が相手にたいして欲ばりすぎて、大もうけをしようというようまいはなしに乗っかって、それで損をした。

「あいつはわるいやつだ。どろぼうよりもわるい」

なぜどろぼうよりもわるいやつに金を出したのかというと、自分がはたらかないでうんともうかる、というようなうまいはなしに、乗っかってしまったわけです。

そんなうまいはなしがあるはずない。そんなうまいはなしがきたら、マユにツバをつけてじっと考えてみればよい。すぐわかる。それが、欲が先に立ってしまうから、「一口十万円出せば、翌月から五万円ずつ、毎月配当する」といわれて、「一口十万円で五万円、十口だと五十万円、百口だと五百万円、これはいいぞ」というんで、あり金残らずかき集め、その上、友人知人、消費者金融からまで借金して、相手にわたす。最初一回か二回は配当をくれるが、そのあとはナシのツブテ。なんにもいってこない。あわてて飛んでゆくと行方不明、あわてて警察に訴えて出て、つかまえたところで一銭も返っては来やしない。

一番わるいのは自分の欲。それを考えたなら、まず反省するのが先に立って、腹が立つのはそのあとになるはずです。ところがそういう人に限って、ぜったいに反省しない。自分が損をしたのは相手がわるい、世の中がわるい、釈迦がわるい（笑）などというところまで発展してしまう。

だから、これを、愚《おろ》かで癡《たわけ》だという。この瞋恚《しんに》は、因縁因果の道理にくらいことからくるので、これをいましめるわけです。

六、色　貪

これから、五上分結に入ります。もうすでに、聖者となり、阿那含にまで到達した人たちが修行の対象とするものですから、非常に高度なものであり、その境界に達したものでなければわかりません。かんたんに解説しておきます。

色貪《しきとん》の、色は、いつもいうように、物質のこと。色情のむさぼりではありません。物質世界にたいする欲望です。前の欲貪は、本能の欲望のむさぼりですが、この色貪は、物質世界にたいするむさぼりです。物質にたいする欲望は、すべて色貪になります。

七、無色貪

これは、精神世界にたいする欲望。

色貪はまだ切れるが、この無色貪のむさぼりは、切るのが非常にむずかしいとされています。どういうものかといいますと、たとえば、釈尊のようなおかたでも、最初、この無色貪をおかしていたのではないかと、わたくしは思います。釈尊は、六年間、「麻麦《まばく》の行」をされて、何度か死ぬほどの苦行をされた。なんのために、そんな苦行をされたのか。「さとりをひらきたい」という精神世界への欲求でしょう。「さとりをひらきたい」という一念で、しゃにむに、命を落とすほどの苦行をつづけた。

これは「無色貪」ですよ。「さとりをひらきたい。真理を発見したい」これは純粋な精神世界への求めです。しかし、それさえも度を越すとむさぼりになり、無色貪になってしまう。だから、釈尊は六年目にそれに気がつかれたわけです。これはもう「欲」になっている。この欲を捨てなければいけない、そうお考えになって苦行を離れた。大乗仏教の人たちのいうように、苦行は無駄だ、無益だというのではないのです。無色貪になっていたことを発見したのです。しかし、さとりに至るのには、無色貪の境界を一度通らなければならぬ。そのためには、六年麻麦の行は必要であったし、尊いものだったのです。無色貪の経験もない連中に、苦行の必要と、尊さがなんでわかるものですか。

さすがに釈尊です。六年目にぱっとそれに気がつかれて、無色貪を捨て、一挙に、すうっと二十一日間で、第十の無明まで切ってしまったのです。

八、慢

この慢は、身見の慢とはまったくちがうのです。身見の慢は、おれが、おれがの我慢です。

この慢は、わたくし自身の修行経験によりますと、こうではないかと考えます。

これは、非常に高い境地から出てきます。

それは、行に行をかさね、相当なさとりをひらいてきているわけで、因縁解脱も進んでいる。

それはそうでしょう。須陀洹、斯陀含を越えてきているのですからね。そこで、ふっと感じるのは、「もうすでに自分は因縁をすべて解脱して、ニルヴァーナに到達しているのではあるまいか」と考えることがあるのです。ふっと、そう感ずることがある。ここまで来ますとね。
「ははあ、そうすると、おれもこの間、瞑想中、ふっと、ことによるとおれはもう管長よりもえらくなって、あるいは釈迦に近いんじゃないか、と思ったけれども、なるほど慢か、おれもとうとう第七の慢まできたか」(笑)
そうじゃあない、きみがそう感じたのは、身見の慢だ(笑)。三結も断じていないで「おれはもうさとりをひらいた、釈迦にひとしい」なんて考えるのは、第一の身見の慢ですよ。
ほんとうの慢の境地にまでくると、最高の解脱の近くにきていますから、ふと、「もうすでに自分の得ているものがニルヴァーナなのではないのか、自分は阿羅漢の位置にまで到達したのではないか」そう思うことがある。しかし、それはそうじゃない。魔です。そこに気がついてそこを乗り越えなければならない。しかし、一度はかならずここを通るのです。

九、掉《じよう》悔《け》

そうすると、つぎに、「掉悔」という迷いの心境が出てくるのです。

掉というのは、心が浮き浮きすることをいう。悔というのは心が沈んでゆく。「ははあ、そうするとおれにそっくりだぞ、おれは日によってものすごく気持がウキウキして掉の状態になるし、雨が降ったりすると、とたんに悔の状態になって心が沈んでゆく。そうするとおれもとうとう、掉悔までできたか」

そうじゃないの。人間というのは、だれでもたいてい躁や鬱の傾向があるものですが、これはそうじゃない。ここまできて「慢」を越える。そうすると、自分の得ている境界に喜びを感じたり、あるいは「慢」に気がついて自信を失う。ぐらつく。というように、最後のさとりを前に、心が大きく揺れるのです。それが掉悔です。

十、無　明

掉悔を克服すると、いよいよ、無明という最後の難関にぶつかる。

これはもう、言葉では説明できないものです。また、言葉などで説明すべきではないでしょう。

これを克服すると、いよいよ阿羅漢になります。阿羅漢というのは、仏陀のことです。

大乗仏教の人たちは、この阿羅漢を、「小乗のさとり」として菩薩の下においてしまいましたが、たいへんなまちがいです。阿羅漢というのは、サンスクリットの arhat で、漢訳して「応供」といい、如来の十号の一つです。

大乗仏教が、どうしてそういうことをしたのかといいますと、わたくしの考えますのに、釈尊の亡くなられたのち、教団をとび出した大乗仏教の人たちは、つぎつぎとあたらしい経典を創作しはじめた。ところがその経典には、釈尊の成仏法、七科三十七道品が抹殺されております。

そこで、仏教の究極の目標が阿羅漢であるとしますと、阿羅漢にたいする過程、「須陀洹」「斯陀含」「阿那含」「阿羅漢」（これを「四沙門果」という）を出さなければならなくなる。ところがこの四沙門果を出しますと、その四沙門果を得るための修行法として、七科三十七道品を出さなければならなくなる。そうすると、なんのことはない、結局、阿含経にもどってしまうわけです。それでは、あたらしくつくった経典の立場がなくなってしまう。

それからもう一つ、部派仏教の人たちは、釈尊の教えにしたがって、阿羅漢を目ざして修行しており、じっさいに阿羅漢も何人か出ている。そうすると、自分たちもおなじように阿羅漢を目ざすことになると、部派仏教のほうが正統ということになってしまう。そこで、部派仏教の人たちが目ざす阿羅漢というのは小乗の低いさとりで、菩薩（これも大乗仏教がつくり出した）より下だということにしてしまったわけです。

以上の二つの理由で、大乗仏教は阿羅漢を、小乗で低いさとりとしてしまったのです。

阿羅漢とは仏陀であり釈尊なのです。その阿羅漢を小乗の低いさとりとしてしまったのでは、根本的に、仏教は成り立たなくなってしまいます。それを、いまの人たちはほとんど知らない。仏教徒が知らないのです。どこかで真理のすり換《か》えがおこなわれている。わたくしたちは、このまちがい、というより捏造《ねつぞう》を世に明らかにして、ほんとうの正しい仏教というものを世に弘めなければならないのです。わたくしたちにしか、これはできない。ほんとうに、わたくしたちは、重大な使命をになっているのだということを、痛感しますねえ。

守護霊の実相

ここで、ちょっと、守護霊についておはなしいたしましょう。ちょっと唐突《とうとつ》のようですが、いままでのおはなしにかかわりがあるのです。

わたくしの書いた『守護霊を持て』（平河出版社）がベストセラーになって以来、守護霊や霊障に関する本がブームになりました。書店へ行くと、おなじような表題の本が十数冊もならんでおります。この阿含経講義の本もひょっとしてベストセラーになったりしたら、またまた、おなじような阿含経に関する本が何冊も書店の店頭にならぶかも知れませんね。

わたくしはまだ、そういった守護霊の類書を一冊も読んでおりませんが、読んだ人のはなしでは、でたらめとしか思えないような内容の本がずいぶんあるようです。そこで、ひとつ、守護霊というものの実相をおはなしすることにいたしましょう。

だれでもかんたんに、守護霊とか背後霊というものを持てるようなことをいっている人がいるようですが、そうかんたんに持てるものではないのです。それには原則があるのです。

まず第一に、稀れに例外はありますが、原則として自分の先祖か、それに準ずる霊であること。

第二に、これが一番かんじんなことですが、成仏した霊でなければならぬということです。もっとくわしく申しますと、須陀洹《しゅだおん》・斯陀含《しだごん》以上でなければならぬということです。一番よい守護霊は、須陀洹か斯陀含になって、天（神霊）となっている祖霊です。

この、天になった祖霊が、守護霊として最も強い力を発揮します。それ以外の霊は守護霊にはなれません。このことを、守護霊ブームに乗って本を書いている人たちは、ご存じないのではないのですか。

不成仏霊や、まして霊障を生じている霊が、守護霊などになれる道理はないのです。かれらは、釈尊のおっしゃる「与陰」で、苦しみと怨念のかたまりなのです。他を守護したり、助けたりするどころか、自分自身が救ってもらわなければならぬ存在なのです。

いつもわたくしが申しておりますように、いまや、日本列島は不成仏霊と霊障のホトケで覆われている状態です。どこの家庭にも、三体や四体の不成仏霊がおり、三軒に一軒は霊障のホトケをかかえて苦しんでいる状況です。こんな状況で、守護霊になれる成仏霊を持った家庭などはほとんどありません。

『守護霊を持て』を出して以来、毎日、たくさんのかたがたから、守護霊を持てるようにしてほしい、との申しこみをうけておりますが、わたくしは、まだ一人も承諾しておりません。守護霊となっていただく祖霊を持った人が一人もいないからです。

守護霊を持つ前提として、まず、第一に、不成仏霊や霊障のホトケを、成仏法によって解脱させることです。

つぎに、解脱した祖霊の中から、徳のある霊をさがし出し、増益供養法により、「天」へ往生していただく。この「天」になられた祖霊に、あらためて守護霊となっていただくのです。この方法しか、守護霊を持つ方法はないのです。ここ二年間の解脱供養で、万を越す霊に成仏していただきました。中には、守護霊となれる霊もすくなからず見うけられますので、ぼつぼつ、守護霊増益供養をはじめようかと思っているところです。

守護霊秘法

これははじめて明かす守護霊秘法です。

天界の祖霊を守護霊としておまつりし、その御守護を陰に陽にいただくのが、ふつうの守護霊法ですが、秘法として、天界の祖霊（祖霊でなくともよい）がこの世に生をうける場合、わが子として授かるという秘法があります。これは最極秘の秘法で、みだりに公開すべきではないのですが、あまりにもでたらめな守護霊の本がはんらんしておりますので、この際、ほんとうの守護霊秘法というものがどんなものか、知っていただくために、あえてその一部を公開するわけです。

また、これは、べつに祖霊に限りませんが、（須陀洹、斯陀含など）天界の霊でこの世に生をうけた人（そういう人はまことにすくないのですが）を、配偶者（夫・妻）に持つ秘法もあります。

また、これは「逆法」ですが、自分に怨恨を持つ霊の再生者を避ける秘法があります。

行きずり殺人や、それに類する事件で、縁もゆかりもない者から、突発的に危害を加えられるのは、だいたい、前生、あるいは前々生において、仇敵《きゅうてき》関係であったことが多いのです。

自動車などでひかれたりするのも、それが多い。

よく、初対面で、なんの利害関係もないのに、相互につよくいやな感じを持ち合ったり、あるいは、こちらで全く知らないうちに、思いもよらぬ異常な敵意や、反感を持たれて、執拗《しつよう》に、さまざまな妨害や敵対行為をうけることがあります。霊視すると、前生において、仇敵関係にあったということが、ほとんどなのです。つよい怨恨を持たれる人間関係が、前生においてあったわけです。これも、一種の「霊障」であって、こういう霊障を避ける秘法が成仏法にあります。

しかし、いずれにしても、自分自身、成仏法を修行して、自分の因縁を浄化することが先決条件です。

たとえば、天界の霊をわが子にむかえたいといくらねがっても、その家庭に不成仏霊や霊障のホトケがおり、また、その人自身、不徳で、死んで悪趣に堕《お》ちるような悪い因縁を持っていたら、よき霊をむかえることなど、思いもよりません。

おなじように、天界からの再生者という、すぐれた人を配偶者にしたいといくら願っても、自分自身が悪趣に堕《お》ちて与陰を生ずるような状態では、そういうすぐれた徳のある人を、夫や妻にむかえることはできません。いくら秘法をかけても、「因」がちがいすぎて、「縁」が生じないのです。

やはり、成仏法を修して、自分自身を浄め、高めることがなによりも先決条件であることを知ってください。

では、その釈尊の成仏法について、学んでいただきましょう。

成仏の段階

雑阿含経「七道品経」

和訳

是《かく》の如《ごと》く我《わ》れ聞《き》きぬ。一時、仏、舎衛国《しやえこく》の祇樹給孤独園《ぎじゆぎつこどくおん》に住《とど》まりたまえり。時に異比丘《いびく》あり。仏の所《みもと》に来詣《らいけい》し、稽首《けいしゆ》して足《みあし》に礼《らい》したてまつり退きて一面に坐し、仏に白《もう》して言《もう》さく、「世尊の謂《いわ》ゆる覚分《かくぶん》とは、世尊、云何《いかん》が覚分と為すや」。仏、比丘に告げたまわく、「所謂覚分《いわゆるかくぶん》とは所謂七道品《ぼん》法なり。念《ねん》・択法《ちやくほう》・精進《しようじん》・喜《き》・猗《き》・定《じよう》・捨覚《しやかく》分なり」。（同名二経を要略）

註解

〔**異比丘**〕外道の出家。
〔**覚分**〕涅槃《ニルヴアーナ》にいたる修行法。
〔**七道品**〕涅槃にいたる七つの修行法。七覚支のこと。

雑阿含経「果報経」上

和　訳

是の如く我れ聞きぬ。一時、仏、舎衛国の祇樹給孤独園に住まりたまえり。その時世尊、彼《か》の比丘に告げたまわく、「上の如し。差別《しやべつ》せば、若し比丘是の如く七覚分を修習《しゆじゆう》し已《おわ》らば当《まさ》に二種の果を得べし。現法《げんぽう》に漏尽《ろつ》きて無余涅槃《むよねはん》を得、或は阿那含果《あなごんか》を得ん」と。仏此の経を説き已《おわ》りたまいしに、諸《もろもろ》の比丘、仏の説かせたまう所を聞きて、歓喜《かんぎ》し奉行《ぶぎよう》しき。

〔現法〕現世のこと。
〔無余涅槃〕身心ともに解脱して涅槃に入ること。

雑阿含経「果報経」下

和　訳

是の如く我れ聞きぬ。一時、仏、舎衛国《しやえこく》の祇樹給孤独園に住まりたまえり。「上に説けるが如し。差別せば是の如く比丘、七覚分を修習し已《おわ》り、多く修習し已らば、四種の果、四種の福利《ふくり》を得ん。何等《なんら》をか四と為《な》す。謂ゆる須陀洹果《しゅだおんか》・斯陀含果《しだごんか》・阿那含果《あなごんか》・阿羅漢果《あらかんか》なり」と。仏、此の経を説き已りたまいしに、異比丘、仏の説かせたまう所を聞きて、歓喜し奉行しき。

雑阿含経「七種果経」

和訳

是の如く我れ聞きぬ。一時、仏、舎衛国の祇樹給孤独園に住まりたまえり。「上に説けるが如し。差別せば、若し比丘、七覚分を修習するに多く修習し已らば当に七種の果、七種の福利を得べし。何等をか七と為す。是の比丘は、現法《げんぼう》の智証《ちしょう》の楽《らく》、若くは命終時《みょうじゅうじ》（の智証の楽）を得ん。若し現法の智証の楽、及び命終時（の智証の楽）を得ざらんも、而も五下分結尽《ごげぶんけっつ》くるを得て、中般《ちゅうはっ》涅槃《ねはん》せん。若し中般涅槃《ちゅうはつねはん》を得ざらんも而も、生般涅槃《しょうはつねはん》を得ん。若し生般涅槃を得ざらんも而も、無行般涅槃《むぎょうはつねはん》を得ん。若し無行般涅槃を得ざらんも而も、有行般涅槃《うぎょうはつねはん》を得ん。若し有行般涅槃を得ざらんも而も、上流般涅槃《じょうるはつねはん》を得ん」と。仏、此の経を説き已

〔**現法の智証の楽**〕阿羅漢を得て、現実肉身の上に涅槃の証果を得る。有余涅槃のこと。
〔**命終時の智証の楽**〕死の刹那に涅槃を得る。無余涅槃のこと。
〔**中般涅槃**〕欲界（この娑婆世界）に死んで、色界《しきかい》（天界）に生ずる中途に涅槃を得る。
〔**生般涅槃**〕色界に生じて、久しからずして涅槃を得る。
〔**無行般涅槃**〕色界に生じて修行せず長時間を経て涅槃を得る。
〔**有行般涅槃**〕色界に生じて久しく修行して涅槃を得る。
〔**上流般涅槃**〕色界に於て、天下《てんげ》より上天に進み、色究竟

りたまいしに異比丘、仏の説かせたまう所を聞きて、歓喜し奉行しき。

天に至って涅槃を得る。以上、五種不還《ふげん》を説いたもの。

大意

あるとき、外道の出家が来て、釈尊に、成仏のための修行法をおたずねした。釈尊は、「七覚支」こそその成仏法であるとおっしゃって、念覚支・択法覚支・精進覚支・喜覚支・猗覚支・定覚支・捨覚支の七つの修行法をお説きになった。
そして、この七覚支を修行すれば、阿羅漢果、阿那含果、斯陀含果、須陀洹果が得られると解説された上で、阿那含果にも五種の涅槃の得かたがあるとくわしくお教えになられたのであった。

七覚支成仏法

講説

釈尊の成仏法は、前にのべましたように、七科三十七道品といって、七科目、三十七種類のカリキュラムから成り立っています。すなわち、四念処法、四正勤法、四神足法、五根法、五力法、七覚支法、八正道です。

このうちの七覚支法について、解説されたものです。

成仏法について質問した外道の出家に、釈尊がなぜ、七科目の中の一つである七覚支について解説したのかと申しますと、これはわたくしの体験からの推測ですが、この異比丘がもし釈尊のお弟子となって成仏法を修行するとしたら、七覚支の修行が一番よいとお考えになったからだと思います。

というのは、釈尊の成仏法は、七科目三十七種の修行を全部やらなければならないというものではないのです。七科目の中の、二科目位をやればいいわけです。というのは、七科目の修行法の中には、おなじような修行法が、ダブって入っております。それで、釈尊は、お弟子の因縁をみて、七科目の中から、おまえはこの修行をせよ、おまえはこれとこれの修行法がよい、というように選別されてあたえたのであろうと思われます。時には、科目にかまわず、三十七種の修行法の中から自由にいくつかえらび出して、修行者に課したものと思われます。

そこで、この七覚支の修行法というのが、どんなものであるか、おはなしいたしましょう。

念力をつよくしてバランスをたもつ

念覚支

これはどういう修行法かと申しますと、仏教辞典などを見ますと、「おもいを平らかにする」というように説明しております。念覚支とは「おもい」つまり念《こころ》を平安にすることである、というように説明しておりますけれども、わたくしは、それだけでは念覚支の修行の説明になっていないと思います。

わたくし自身の修行体験によりますと、そんな簡単なものではなくて、こころを平安にする、それは確かにそうでありますけれども、それは結果から出てくるものであって、修行そのものではないわけです。おもいを平安にするというのは、念覚支を修行した結果、つねにおもいが平安になる、おもいが平らかになる、ということであって、それ自体が修行ではない。

で、わたくしは、この修行を二つに分けることができると思うんです。まず、
念の力を強化する。

念力といってしまうと、なにか安っぽくなってしまいますね。自分で『念力』という本を書い

ておきながら、そういうことをいうのはおかしいけれども、念力、と一言でいってしまうと、ちょっと安っぽくなってしまう。念の力を強化する、要するに、精神力というものを非常に強化するということですね。

それをただたんに精神力というと、漠然としますけれども、要するに、意志の力、知能の力、こういったものを非常に強化する訓練である。

もっというならば、人間の精神作用というものは、知・情・意、この三つから成り立っています。知性の力・知能の力、そして情緒的なはたらき、それから意志の力です。

要するに念の力を強化するというのは、この三つの部門（知・情・意）のはたらきを強化し、しかも、そのいずれにもかたよらないようにする、ということです。それが、結局、結果的におもいが平安になるということじゃないですか。

人間の精神力というものは、この知・情・意のはたらきから成り立っています。ところが、これがかたよりやすいわけです。

夏目漱石の『草枕』の書き出しに、

「智に働けば角《かど》が立つ。情に棹《さお》させば流される。意地を通せば窮屈だ。とかくに人の世は住みにくい」とあるでしょう。

だから「知」というものにかたよると、とかく理くつっぽくなって角が立ちやすい。頭が非常によいと、知能のはたらきがつよいですから、すぐ理くつでものをわりきろうとします。情に棹させば流される――それはそうでしょう、人情的になりすぎれば流されてしまいます。では、意志がつよかったらどうかというと、これは強情で、どうにもしようがないということになりますね。

ですから、知・情・意、それぞれのはたらきを強化し、たかめる、そういう修行です。しかも、そのいずれにもかたよらないように平均化する、これがいちばん大切なことじゃないですか。

知的にも非常に高度で、情緒面においても、いわゆる情操がゆたかであるというように、芸術面などでもよく理解することができる。情操的な情のない人というのは、無味乾燥になりやすいわけです。芸術的なことは、なにもわからない、はなしをしてもちっともおもしろくない、シャレをいったって、ニコリともしない。今日きいたシャレを、三日ぐらいたって急に笑い出して、「ああ、そうだったのか」なんて(笑)、それじゃあおはなしにならんでしょう。

意志がつよいのはけっこうだけれども、それが頑固になってしまうのではいけない。だから、知・情・意の精神作用を、非常に強化し、たかめるという訓練をする。そしてそのいずれにもかたよらないということ。これがまず第一です。

しかし、それだけじゃない。

念そのものの力を、神秘的にまで強化する。一点に集中したとき、火を発するほどの力を出す。ですから、この念覚支の修行には、クンダリニー・ヨーガの修行が入るわけです。

つぎに「空観」を体得する。ですから、この七覚支には、「四念処法」の修行が入っている。この空観の体得により、諸法の実相がわかるようになります。つまり、「縁起の法」を如実にさとることになるわけです。

この念覚支が、七覚支法の中の、目玉といってよいでしょう。いや、三十七道品の中でも、代表的な修行法です。

えらび取ることが修行

択法《ちゃくほう》覚支

これは、宗教、信仰、哲学というたくさんの教法、思想のなかから真実なるものをえらびだすということです。

「択」というのは、チャクと読みますけれども、タクとも読みます。「選択」のタクです。略さない本漢字は「選擇」と書いて、「選」もえらぶ、「擇」もえらぶ、という字です。

つまり、ほんとうに真実なる教法をえらびとる、ということですね。この世の中には、さまざまな宗教、信仰、思想があります。そのなかから真実なるものをえらびとる。そうして、まちがったものや、いつわりのものを捨てる、取捨選択するということです。

そこで、この、教法の選択というものが、はたして修行といえるのだろうか？　正しい教法をえらびとって、真実でないもの、まちがったもの、正しくないものを捨てさる、それが修行なのだろうか？　あなたがた、そう思われるのじゃないでしょうか。わたくしも最初、そう思った。

正しい信仰をえらびとって、正しくないものを捨てさるということが修行というのは、どういうことなんだろう？　そう思ったことがありますけれども、考えているうち、やはりそれは修行なんだなと思うようになった。というのは、それが修行であるというのは、自分自身の勉強、知能によってそれをなすというところにあるわけです。

たとえば、つぎのようなことです。

お釈迦さまが出家されて、自分がさとりをひらくに到るまでには、当時のさまざまな信仰や宗教、いろいろなことを教える思想家、そういったかたがたに、体《たい》あたりしてぶつかっていっているわけです。いろいろな仙人にもあって、はなしを聞く、それだけではなくて、それが正しいか、正しくないか、ということをご自分で一生けんめい考えられたということです。

そうして結局、当時のインドにあったところのあらゆる教え、宗教というものは、みな正しくないという結論に達したわけです。それには、釈迦ご自身のふかい修行と勉強によってそこに到達したわけです。

ですから、わたくしたちも、この択法覚支が修行であるというのは、自分自身の勉強と修行によって、ほんとうに真実なるものをえらびとり、正しくないものは捨てさる、ということをしなければいけないんです。

たとえていうならば、瞑想一つとっても、日本に、瞑想を教える学校みたいなところや、瞑想の先生、そういったものがたくさんあるでしょう。そのたくさんの瞑想のなかから、どれが正しい瞑想法なのか？　どの先生が、正しい瞑想法を教えているのか？　ということを自分自身がはっきりと取捨選択しなければいけないということです。

たいていの場合は、自分自身の研究や勉強、あるいは修行によって取捨選択するという人はすくない、たいてい評判を聞くだけです。

「あのニホン・メディテーションセンターというのはどうなの？」

「あれは、桐山さんという人がやっていて、いいよ」

といったり、

「あれはダメだ、インチキだよ」

なんていう。そうかなあ、どうなんだろうか。T・M（Transcendental Meditation. 超越瞑想の略語）というのがいいという人もいれば、T・Mというのはダメだという人もいる。その評判だけできめてしまう人が多い。

それをお釈迦さまは、ありとあらゆるいろいろな教法をご自分でぶつかって調べてみる。瞑想についても、すぐそれがいいとかわるいとか、人の評判とか、そういったものにはまどわされない。ご自分がその瞑想をやってみて、これはいかん、これはいい、というように選択される。

そういう意味で、択法覚支というのが修行になるわけです。自分が修行をして確かめて、そうしてえらびとるということは修行ですよ。そう思いませんか。

わたくしも最初、正しい教法をえらんで、正しくないものを捨てる、ということが修行というのはおかしなはなしだなあ、とじいっと考えてみた。

しかし、なるほどと思ったのは、お釈迦さまご自身がそうなされた。かれが、アーラーラ・カーラーマ、あるいはウッダカ・ラーマプッタというような、当時のいろいろ有名な宗教家についておはなしを聞く。そして、かれらが教えるところの瞑想法というものをやってみる。やってみた結果、これは最高のものではないということがわかる、だからかれは捨てさる。

また、ほかのところへいってはなしを聞き、そこでやってみる。これもほんとうのものではない。そういうようにして、お釈迦さまは取捨選択していったわけです。つまり、自分が修行することによって、それが正しいか、正しくないかということを選択していくから、これは修行なんですね。

ですからあなたがたも、ほんとうの宗教、教法というものを、自分自身の勉強と判断と修行によって選択しなければいけない、ということがほんとうなのです。

しかし、それはなかなかむずかしい。お釈迦さまのように、あちこち自分がぶつかっていくということはできないけれども、すくなくとも、あなたがたもわたくしの本を読んだり、映画を観たり、パンフレットを見たり、そういうことで、自分がえらんで阿含宗に入ってきたわけです。

それだけあなたがたは、勉強しているということでしょう。やっぱり、自分のそれまでのいろいろな経験とか、いろいろなことから判断して、桐山靖雄が説いている阿含の教えというのは、どうもほんとうらしい。なかには、いままでの宗教や信仰を捨てて、阿含宗の門をたたいた人もいる。それは、一つの修行を経《へ》てきているわけです。

ですからやっぱり、択法覚支になる。そういう気持ちで、この択法覚支というものを考えてみなきゃいかんということです。

わたくし自身は、どのようにして阿含をえらんだか？　あなたがたの参考になるようにおはなししてみますと、わたくしは自分自身の因縁解脱をねがって、さまざまな宗教、教法に体《たい》あたりしていった。これはいつもおはなししていますし、本にも書いている通りです。

キリスト教もちょっと聞いてみたし、聖書を読んだこともある。また天理教やひとのみち教団のはなしも聞くというように、若いころ、あちらこちらで説かれている教法というものを、かたっぱしから門をたたいてみた。

しかし、そこでまず、わたくしが考えたのは、いったい宗教というのはどういうものなんだろうか？　そう考えて、それらの宗教にあい対してみた。で、結局、宗教というのは、究極的に、「救う」ということと、「救われる」という関係で成り立っていると結論した。そうでしょう？

では、いったい救うとはどういうことなのか？　救われるとはいったいどういうことなんだ、そういう立場から、いろいろな宗教にぶつかっていってみた。そうすると、なかなか明瞭な答が出てこないんです。

天理教にしても、ひとのみち教団にしても、そのほか、わたくしはいろいろな宗教にぶつかっていった。ところがそこで、「この宗教で救われるとは、いったいどういうことなんですか？」と聞いてみても、これが明瞭でないんですね。

ある宗教では、救うというのは「しあわせにする」ということ、救われるというのは「しあわせになる」ということと、こう簡単に答える。では、「しあわせ」というのはいったいなにかと追求してみると、その定義がはっきりしない。

しあわせというのは、要するに、一つの満足感をあじわうことでしょう、そうわたくしは思います。病気で苦しんでいる人が、病気が治ったら満足しますから、それで救われたと思うでしょう。お金がなくて苦しんでいる人が、お金が入ると満足しますから、喜びをもって救われたと思う。

しかし考えてみますと、満足なんていう状態はないんです、人間にとって。しあわせとか満足とかいうことばはありますけれども、実体はない。というのは、しあわせにしても、満足にしても、これは人間のそのときの状態によってあらわれるものです。

わたしはしあわせだ、予《よ》は満足であるぞよ、とこういう。しかし、そのしあわせとか満足というのは、人間がある状況下で、ある状態においてあじわうもので、どこまでも主観的なものです。ところが、人間の状況とか状態というものは、いつも変わる。「無常」です。はやいはなし、わたくしがいつも例にとりますけれども、お腹がすいてお腹がすいてどうにもならない。二日も三日も食べないで、ぶっ倒れるほどお腹がすいている。もうなんでもいいから食べたい。そこへ、ウナ丼や天丼やカツ丼がワーッと出たら、これは満足ですよ、もうむしゃぶりついて食べるでしょう。もう満腹する、これはしあわせですね。

さっきはぶっ倒れるほどお腹がすいていたのが、こんどはぶっ倒れるほど食べる。そうすると苦しいですよ、なにか消化剤はないか、ということになる。

江戸小咄のなかに、そういうのがありますね。町かどに乞食がすわっている。そこへ、宴会帰りの旦那が、いいきげんで鼻うたまじりでフラフラやってきた。そこで乞食が、

「旦那さま、一文やってくださいませ。わたくしは、もう二日も三日もごはんを食べないで、ぶっ倒れるほどお腹がすいております」

といったら、旦那が、思わず、

「それはうらやましい！」

といった。旦那は、あんまり飲んだり食べたりしたので、気分がわるい。そうすると、お腹のすいているのがうらやましくなるわけです。だから、お腹がすいていればうんとごちそうを食べたいし、ごちそうをうんと食べすぎた人は、お腹のすいている状態がうらやましくなる。

お金がほしいお金がほしい。そこでお金がたくさん入ると、泥棒が入るんじゃないか、だれかにだまし取られやせんか、それが気になって夜も眠れない。

一つの状況下において、満足感をあじわっているというのが、しあわせという状態なのだから、その状況が変わってしまったら逆になってくるわけです。だから、そんなものはあり得ない。一時的な現象としてはあるけれども、そういったものはつづかない、あたりまえのことです。

そういうしあわせをあたえる、あるいは満足をあたえるなんていうことは、決して宗教の目標ではないはずです。宗教によって救うとか、救われるということは、永遠的なものであり、永続するものでなければいけない。

どこかの教団が説くように、この信仰をすれば金が儲かる、大臣になれる、代議士になれる、金持ちになれる、そんなものはしあわせでもなんでもない。それは到達した瞬間からそれを失いたくないという苦しみに変わるものです。

では、いったい救うとは、救われるとはどういうことなのか？

それを追究して、わたくしは、あらゆる宗教の門をたたいて、どれも満足する答は得られなかった。結局、仏教へもどっていった。

で、仏教ではどうかというと、大乗仏教では「安心《あんじん》をあたえる」ということをいっています。仏教では、アンシンをアンジンという。あなたがたが、大乗仏教のお坊さんに、

「あなたの宗旨では、どのように人を救うんですか？」

と聞いたら、禅宗だろうが、浄土宗だろうが、なに宗だろうが結局、「安心をあたえる」とこういいますよ。

「安心」というのは、いったいなにか？　これは儒教のほうで、「安心立命」ということばがあります。要するに、心を安んじて、生きるいとなみをつづけるということです。人間というものは、いつもなにかしら不安な心におそわれている、そういった不安感をなくし、心を安らかにして命《めい》を立てる、つまり生活をするということ、それを安心という、その安心をあたえるのだ、とかならずこういいます。また、死後の不安をとりのぞくという意味で使うこともあります。

だから、仏教のいろいろな宗旨・宗派を調べてみますと、みな、いかにして安心をあたえるかということが、テーマになっています。

しかし、では、安心というのはいったいなにか？　いつもこころが平安で悩みがないということだ。では、それをどういうようにしてあたえるのか、と問題はそこに行く。

そうしますとこんどは、大乗仏教は、答がみなわかれてしまうんです。禅宗の場合は、坐禅観法することによって、安心をあたえるという。浄土系は、阿弥陀如来を念ずることによって安心を得る。日蓮宗は、お題目を唱えて折伏《しやくぶく》する。つまり、坐禅、念仏、題目とこうなる。

天台宗は、「朝題目に夕念仏」といって、朝のおつとめには法華経を誦《よ》み、夕方のおつとめには念仏を唱える。日蓮上人は天台宗出身ですから叡山に行って、かれは生《き》一本な男ですから、それで疑問をもった。宗教というのは一本でなければいけない、あれもこれもなんていうのはおかしい。ところが、比叡山の勤行は、「朝題目に夕念仏」といって、朝は「ナムミョウホウレンゲキョウ」といって法華経を唱え、夕方の勤行には「ナムアミダブ、ナムアミダブ」といって阿弥陀仏をおがんでいる。いったいどっちなんだ？　ということになる。

日蓮上人という人は生一本な人ですから、信仰というものはただひとすじでなければいかん、ということで、かれはいろいろ研究して、結局、法華ひとすじ、法華一乗ということで日蓮宗を立てたわけです。

天台宗の場合は、法華経を信仰して「摩訶止観」の修行をする。真言宗へいくと、密教の修法――金剛界の法と胎蔵界の法を修行して即身成仏する。そういうようにみんなまちまちなんです。

そして、結局、なにをあたえるか？　安心だとこういう。安心をあたえる方法というのが、おなじ大乗仏教でみんなちがうんですよ。いったいどれがほんとうなんだ、ということになるでしょう。

これみんな落第なんです、この答は。仏教の目標というのは「安心」なんかじゃない、「成仏」することなんです。『葉隠』の表現を借りると、「仏教とは成仏することと見つけたり」です。仏教とは安心をあたえることなりなんて、そんな曖昧《あいまい》模糊《もこ》なものではない。大乗仏教はもうそこからおかしいのです。なぜそうなったかと考えてみると、成仏法がないからです。さっきいいましたように、各宗旨でみんな安心をあたえる方法がちがう。というのは、はっきりした成仏法がないから、そうなる。そして、「安心をあたえる」というようなはっきりしないことになってしまうのです。

お釈迦さまはどうおっしゃっているかというと、「成仏することだ」とおっしゃっている。涅《ニルヴ》槃《アーナ》に入ることだと教えておられる。解脱して、涅槃に入って成仏したら、安心も不安心もない。安心とか不安心とかいう相対的なものを越えた、絶対の境地に入ってしまう。これがほんとうの仏教なんです。

わたくしは、あらゆる宗教を遍歴《へんれき》して仏教にもどり、その仏教の中でまたあらゆる宗旨の門をたたき、最後に最もすぐれた釈尊直説《じきせつ》の阿含にたどりつくことができた。ここにくるまで三十年以上かかっています。そのあいだ、択法覚支の連続であった。

あなたがたは、わたくしよりもよっぽど徳がありますから、わたくしのようにそんなに時間をかけなくてもすんだ。ぱあっと阿含にきてしまった。よっぽど徳があるんですね。しかし、そのぶん、択法覚支が足りないかも知れん。

しかし、そうはいうものの、あなたがただって、わたくしほどの勉強はしなくても、現代人としての感覚、教養、常識から、この阿含宗をえらびとった。宗教上の勉強では、プロの宗教家や坊さんにかなわないかも知れないが、なによりも、おそらく、自分の人生を賭《か》けるという意気ごみで阿含をえらび取った。これはすばらしい択法覚支であったと思うんです。

でさらに、それをほんとうのものにすべく、こうして一生けんめい修行している。この富士の朝霧高原にやってきて、三泊四日の出家をして、阿含教法の中でもより高度な法をえらんで身につけるため伝法をうけている。

りっぱな択法覚支です。

精進覚支

択法も、ただえらんだだけではなく、えらんだものを一心に努力精進して、自分の身につけなければならない。阿含を学んで、知識として、阿含は最高の仏教であるとわかっただけではだめだ。最高のものだとわかった阿含の教法を、完全に自分のものにするために、一心不乱の努力精進というものがなければならない。そこに精進覚支があるわけです。

修行が苦しいというやつは一人前になれない

喜覚支

しかし、その精進覚支も、いやいやながらにやったのではだめだというのが、つぎの「喜覚支」なんです。喜覚支というのは喜びに住する修行だ、というのです。その精進が、真実の教法を身につける喜びに住するということです。喜びに住さなきゃならんという、これはちょっとむずかしいかもしれませんね。喜びに住せよ。しかし、「それはわかりますけれども、わたしちっとも喜べないんです。ちっともうれしくないんです。せめてもう、泣きっつらしないだけ、泣きごとをいわないで一生けんめいやっているだけ、いいと思ってください。まあ、それくらいでかんべんしてください」という人があるかもしれないけれども、お釈迦さまは、それではほんとの修行じゃないとおっしゃるんです。どんなつらい精進も、どんな苦しい修行も、それが喜びに住するという境地でなければ、ほんものの修行ではない、身につかんということをおっしゃっている。これはちょっと考えてみると、無理難題のようですね。苦しいものは苦しいんだ。その苦しいのを苦しいながらにがまんして、努力することが、それが修行じゃないですか、精進じゃないですか、それでいいんじゃないんですか、という理屈も成り立つとおもうんです。そうでしょう、苦しいことは苦しい、つらいことはつらい、いやなことはいやだ、けれども苦しいとおもいながら、つらいとおもいながら、いやだとおもいながら、まあ、とにかく一生けんめいにやってるんだから、それが修行というもので、それでいいんじゃないですか、とこういうかもしれないけれども、それじゃほんとうの修行ではない、とこうおっしゃる。なぜかというと、いくつかの理由があげられるとおもうんです。ほんとに、最高にして真実なる教法を選択して、それをわがものにするという努力をしているんだったらば、たとえ苦しくともそのなかに喜びがあるはずだということです。

それは、わたくしは、わたくし自身の体験でわかるんです。このまえもおはなししたけれども、桂米朝《べいちょう》という、関西の有名な噺家《はなしか》がおります。あの米朝さんが、この間『米朝《べいちょう》全集』という七冊ぐらいの本を出した。昔からのいろいろな落語を、全部集めて、かれ自身それを演じたのを速記にとって本にした。はなし自体もおもしろいが、その「あとがき」がことにおもしろい。その演じたはなしにまつわる出来ごとや思い出がいろいろ書いてある。その中で、米朝さんがこういうことをいっているんです。

明治時代の、名人といわれたある噺家があって、その噺家がこういうことをいっているというんです。どういうことかといいますとね。修行がつらいというやつで、いまだかつて一人前の芸人になったためしがない、というんです。修行をつらいつらいといっているやつで一人前の芸人になったためしはない。こういうことを、その名人がいったというんです。それを読んで、わたくしは、つくづくその通りだなあと感じた。

だれだって、苦しいことは苦しいんです。痛いものは痛いし、悲しいことは悲しい。それを、苦しいと感ずるな、痛いと感ずるな、つらいと感ずるな、というのは無理です。しかしながら、自分にとって最高の価値あると思われるものにふれて、それをわがものにしようと一生けんめいになっているものにとっては、苦しいことは苦しいながら、喜びがその底にあるんです。充実感がそこにある、ということです。

その喜び、充実感がないものは、原点にもどって、自分にとって最高に価値あるものをわがものにしようとしている姿勢がほんものかどうか、問い正《ただ》せ、ということです。ほんものだったら、苦しい中に喜びがある。

わたくし自身の修行体験をはなしますと、そうですね、いつもおはなししていますけれども、京都で滝行をやっていた時代がある。七年間、わたくしは連続して冬の滝行をやった。夏はやらない。

九月すぎ、十月ごろから滝に入って、翌年の四月いっぱいやるわけです。そして五月になったら滝場をはなれる。なぜかというと、五月から、入梅過ぎ、暑くなってくると、滝場が混んでしようがないんです。夏、暑くてしようがないときに滝を浴びるのは修行じゃない、とわたくしは思う。それはレジャーですよ。海水浴へ行くのとおなじだ。

やっぱり寒いときに滝を浴びてこそ修行なんであって、夏、暑くてしようがない、ひとつ滝へでも入ろうか、などといったらシャワーを浴びているようなものでしょう。それはもう修行ではない。ところが、おかしいことに、そういう夏場、滝が混んでしようがないんです。いろいろなおがみ屋の先生などが、十人、二十人と弟子や信者をつれて、滝へやってくる。いまはもうそういう人たちも少なくなったが、あの時代はずいぶん多かった。

そういう人たちが、五人、十人、少ないのは三人、四人、多い人は十人、二十人と連れてきて、お滝へ入れて滝行し、そのあと飲んだり食ったりして、時にはケンカなんかしてますよ。飲んだあと(笑)。いったい何のために滝に入っているのか。

これは、まあレジャーなんですね。そして家を出るときには、みんなに、

「わしは、これから行ってお滝をいただいて、修行してくるんじゃ」

「ほう、えろうおまんなあ」

というようなことで来るわけ。来て、お滝がおわると、精進落しで、酒を飲んで、ときには取っ組み合いのケンカなんかしている。もうさきに立つ先生がベロンベロンに酔って、

「おまえ、いつもお布施ちびって罰当るぞ」

なんてやっている（笑）。もうどうしようもない。うるさくてしようがないから、夏は行かないんです。だから、ほんとうに真剣な弟子と師匠は、冬、霜が降りるようになってから来る。しかしそれはごくわずかで、滝場はシーンとしていますよ。

そういう時季になってから、わたくしは行く。それを七年間やった。

昭和三十何年でしたかね、そのころは、いまよりも何か寒かったような気がしますけれども、正月の七日でした。そのころは、あるお寺を借りて指導をしておった。観音慈恵会は、まだ道場をもっていない時代です。わたくし自身が修行中ですから、朝、暗いうちに起きて滝に行くわけです。朝四時半ごろ、まだまっ暗で、世間は寝しずまっている。

そこで身じたくをすませて、おもてに出ようとすると、雪が降っている。ピューッと風が吹いて、雪が吹きつけてくる。気が重いですよ。これからどこかへ行って、熱燗《あつかん》で一杯やるっていうのだったらそれは心もはずむでしょうけれども、これから滝まであるいていって、そこで白衣に

着がえて、そうして滝に入るということになると、やっぱり心臓もドキドキしてきますし、気が重い。

けれども、いったん思いたって、仏さまに、やりますと誓っているわけですから、いやもおうもない。勢いよくあるき出す。昭和三十年代のはじめですから、車なんていまのように多くはない。自家用車を持っている人なんてごくわずかです。タクシーだってすくない。通りは車の行き来もなくしーんとしている。もちろん、お滝に行くのに車を乗りつけるなんていうことはしません。精神的にもそんなことできないが、またそんなことやったら、かえって非常に危険なんです。ヒーターを熱くして、バーッと雪の中を飛ばしてきて、そのヒーターの熱い勢いでパーッと着がえて、パーッと飛び込んだら、パァッといっぺんに心臓マヒです（笑）。だから一歩一歩あるいて行くわけです。そのお寺から約三十分くらいかかりました。

一歩一歩あるきながら、体にいいきかせているんです。さあ、これからお滝をうけるんだぞ、しっかりせよ、と、心と体にいいきかせている。それは前の晩からそうなんです。床に入ると、潜在意識に、あしたの朝起きたら、お滝をうけに行くんだぞ、しっかりしなきゃいかんぞ、ぜったい風邪はひかん、だいじょうぶだ、寒くないぞ、楽しいぞ、といいきかせてねむる。

それで潜在意識は楽しいと思うか知らんけれども、表面意識は、やっぱり、寒い、冷めたい、これはたまらんぞという気持ちです。

着くと『心経』をあげて、真言をとなえて、そして行衣に着がえて、流れで身をきよめ、それから滝に入る。まあ、それはいいんですよ。もう慣れていますから、スムーズに一連の動作としてやってしまうが、最初にお滝の水が体にかかった瞬間、それは冷めたいなんてものじゃない。大根おろしでサアッと肌をけずられているような感じです。

ことに、わたくしは結核をやって、だいたいが腺病質だった男です。今は修行でこういうガッチリした体に見えるかも知れないけれども、これは見かけ倒しで、もともとは結核で死にかかった人間ですから、寒暑に非常に敏感な体質なんです。寒さは人よりも寒く感じるし、暑さは人よりも暑く感じる。もっともそのかわり、うまいものは人よりうまく感じるかも知れんから（笑）、そのぶん損得《そんとく》なしかも知れんが、とにかくそういったことで寒暑を非常に敏感に感じる体質なんです。要するに結核体質で、風邪などひくと危険なんです。

しかし、それはもともと覚悟しているわけで、そんなこと気にしていたら滝行などできない。そしてあがると、五社の滝神社の奥様がちゃんと薪を燃やしておいて下さるから、それにあたって体を温め、食事をして帰ってくるのだけれども、しんから体が冷えきってしまっている。毎日ですから――。

だから、わたくしが本気に滝行と取り組んでいた時代には、真夏になっても水の音をきくと、体じゅうがゾクゾクとしたものです。水道の水の音を聞いただけで、体じゅうにトリ肌がたったものです。いまから思うと、徹底的に、水で体がいためつけられていたのでしょう。汗をかいていても、水の音を聞くと、トリ肌がたった。

食事がすむと、ぬれた行衣をふろしき包みにつつんで、今はもう人家がずっとならんでいるけれども、日赤の病院のうらのところの細い道を、五社の滝からおりてくる。いまはもう、大分かわってしまっているようですね。

その日は、まだ雪がだいぶはげしく降っていて、コウモリ傘をさしてあるいてくると、道の両側に人家がつづいている。道がせまいですから、あるきながらふと見ると、窓があいていて、家の中がのぞけるわけです。のぞこうと思わなくてものぞくことになってしまう。

それで、ひょっと、一軒の家をのぞいた。すると、その家のおやじさんらしいのが、七日正月というわけでしょう、コタツに入って、お銚子が二、三本ならんでいて、ちょうど、おチョコを口にこう持っていくところです。とたんに、あ、いいなあ、うまそうだなあ、と思った。同時に、人間の人生というものは、じつにさまざまなものだなあと思った。こうして朝暗いうちに起きて滝に飛びこんで、ガタガタふるえながら雪の中を帰ってくる男もあれば、起きぬけにコタツの中に入って、熱燗《あつかん》で一杯お正月を祝っている男もいる。それが窓一重《ひとえ》を境にしているのだから、世の中というものはじつにさまざまなものだ。そう、つくづく思った。

いったい、自分はなんのためにこんなことをしているんだろうか。べつに人にいいつけられたわけでもないし、仏さまに命じられたわけでもない。自分自身、修行に行きづまって、こんなことでもしたら道がひらけるかと思って、やむにやまれぬ思いで滝にとびこんだ。自分ひとりの考えではじめたんだから、自分自身でやめようと思ったら、明日といわず、今日から滝に入らずにすむ。

しかし、じゃあやめてしまうかというと、それがやめられない。いままでこれだけ苦労し、つらい思いをしのんでやってきたことが、ここでやめてしまったらなんにもならなくなってしまう。そう思うと、とてもやめられない。

五年なら五年、七年なら七年、思いたっただけ、なにがなんでもやり抜こう。ここでやめたら、いままでつらい思いをしてきたことが、それこそ水の泡になってしまう。何も得るところがなく、やめるのでは、いままでいったいなにをやってきたのかということになる。なんとかなるか、ならぬか、とにかく、とことんまでやろう、そういう気持ちになる。

同時に、そんな寒いつらい思いをしながらでも――それはつらいと思いますよ、滝へ入る瞬間は、一瞬であるけれども、もうやめちまおうかと思う。けれどもそれは一瞬であって、やはりこころの根底には、こういうつらい行をいま自分はしている。欲も得《とく》もない、ただ純粋に精神的ななにかを求めてこういう行をしている。これだけの行が、世間一般の連中にできるか、それをいま自分はやっているんだ。そういうひとつの誇りと喜びが胸の底にあるんです。

だから、わたくしは、コタツに入って一杯やっているおっつぁんをみて、ああ、うまそうだなあ、いいなあ、と思ったのは一瞬だけです。ほんとうにうらやましいと思っているのかというと、ちっともうらやましくなぞない。むしろ軽蔑している。軽蔑というとおかしいが、あれはふつうの人間、おれはちょっとちがうぞ、という誇りがあるわけです。あのおっつぁんは、いまああして一杯やって楽しいことだろうが、あれだけのものだ。おれはいまこういうつらい思いをしているけれども、いまになにかつかむぞ、なにもつかめなくっても、ふつうの人間にはできないことをおれはやっているんだ。そして一歩一歩、仏さまに近づきつつあるんだ。これはだれにもできん。おれだけにしかできないことなんだ。そう思うと、ひとつの誇りと満足感、充実感というものが胸の中にあふれてくる。

わたくしは、行というものはつらいものでなきゃいかん、苦しいものでなければいかんと、つくづく思いますよ。苦しい、つらい、だからこそ、こんな思いをするんだから、なんとしてでも、なにかつかまなきゃつまらん。そう思って真剣になる。精魂こめて、一心不乱に工夫をする。命がけでぶつかってゆく。そうすると、つらいも苦しいも、ふっ飛んでしまう瞬間がくる。ああ、これだ、これなんだ、と、天に向かって叫びたいような一瞬がくる。これは、喜びなんていうありふれた言葉では表現できない感情です。

喜びが自然に湧いてくる

米朝さんが本で書いている名人のはなしというのは、それだと思うのです。

いまとちがって、明治時代の噺家《はなしか》の修業なんていうのは、たいへんなものだったと思います。師匠から、人間あつかいされないで、仕込まれる。そりゃあそうです。人情かけていたら、芸なんて仕込めやせんのです。

この仏法の修行だってそうですよ。

ほんとういったら、あなたがたをほんとうにきたえようと思ったら、人情なんてものを出したら、ぜんぜんだめです。人情なんかかけていたら、ぜったいに人など教えられるものではない。人間だと思ったら修行なんかさせられませんよ。現に、わたくし自身が前にやってきたようなことを、いま、あなたがたにやらせられるかというと、とてもやらせられない。かわいそうで。かわいそうだという気持ちが先に立ってしまって、やらせることができない。

しかし、それではいけない。ほんとうは心を鬼にして、諸君を人間あつかいにしないで、滝つぼにでも何にでもたたき込む。泣きべそかいたら、たたきつけ、けとばす。そのくらいのいきおいでなければ、人なんてものは教えられないし、まして人を救うなんてことはできんのです。けれども、わたくしはまだ修行未熟だからそこまでできないんですよ、あなたがたに。もう、たった三泊四日のこのくらいのことで、「まあ不自由でしょうが、しんぼうして」、なんていっている（笑）。なにをいっているか（笑）。しかし、わたくしは本気でそういっているわけじゃあない。ことばでは不自由でしょうが、といっているけれども、そんなことあたりまえなんだ。このくらいのことができないで、ほんとうの仏法の修行ができるか。おれのやってきた百分の一にもあたらんじゃないか。そう腹の中ではいっています。けれども、わたくしは、元来、気の弱い、心のやさしい（笑）人間でありますから、なかなか徹底できない。

しかし心の中で、つねに、何とかもっと非人情にならなきゃいかん、情というものを捨てなきゃいかん。それが弟子にとって最高の情なんだ、そう考えているのだけれど、なかなかそれができないんですね。

こういうはなしがあるんだね。これも噺家で、このあいだ亡くなった、何とかという名人といわれた人ですが、あるとき、弟子入りして一年か二年の、十六、七か十七、八の弟子を二人連れて、寄席まわりをしていた。いまとちがってむかしですから、雪が降って寒い晩だがあるきです。寄席がおわって弟子といっしょに帰ってきた。もう弟子も師匠も、おなかが空いてペコペコ。寒さが骨身《ほねみ》にしみる。と、師匠がその弟子二人を連れてソバ屋ののれんをくぐった。弟子たちは、顔を見合せて大喜び、これは師匠、ごちそうしてくれる。あったかい天ぷらソバでもごちそうしてくれるのだと思ってニコニコして入った。

そうしたら師匠の注文が、天ソバ一つ。弟子たちは耳をうたがったわけです。三つというのだろうと思ったら、一つだというんだ。一つの天ぷらソバを三人で食うのかしらん、と思っている内に、天ぷらソバが出てきた。師匠が割りばしを口で割って、フウフウ吹きながら、ソバをすする。ふと、顔を上げて弟子たちの顔を見ながら、

「食いたいか」

といったという。片方はヨダレをのみこみながら、

「そりゃあ師匠、食べたいですよ」

「そうか、食いたかったら、はやく一人前になれよ」

そういってツルツルと食べおわると、金をはらって外に出た。こんちきしょう、と思ったというんだね、弟子たちは。こんな鬼のような師匠があるか。絞め殺してやりたいと思った。けれども、いくらなんでも、絞め殺すわけにはいかないし、その師匠のところを飛び出したらもう噺家の仲間では食ってはいかれないから、腹の中で、こんちきしょう、いまにみていやがれ、おれは早くえらくなって、天ぷらソバ三杯食ってやるぞ（笑）なんて。

ほんとうに腹が立った。それでお正月すぎに、藪入か何かで家へ帰ったときに、父親から、

「どうだ、師匠、よく仕込んでくれるか」

と聞かれたときに、

「いやあ、おとっつぁん、あの野郎は、鬼みたいなやつですよ。このあいだ寒い時にね、寄席の帰り腹ペコペコで一緒にソバ屋に入ったら、自分だけ天ぷらソバ一つとって食って、食いたいか、とこういいやがるんですよ。それは食いたいから、師匠食いたいです、といったら、そうか、食いたかったら早く一人前になれ、そういいやがって、とっとと表に出てしまいやがった。あんなケチで不人情な奴はみたことない」

そう答えたら、そのおやじさん、いきなりぱあんと悴《せがれ》の横っ面を張りとばして、こんなありがたい師匠がこの世に二人とあるか、と叱りつけたという。これがほんとうに人を仕込む、師たるものの心がまえだね。わたくしにはそれができないんだな。わたくしだったら、もう天ぷらソバ五杯たのんで、

「おれは一杯でいい。おまえたち二杯ずつ食え」

なんて（笑）。そんなことではダメだねえ。ほんとうに食いたいか、食いたかったら早く一人前になれ。これがほんとうの師匠というもの（笑）です。わたくしもせいぜい修行して、諸君に何も食わさず、ひとりで天ぷらソバを食えるように心がけましょう。（笑）

はなしが横みちにそれましたが、この弟子たちにしても、こういうことをいつまでも根にもっ

て、つらい、苦しい、と思っていたら、芸なんて身につくものじゃない。ようし、人より早く一人前になってやるぞ、と発奮して一心に努力すれば、芸が身につく喜びというものが出て来ます。そうなったら、もう、つらいも苦しいもない。そういうつらさ、苦しさが、芸の糧《かて》になってくる。それが、自分でもわかるようになってくる。

そうでなくて、修行が、苦しい、つらい、といっているやつは、とうてい一人前の芸人にはなれん。なったやつはいない、と、こう、米朝さんの書く名人がいったというんだね。

それを、わたくしは、ちがう角度からお釈迦さまはおっしゃっていると思うのです。

修行はつらいものだぞ、ということが前提なのです。「喜覚支」喜びに住せよ、という。なぜ、わざわざお釈迦さまが、喜びに住せよとおっしゃっているのか。それは、修行というものは、つらいものだぞ、苦しいものだぞ、悲しいものだぞということを、前提にして、おっしゃっているのです。

その中で、喜びを見出せ――いや、喜びを見出すというのだったらまだほんとうではない。住す、というんですから、自然に、喜びが湧いて出るのでなくてはならない、ひとりでに、喜びがこみあげてくる。つらい修行が、喜びにみちた修行になるよう修行せよ、とそうおっしゃっているわけです。だから、修行、精進というものは苦しいものだぞ、ということをお釈迦さまはこの「喜」という字のかげにおっしゃっているのです。仏法の精進、努力というものは悲しいものだぞ、苦しいものだぞ。決して楽しいものではないのだぞ、つらいものだぞ。

しかし、その中から喜びに住するようにせよ。喜びに住さないようでは本物になれんぞ。じゃあ、どうやって喜べるようにするのですか。それはおまえが工夫するんだ、ということです。工夫することが修行なんです。だから、わたくしが、こうすれば喜べるようになるなんていったら、それはあなたがたの修行にはならん。まあ、ここでのこんなていどの修行は苦しくもつらくもないはずなんだけれども、苦しい、つらいと感じている人がもしあるとするならば、こんな苦しいつらいなかからどうやったならば、どういう心がまえを持ったならば、喜びに住せるのだろうか、と一心不乱に考える。工夫する。そしてそのように努力する。それが「喜覚支」ということである。そう、わたくしは解釈しています。

こころに微笑を持て

猗覚支

この「猗」というのは、ちょっとわかりにくい文字ですが、「軽安《きょうあん》」と訳しているお経もあります。

軽安覚支、という。これは、つねに身心を軽《かろ》やかに快適にする、ということです。修行中、つねに身心が軽やかでなくてはならない。どんなにつらい修行、苦しい修行をしていても、しかめっ面で、のろのろ鈍重なことをやっていたのではいけない、というのです。チラシまき修行だろうが、お便所掃除だろうが、なんであれ、身心軽快でなくてはならない。

この反対の言葉があります。

「五蓋《ごがい》煩悩」という五つの煩悩の中に、〝惛沈睡眠蓋《こんじんすいめんがい》〟というのがある。蓋《がい》というのは心を覆うということで、煩悩の一種です。惛沈というのは、「心のめいること。ふさぎこむこと。沈鬱《ちんうつ》。不活発な気質」あるいは、「心を暗く沈ませる心作用」というような意味で、人をして懶惰《らいだ》、怠慢ならしめるものです。睡眠というのは「心暗く身を重からしめる」という心作用で、人をして、ものごとを行なうにあたり、不活発、鈍重ならしめる。ことを行うにあたって心巧みでない。

これではいけませんね。軽安覚支はその正反対です。

ここの修行中でも、そうでしょう。朝、目をさまして、起床する。ねむいし、もう、体のあちこちが痛むし、とても身心軽やかどころではない。どうにもならん、みんな仏頂面《ぶっちょうづら》して、ぶすっとして、口もきかない。しかし、それは身心軽やかではない。

身心を軽やかに、ニコニコして、おはようございます、と声をかけ合う。何十人という人が目をさまして、だれひとり、にこやかな顔をしておはようございますといわない集団なんて、なんとも異様だとわたくしは思う。

どんなことがあっても、朝、目がさめる、おはようございます、とニコニコ笑って声をかけ合う。そこから、活気というものが出てくる。それがエネルギーとなって盛りあがってくる。だれもかれもしかめっ面をして、黙ってもぞもぞやっている。惛沈睡眠蓋ですよ。いつまでも、暗く沈んだ空気で、活気がない。だれでもいい、だれかひとり率先してやるんですよ。「おはようございます。いい天気ですね」まあ、この朝霧高原ではあまりいい天気の日というのはないが、それだけにこっちが明るく軽快でなくてはいけない。おはようございます。今日もがんばりましょう。だれかひとり、そう声をかけてごらんなさい。明るい軽快な気分がみんなにひろがってゆく。そこから活気が湧いてくる。その活気がエネルギーとなって盛りあがり、みんなの活力となってゆく。

自分が身心を軽やかにするということは、人をも身心軽やかにさせてあげなければいけない、ということです。

これは、自分ひとりのときでもそうです。

わたくしは、つねに、「心に微笑を持て」といっています。そうして、心でいつもつぶやくのです。

「軽やかに、明るく、楽しく」
と。

修行法と梵行

定覚支《じょう》
これは、心をひとつのものに集中してみださない修行です。瞑想法で、純然たる修行法ですから、文字や口では説明できない。実地に指導をうけて体得してゆく。「滅尽定」「四禅定」などをふくむ七科三十七道品の中でも、根本的な修行法です。

捨覚支
あらゆるものごとにたいし、とらわれる心を捨離《しゃり》する。ものごとにとらわれ、執着するところから、煩悩が生ずる。
「煩悩の犬、追えども去らず」
などということばがありますが、十分わかっていて、こだわってしまう。とらわれてしまう。

わたくしは、若いころ、そういうとき、心の中で、「サラリ、サラリ、サラリ」とつぶやいたものです。とらわれたり、こだわりそうになったとき、サラリ、サラリ、とつぶやいて流してしまうのです。サラリ、サラリとつぶやいて横を向いてしまう。横を向いてしまうというのは、つまり、心を横に向けてしまうので、心をほかのものに転じてしまうのですね。これは案外、効果があります。いろいろ、いろいろと心の中で理くつをこねて、「であるからこれは執着してはいけない。とらわれの心を放下《ほうげ》すべきだ」なんて考えるより、サラリ、サラリ、とつぶやいて横を向いてしまうのが、いちばんです。

しかし、根本的には、「定覚支」による瞑想、「念覚支」による縁起観法、等によって、完全な「捨」の境界に達するわけです。その境界に達すると、一切を捨て切って、心中、微塵《みじん》の影もなく、こころ明鏡のごとし、ということになるわけです。そうなったら、いつ、この世を去っても、与陰など生ずる余地がないわけです。

以上、ざっと、七覚支についておはなしいたしました。

そこで、この、七覚支の講義を終えるにあたって、最も大切なことを一つ、おはなししておきたいと思います。

それは、この七覚支の修行法をずうっと見て、なにか、気がつくことはありませんか?　なにか、気のつくことがあると思います。

それは、この成仏法が、二つのものから成り立っているということです。

一つは純然たる修行法。

一つは、梵行です。

これは非常に興味のあることですね。

どういうように分けられるかというと、修行法では、「念覚支」それから「定覚支」それから「捨覚支」です。この三つは、特殊な技法から成り立っている。たんなる心がまえ、心がけといったようなものではない、純然たる修行法です。

梵行にあたるのは、「精進覚支」「喜覚支」「猗覚支（軽安覚支）」です。

「択法覚支」は、修行法と梵行と両方の立場がある。

以上のように分けられますね。

で、これは、七覚支だけのことかというと、そうではない。他の六科目の成仏法すべてにあてはまるのです。ただ、その比率が、修行法と梵行とが、半々の割り合いでできている場合もあれば、七対三、六対四、というようになっている場合もあり、一律ではありません。しかし、かならず、成仏法は、純然たる修行法と梵行とから成り立っています。

これはいったいどういうわけか。もっとも、前に出たお経に、

『――優婆塞の諸の梵行を修し、此法律に於て狐疑を度《わた》るものありや不や』

とありましたから、成仏法が、法と梵行と、この二つから成り立っていることは、わかっていたことでありますが、これはどういうわけであるか。

わたくしは、この、梵行を修行法に加えることにより、在家の者も、出家者とおなじく、解脱の成果をあげることができるようになった、釈尊のご配慮だと思うのです。この、釈尊のご工夫により、在家者も出家とおなじように、成仏できるようになったのだ、そう思います。

といいますのは、梵行とはなにかというと、それは「徳を積む行」です。出家者は、自分の修行をしながら、衆生を救済する、指導するというのが建て前ですから、これは特に徳を積むという行をする必要がない。出家者の生活そのものが徳を積む行をするようになっている。

しかし、在家者は、生活そのものが徳を積むような仕組みにはなっていない。むしろ、徳を損ずるような方向にいきやすい。これを補正するためには、どうしても、徳を積む仕組みをくわえなければいけない。それが、梵行です。

念覚支・定覚支、というような、純然たる技術としての修行法をいくらやっても、それだけでは、成仏はできないのです。徳がなければ、どんなに技術としての修行法をマスターしても、成仏はできない。いや、第一、徳がなかったら、その技術としての修行法を、マスターすることができないのです。かならず、中途で挫折してしまう。

時々あるのですが、わたくしのところへ、超能力の修行法を求めてくる人があります。求聞持法あるいは念力の護摩法を体得したいということでやってくるわけです。あるいは霊視力、霊感などを持ちたいという。わたくしの門人になって、一、二年法を修めれば、そういう超能力が得られると思っている。

ところが、そういう人たちにわたくしがやれというのは、「準胝尊千座行」です。そうして、チラシまき、便所掃除、下足番をやれという。それで、ちょっとやってみて、すぐに、なんだバカバカしい。こんなことで超能力なんてものがつくはずない。もっとほかにいい修行法があるにちがいない、ととび出して、あっちこっち、「秘法」を求めて、転々としてあるく。

いいですか。

どんな高度の修行法があっても、修行法で成仏するんじゃないんです。「徳」で成仏するんです。修行法で修行して成仏力を身につけるのには、どうしても徳がなければならない。徳がなかったら、修行法そのものにさえ、縁がいただけない。

「準胝尊千座行」は、釈尊の成仏法、七科三十七道品にのっとって、修行法と梵行から成り立っている。「準胝尊千座行」と梵行で「五下分結」はかならず切れるのです。かならず「阿那含」にまではゆける。しかしそれには、修行とともにしっかり梵行をやって徳を積んでゆかなきゃならんのです。

徳なくして、どうして成仏できるか。

第一、仏さまのことをなんというか。

「万徳円満」というじゃありませんか。すべての徳が完全にそなわっている、というのです。成仏、というのは、その仏に等しくなることです。徳なくして、どうしてそれができるか。梵行こそ、それを可能にするただ一つの道です。修行法に梵行をくわえたことにより、釈尊は、在家の者にも、ひろく成仏の道をひらかれたのであり、大乗仏教の人たちがよくいうように、決して釈尊の仏教は「出家仏教」ではないのです。出家、在家を問わず、すべて、解脱へ到達せしめる、かの婆蹉種出家が讃嘆したように、まさに、それは、

『天大《てんおお》いに雨《あめふ》りて水流《すいる》随《したが》いて下《くだ》るが如《ごと》く、瞿曇《くどん》の法律《ほうりつ》も亦復是《またまたかく》の如《ごと》し。比丘《びく》、比丘尼《びくに》、優婆塞《うばそく》、優婆夷《うばい》、若《もし》は男《なん》、若《もし》は女《にょ》、悉《ことごと》く皆随《みなしたが》い流《なが》れて涅槃《ねはん》に向《むか》い涅槃《ねはん》に湊《さら》え輸《はこ》ぶ。甚《はなは》だ奇《き》なり。仏《ぶつ》・法《ぼう》・僧《そう》の平等法律《びょうどうほうりつ》なることや』

なのです。

おわりに

原爆は三度落ちる

わたくしは、この、日本という国ほど、業《ごう》のふかい国はないと思うのだ。

なぜか？

地球上でただ一つの、原爆の被爆国ではないか。

しかも、一度ならず二度までも——。

ほかに一国もないのである。日本だけなのだ、この惨禍を受けたのは——。

これはいったいどうしたことか。

もちろん、わたくしは、日本のほかにも被爆国の道づれがあったらよかったといっているのではない。

この国を以て人類の狂気のみせしめにされた思いである。

しかも、それで終わるのではないのだ。原爆はこの国にもう一度落ちる。それがわたくしには見えるのだ。

なんという業のふかさか。

いまや、この国の上空を、破滅のカルマが一面に覆い、それは日に日に、厚く、濃く、なりつつある。

それが頂点に達したとき、原爆は落ちるのだ。


カルマを断ち切る方法は、シャカの説いた教法にしかない。

わたくしが、かくもホットに、現代にシャカをよみがえらせようとしているのは、この国を滅亡から救うために、それしか方法がないからである。

シャカは、カルマを断つ教法をもとに、個人の成仏を説いた。個人の成仏は、即《そく》、国土の成仏にほかならない。それはそのまま、社会の成仏につながる。なぜならば、個人の集団が、国であり、社会であるからだ。

シャカの成仏法は、国土のカルマを断ち、社会のカルマを断つ。わたくしが、身の不徳をかえりみず、かくもホットにシャカを説くのは、この国を壊滅《かいめつ》から救うために、それしか方法がないからである。

この国を救うことは、世界を救うことなのである。なぜならば、この国に三発目の原爆が落ちるとき、それを投げつけた国にも、雨のように原爆が降るからだ。

それがわたくしには見えるのだ。

奇《く》しくも、いまわたくしは思いうかべる。

シャカを生んだシャカ族は、シャカの没後まもなく、隣接の強国コーサラに殲滅《せんめつ》された。ほとんど国じゅうのシャカ族が殺戮《さつりく》された。

なぜであろうか?

シャカ族はなぜ殲滅《せんめつ》されたか?

シャカの教法を受持しなかったからである。

シャカの教法を受持していたものたちは、殺戮《さつりく》をまぬかれた。

では、シャカは、シャカ族の人たちすべてに、その教法を説かなかったのであろうか?

そんなことはない。シャカは説いた。シャカは決して隠棲者《いんせいしゃ》ではなかった。積極的に、多くの人びとに法を説いたのである。しかし、シャカ族でシャカの教法を受持したものは多くなかった。かれらはシャカを敬愛し、その教えに耳は傾けたけれども、積極的にその教法を受持しようとはしなかったのである。

シャカの教法を、シャカ族の人たちが、積極的にうけいれこれを奉持していたなら、シャカ族はあのような悲惨な最後はとげなかったろう。なぜならば、シャカの教法により、シャカ族の人たちは、自分たちの種族を覆う滅亡のカルマを断滅していたはずだからだ。

シャカ族の絶滅は、シャカ族自身の蒔《ま》いた種であった。かれらは、シャカの教法を受持していたらけっしてしなかったであろうおろかな所業をしたのである。それこそが、滅亡のカルマのなせるわざだったのであろう。あまりにもおろかなことであった。

それはこうである。

シャカ族は元来、隣接の強大国、コーサラによって支配されていた。コーサラ国王パセーナディは、あるとき、こう考えた。

「一人のシャカ族の身もとただしい娘をつれてきて、自分の第一の妃にしよう」

かれは、こころからシャカを尊敬していたのである。そこで、使節をカピラ城につかわして、こういわせた。

「娘を一人わたしにいただきたい。わたしはあなたがたと親戚になることを望んでいるのです」

この申し出を受けて、シャカ族の人たちは、寄り集まって相談した。

「われわれは、コーサラ王の命令のおこなわれるところに住んでいる。だから、もし若い女をあたえないと、大きな怨みを買うことになるであろう。しかし、もしあたえると、われらの伝統は破壊されることになる。どうしたらよいであろうか」

シャカ族の伝統とは、シャカ族はシャカ族以外と婚姻しないという風習である。

すると一族の長老で、シャカのいとこであるマハーナーマが、自分の娘ヴァーサバ・カッテイヤーをあたえようと申し出た。かの女は、かれが、かれの婢女との間に生ませた子であった。これを、クシャトリヤの娘だといってさしむけることにしたらどうかというのであった。

かの女は、サーヴァッティ市につれてゆかれ、国王の第一の妃となった。そしてヴィドゥーダバと名づける王子を生んだ。

ヴィドゥーダバが十六歳になったとき、母の国をなつかしんで、シャカ族の国をたずねたが、かわいそうに、母の素姓《すじょう》のゆえに軽蔑されたのである。公会堂でかれのすわった腰掛けを、一人の下婢が、「これがヴァーサバ・カッテイヤーという婢女のせがれのすわった腰掛けだ」とののしりながら、牛乳をまぜた水で洗いきよめたという。この出来ごとは、それまでたえていた多感な少年の胸に怒りの火をたぎらせた。

「よし、おれのすわった腰掛けを、乳をまぜた水で洗うなら、洗ってみろ、おれが王位についたときには、おまえたちのノドの血をとって、おれのすわった腰掛けをあらいきよめてやるぞ」

王子はかたくこころに誓った。

王子がコーサラ国に帰ると、王子の母の素姓が知れたために、国王は王子とその母にたいする尊敬をやめてしまい、奴婢《ぬひ》にふさわしい待遇しかしないことにしてしまった。

このことを知ったシャカは、この国王にこのように教えた。

「大王よ、シャカ族のしたことはまことに不都合です。あたえるのなら、同族の女をあたえるべきでした。しかしあなたに申しておきましょう。ヴァーサバ・カッテイヤーは王女であり、クシャトリヤ族の王の邸で灌頂を受けたものです。また、ヴィドゥーダバは、クシャトリヤ族の王によって生まれたものなのです。〝母の姓がなになろう。父の姓こそ標準である〟とむかしの賢者も申しました」

そういって、王に、採薪女本生物語をはなして聞かせた。王はその法話を聞いて、「父の姓こそ標準である」と喜んで、母子にたいして元通りの待遇をさせた。

しかし、王子の怒りは決して解けず、王位についたのち、かつての怨みをおもい出して、「シャカ族のものどもを、みな殺しにしてやるぞ」といって、大軍をひきいて出発したのである。

シャカ族の最後

あるサンスクリットの一経典は、この事件が、シャカの晩年の出来ごとであるとして、つぎのように記している。

『その日、師（釈尊）は、朝早く世の中を観察しておられたが、親族の者どもが滅亡《めつぼう》することを知って〝親族の者どもを救わねばならない〟と考えた。そうして、朝早く托鉢にまわって、施物を得たのち、居室に帰ってから獅子のように床に臥《ふ》した。そして夕方になると、虚空の中を通って、カピラ城の近郊外にある葉蔭《はかげ》のまばらな樹の根もとにすわられた。そこから遠くないところに、葉蔭《はかげ》の濃い大きなバニヤンの樹があった。

ヴィドゥーダバは、師（世尊）を見て、近づいて、敬礼してこう言った。「尊いかたよ、なぜこんなに暑い時に、この葉蔭のまばらな樹の根もとにおすわりになっておられるのですか。かしこにある葉蔭の濃いバニヤンの樹の根もとにおすわりなさい」

師は言った。

「ほっておいてください。大王よ。親族の葉蔭はすずしいのです」

王は、〝師は親族の者どもを護るために来られたのであろう〟と考えて、敬礼してサーヴァッティー城にひき返した。師もまた立ちあがって、祇樹園に帰った。

しばらくすると、また、王は、シャカ族にたいする憎しみをおもい出して、ふたたび軍をひきいて出かけていったが、またそこに師のおられるのを見て、またひき返した。三度目もそうであった。

しかし、王が四度目にそこへ行ったときには、師は、シャカ族の前業《ぜんごう》を観察して、かれらが河の中に毒を投じたような悪業が熟して、もはやとりのぞくことができなくなっているのを知り、四度目には出かけなかった。

ヴィドゥーダバ王は、乳のみ児すらもようしゃせず、シャカ族のひとたちをみな殺しにして、かれらのノドの血をもって、かの腰掛けを洗いきよめて帰って行った』

しかし、じっさいは、この事件はシャカの没後まもなくのできごとだったようである。

人間にいっさいの差別をみとめないのが、シャカの教団の根本原則であった。シャカ族の人たちが、シャカの教えを受持していたら、この原則にのっとって、たとえ婢女の子といえども、ヴィドゥーダバ王子を憤激させるようなことはしなかったであろう。しかし、なによりも第一の原因は、シャカ族の多くの人たちが、滅亡のカルマを断つシャカの教法を護持しなかったことである。

シャカのなし得なかったことをしなければならぬ

そういうと、あなたは、こういう疑問を持つかも知れない。

かの大神変力を持つシャカは、なぜその神通力をもってシャカ族の人たちに、滅亡のせまりつつある危機を告げて、かれの教法を受け入れさせなかったのか、と。

かれは、すでに若いころ、かれの国が滅亡の危機におそわれていることを知っていたのである。

かれの対策は二つあった。

一つは、かれ自身、王位を継承し、シャカ族を団結させ、経済力を高めて武力を強大ならしめ、コーサラと対抗するのである。さらには、その力をもって、コーサラと戦い、これを滅亡させてしまうことである。

かれにはそれだけの才能と力量があった。かれがそのように決心したならば、それは可能であったろう。

しかし、シャカは、武力で相手を征服しても、その業《ごう》はかならずそのままシャカ族に返ってくることを知っていた。ただ滅亡を時間的に延ばすだけで、結局は、シャカ族の滅亡という図式にはかかわりがないのである。

いま一つの方法は、シャカ族の国土カピラヴァットゥを覆う滅亡のカルマを断滅することである。これは、だれをも傷つけることなく、すべての人を救うただ一つの最良の方法であった。

かくして、かれは出家した。

かれは、人びとが考えているように、自分ひとりの悩みを解決させるためだけに、出家したのではなかったのだ。

日に日に強大となる新興国家コーサラと、それ以上の勢いをもって勢力を拡張するマガダ国と、この両大国にはさまれた弱小国シャカ族の運命は、シッダッタには、わかりすぎるほど、わかっていたのだ。

対立はカルマを深めるだけである。カルマを解脱する方法を求めて、かれは出家し、それを得た。

かれはカピラヴァットゥに帰り、非常な尊敬の念をもってむかえられ、五百人の人びとを帰依せしめたという。しかし、かれは、シャカ族すべての人びとが、かれの解脱の教法をおこなってほしいと切望したであろう。

しかし、現実はそうならなかった。

では、なぜ、かれは、滅亡の危機を告げて、シャカ族の人びとすべてを動かさなかったのであろうか？

それは不可能であったのである。

シャカが、シャカ族滅亡の危機を告げ、シャカ族に結集を訴えたならば、たとえそれが宗教的なものであったにせよ、コーサラは、シャカ族反乱とみて、軍隊をくり出すであろう。いずれにしても、滅亡のカルマが覆うとき、滅亡する原因は、どのようなかたちででも生ずるのである。

シャカはひたすら、カルマの解脱を説き、シャカ族の人たちすべてが、かれのこころを理解してくれるようのぞむよりほかなかったのである。もちろん、それは、コーサラの人たちにたいしてもおこなわれた。しかし、滅亡のカルマはついに断つことはできなかった。（それほど滅亡のカルマはつよかったということか）

宗教運動を超えて社会運動へ

シャカは、同族の全滅という悲劇を防ぐために、もっと社会的に大きく動くべきであったと、あなたは考えるだろうか？

いま、わたくしはそれをしようとしているのである。

シャカはついに、その教法を、宗教運動以上のものにすることができなかった。社会的な運動にすることはかれの力をもってしても、できなかったのである。それをすることが、かえって、破滅のカルマの実現を、早めるおそれがあったからだ。

いまはちがう。

いまはそれができる。

わたくしは、シャカのこのカルマを断つ教法を、社会運動にまで盛りあげなければ、もはやこの世界を救うことはできぬと確信している。宗教運動のワクに入ったままでは、もう、間に合わぬのだ。(シャカとシャカ族がそうであったように)

終戦後、かつてある教団が、すさまじいエネルギーをもって、大衆の中に浸透《しんとう》していった。

わたくしは、目をみはる思いで、それを見まもった。

しかし、この教団はまもなく挫折した。政治にそのエネルギーの方向を向けたのである。

宗教運動を、宗教運動以上の大きなワクにまで拡大していくことは、現代において最も必要なことである。

しかし、この教団は、その方向性に大きなあやまりをおかしたのである。

成仏法のない仏教であったため、そこから生ずる欠陥と非力を、政治によっておぎなおうとしたのであろう。宗教が、政治とむすんだことにより、その宗教自体に宗教として欠けているもののあることを、みずからみとめたことになってしまったのである。まことに惜しいことであった。

宗教が、宗教運動のワク内にとどまらず、限りなく大きく社会にむかって訴えていくことは、いま、この危機下にあって、ぜったいに必要なことである。われわれは、シャカ族のあやまちをくりかえしてはならぬ。さらに必要なことは、シャカのなし得なかったことをすることである。

いま、わたくしたちはそれをなそうとしているのだ。

わたくしが、かくも狂的《クレイジイ》に、身も世もなく世に訴えるのはそれである。

このシャカの教法を、世界を動かす社会運動にまで盛り上げねばならぬ。いまだったら——まだ、間に合う（かも知れない）から——。

参考引用文献

増谷文雄『原初経典 阿含経』筑摩書房
増谷文雄「仏陀思想の原初を探る」昭和55年8月5日 日本経済新聞
増谷文雄『仏教の思想』角川書店
水野弘元『原始仏教』平楽寺書店
姉崎正治『現身仏と法身仏』有朋館
友松圓諦『阿含経』〈仏教聖典を語る叢書2〉大東出版社
安井廣度『大蔵経講座 阿含経講義』東方書院
横超慧日『法華思想』平楽寺書店
中村元『原始仏教の思想』〈中村元選集〉春秋社
中村元『ゴータマ・ブッダ』法蔵館
中村元 訳『仏弟子の告白』岩波文庫
ライアル・ワトソン、井坂清 訳『人間死ぬとどうなる』啓学出版
ジェレミー・リフキン、竹内均 訳『エントロピーの法則』祥伝社
桐山靖雄『守護霊を持て』平河出版社

◎著者紹介

桐山靖雄(きりやま・せいゆう)
阿含宗開祖、中国・国立北京大学名誉教授、中国・国立北京外国語大学名誉教授、中国・国立中山大学名誉教授、中国・国立佛学院(仏教大学)名誉教授、モンゴル国立大学学術名誉教授・名誉哲学博士、モンゴル科学アカデミー名誉哲学博士、チベット仏教ニンマ派仏教大学名誉学長・客員教授、タイ王国・国立タマサート大学ジャーナリズム・マスコミュニケーション学名誉博士、サンフランシスコ大学終身名誉理事、ロンドン大学ＳＯＡＳ名誉フェロー、スリランカ仏教シャム派名誉大僧正、チベット仏教界・ミャンマー仏教界から最高の僧位・法号を授与、ブータン仏教界から法脈相承・秘法皆伝 法号「ンガワン・ゲルツェン(王者の説法をする仏法守護者)」授与、中国国際気功研究中心会長(北京)、ダッチ・トゥリートクラブ名誉会員(ニューヨーク)、日本棋院名誉九段、中国棋院名誉副主席、二〇一六年入滅。

主たる著書『密教・超能力の秘密』『密教・超能力のカリキュラム』『密教占星術Ⅰ・Ⅱ』『説法六十心１・２』『チャンネルをまわせ』『密教誕生』『人間改造の原理と方法』『阿含密教いま』『守護霊を持て』『続・守護霊を持て』『龍神が翔ぶ』『霊障を解く』『一九九九年カルマと霊障からの脱出』『輪廻する葦』『間脳思考』『心のしおり』『愛のために智恵を智恵のために愛を』『末世成仏本尊経講義』『守護霊の系譜』『一九九九年地球壊滅』『守護仏の奇蹟』『求聞持聡明法秘伝』『さあ、やるぞかならず勝つ①〜⑫』『仏陀の法』『守護霊が持てる冥徳供養』『密教占星術入門』『人は輪廻転生するか』『君は誰れの輪廻転生か』『般若心経瞑想法』『一九九九年七の月が来る』『オウム真理教と阿含宗』『阿含仏教・超能力の秘密』『脳と心の革命瞑想』『阿含仏教・超奇蹟の秘密』『社会科学としての阿含仏教』『「止観」の源流としての阿含仏教』『一九九九年七の月よ、さらば』『21世紀は智慧の時代』『21st Century: The Age of Sophia』『You Have Been Here Before:Reincarnation』『ニューヨークより世界に向けて発信す』『THE WISDOM OF THE GOMA FIRE CEREMONY』『The Marvel of Spiritual Transformation』『実践般若心経瞑想法』『変身の原理』『幸福への原理』『守護神を持て』『仏陀の真実の教えを説く上・中』『あなたの人生をナビゲーション』『輪廻転生瞑想法Ⅰ・Ⅱ・Ⅲ』『実践輪廻転生瞑想法Ⅰ・Ⅱ・Ⅲ』『美しい人になる心のメッセージ』(以上平河出版社)、『アラディンの魔法のランプ』(阿含宗出版社)、『念力』『超脳思考をめざせ』(徳間書店)、『密教入門―求聞持聡明法の秘密』(角川選書)など。

●連絡先——阿含宗に関するご質問・お問い合わせは左記まで

阿含宗本山・釈迦山大菩提寺　京都市山科区北花山大峰町
関東別院　〒108-8318 東京都港区三田四—一四—一五——TEL(〇三)三七六九—一九三一
関西総本部　〒605-0031 京都市東山区三条通り神宮道上ル——TEL(〇七五)七六一—一一四一
北海道本部　〒004-0053 札幌市厚別区厚別中央三条三丁目——TEL(〇一一)八九二—九八九一
東北本部　〒984-0051 仙台市若林区新寺一—三—一——TEL(〇二二)二九九—五五七一
東海本部　〒460-0017 名古屋市中区松原三—一三—二五——TEL(〇五二)三二四—五五五〇
北陸本部　〒920-0902 金沢市尾張町二—一一—二二——TEL(〇七六)二二四—二六六六
九州本部　〒812-0041 福岡市博多区吉塚五—六—三五——TEL(〇九二)六一一—六九〇一
大阪道場　〒531-0072 大阪市北区豊崎三—九—七　いずみビル一階——TEL(〇六)六三七六—二七二五
神戸道場　〒651-0084 神戸市中央区磯辺通り二—一—一二——TEL(〇七八)二三一—五一五二
広島道場　〒733-0002 広島市西区楠木町一—一三—二六——TEL(〇八二)二九三—一六〇〇
横浜道場　〒231-0012 横浜市中区相生町四—七五
ＪＴＢ・ＹＮ馬車道ビル五階・六階——TEL(〇四五)六五〇—二〇五一
沖縄道場　〒900-0031 那覇市若狭一—一〇—九——TEL(〇九八)八六三—八七四三

●インターネットで阿含宗を紹介——阿含宗ホームページ　http://www.agon.org/

輪廻する葦　阿含経講義
一九八二年十一月二十日　第一刷発行
二〇〇五年　十　月十五日　第十四刷発行
二〇一七年　十　月　一　日　新装版第一刷発行

著　者　桐山　靖雄
発行者　森　眞智子
発行所　株式会社平河出版社
東京都港区三田三―四―八　〒一〇八―〇〇七三
電話〇三（三四五四）四八八五　ＦＡＸ〇三（五四八四）一六六〇　振替〇〇一一〇―四―一一七三二四
装　幀　島津義晴
印刷所　凸版印刷株式会社

ISBN978-4-89203-349-0 C0015